臺灣客家研究論文選輯 3

客家聚落與地方社會

徐正光、陳板——主編

張維安——總主編

編者及作者介紹

主編

徐正光

臺大社會學系畢業，美國布朗大學社會學博士。曾任中央研究院民族學研究所研究員兼所長、國立清華大學社會人類學研究所所長、蒙藏委員會委員長、行政院客家委員會籌備處主任、考試院考試委員。

陳板

東海大學建築學士，現任浪漫台三線專案辦公室文化總監。曾任國立臺灣藝術大學古蹟藝術修護學系教授級專業技術人員、行政院客家委員會委員、文建會公共藝術諮詢委員、臺北市客家文化基金會董事長、客家電視執行長等職。研究專長為客家文化資產、臺灣客家文化。

作者群

黃卓權　1949 年生，本籍苗栗，現籍新竹關西。世界新專畢，歷任代課教員、公務員、企業經理、批發商等職。現任客委會諮詢委員、新竹縣文獻委員、交通大學國際客家研究中心客座專家。發表研究論著約百萬言，主編新竹研究叢書、文史專輯等十餘冊。著有：《跨時代的臺灣貨殖家：黃南球先生年譜 1840-1919》、《進出客鄉：鄉土史田野與研究》、《古文書的解讀與研究》上、下篇（與吳學明合著）、《黃卓權：臺灣史研究名家論集》（叢書）等。

賴志彰　國立臺灣大學建築與城鄉研究所博士，現任國立臺南大學文化與自然資源學系副教授。學術專長為古蹟保存與修復、臺灣傳統建築、臺灣民居調查專題、文化資產專題研究、區域開發與族群關係、村落考察與都市研究、家族史與傳記研究。

張智欽　國立臺灣師範大學地理研究所博士，曾任國立宜蘭大學人文暨科學教育中心教授兼中心主任、應用經濟與管理學系教授、人文及管理學院院長等職，現任國立宜蘭大學名譽教授、人文及管理學院高階經營管理碩士在職專班（EMBA）講座教授。學術專長為地理學、水文環境生態、溫泉開發管理、文化創意、客家文化。目前教授課程為全球變遷與永續發展、文化創意與生活等。。

韋煙灶　國立臺灣師範大學文學博士，國立臺灣師範大學地理學教授，曾任國中教師。早期的研究取向偏向自然地理學（專精地下水學）；近年來專研臺灣歷史地理、臺灣客閩族群關係研究議題，以及地名學等。近 10 年發表期刊論文 32 篇，專書論文 12 篇，專書兩本。

林雅婷　畢業於國立臺灣師範大學地理學系、地理研究所。現職為臺北市立復興高中地理教師。研究興趣為閩客族群、鄉土地理。

胡家瑜　1961-2018，英國倫敦大學大學院（UCL）人類學博士，曾任國立臺灣大學人類學系教授。多年來從事博物館人類學、物質文化和文化遺產相關教學研究工作，尤其關注臺灣民族學藏品和原住民物質文化研究成果的當代應用發展。編著有《賽夏族的物質文化》、《臺大人類學系伊能藏品研究》、《道卡斯新港社古文書》、《針線下的繽紛：大武壠平埔衣飾與刺繡藏品圖錄》、《他者視線下的地方美感：大英博物館藏臺灣文物》等專書。

林欣宜　國立臺灣大學歷史學研究所碩士、英國牛津大學東方研究學系博士，現任國立臺灣師範大學歷史學系助理教授。專長領域為臺灣史，近年來主要研究領域為地方社會歷史及 19 世紀在臺外國人的福爾摩沙書寫。

李翹宏　國立清華大學人類學博士，曾任國立交通大學國際客家研究中心博士後，現任國立交通大學客家文化學院人文社會學系助理教授。學術專長為宗教人類學、權力與文化研究、性別人類學、歷史人類學、華南漢人社會、中國西南民族（土家）、臺灣客家族群關係。

洪馨蘭　國立清華大學社會人類學碩士、人類學博士。現任國立高雄師範大學客家文化研究所副教授兼所長。學術興趣包括鄉民社會發展變遷、社區營造與公民參與、傳統社會結構適應與再現等議題。主持過科技部人文司、客家委員會、中研院人社中心客家研究子題等十餘項計畫。

許嘉明　國立臺灣大學學士，美國哈佛燕京學社訪問研究（1975-1976）。曾任中央研究院民族學研究所助研究員、助理研究員及副研究員退休。研究專長為臺灣民間信仰、臺灣漢人社會。

陳麗華　現任國立清華大學通識教育中心暨歷史學研究所助理教授。曾在國立清華大學、國立臺灣大學、中央研究院從事研究工作，學術專長為臺灣社會史、客家族群史及歷史人類學，著有《族群與國家：六堆客家認同的形成（1683-1973）》一書。

羅烈師 國立交通大學客家文化學院人文社會學系副教授。國立清華大學人
類學博士，臺灣新竹湖口老街人，母語為海陸腔客語。研究興趣包
含客家研究、漢人地方社會、民間信仰、臺灣史、文化資產、社區
營造及客語復興，並以臺灣與馬來西亞為主要研究區域。

學術研究與客家發展：
《臺灣客家研究論文選輯》主題叢書序

張維安

　　客家族群的發展，打從其浮現初期就和客家族群的論述有密切的關係。特別是從「自在的客家」發展到「自為的客家」過程中，客家族群意識的凝聚與確定，顯示出客家族群相關論述扮演了重要的角色，尤其是立足於客家研究而來的客家族群論述所帶來的影響。有客語語言家族的「客觀」存在（自在的客家），還不能說客家族群已經誕生，也就是說客家族群還未主觀的、有意識的存在（自為的客家）。兩者之間的差異與轉換，主要是族群意識與族群論述。

　　族群意識的誕生，可能來自客語語言家族經過與他族的接觸經驗、人群界線的劃分，以及漫長的族群形塑過程。不過人群分類的「科學」根據和「歷史」解釋，卻需要綿密的客家族群論述為基礎。從客家族群形成的過程來看，客家研究扮演了非常關鍵的角色，甚至可以說「沒有客家研究就沒有客家族群」。

　　歷史上，羅香林的《客家源流考》（1950）、《客家研究導論》（1933）和《客家史料彙編》（1965）為客家選定作為中原漢族的身分，提供了安身立命的論述基礎。更早的時期，徐旭曾的〈豐湖雜記〉（1808）、林達泉的〈客說〉（1866）、賴際熙的《[民國]赤溪縣志》（1867）、溫仲和所纂的《廣東省嘉應州志》（1868），以及黃釗的《石窟一徵》（1870）等，提供了羅香林論述的基礎觀察。當然還有一些外國傳教上之論述也發揮很大的作用，例如

Ernest John Eitel（1873）的 *An Outline History of the Hakkas*。關於西方傳教士的客家論述與華南客家族群的浮現方面，施添福與林正慧等已有精彩的研究。客家研究奠定了客家族群存在的樣貌。

　　客家研究與客家族群的浮現與發展關係，是多層次的。從民間學者到學院教授，從族譜記載到生物基因，從文化圖騰到語言發音，豐富了客家族群文化的內涵，增進了客家族群的意識與認同。其中語言學家對南方漢語中客語分類的認定與命名，使得客語人群的身影逐漸清晰。近年來臺灣客家研究的興起對臺灣、東南亞或中國客家文化的發展與認同都有清楚的影響。

　　基於客家相關的學術研究對客家發展的重要性，客家委員會從設立以來便相當重視客家知識體系的發展，設立客家學術發展委員會指導推動客家學術研究與發展之業務，厚植客家研究的基礎。客家研究如果要成為一門學問，不只是要有研究計畫，必需有課程規劃、教科書、專業期刊、客家研究學會、學術研討會、嚴格審查的專書、有主題的叢書與論文集彙編。《臺灣客家研究論文選輯》主題叢書的出版計畫，具有此一脈絡的意義。

　　《臺灣客家研究論文選輯》主題叢書的出版構想，源於客家委員會的客家學術發展委員會，目標是將分散於各學術期刊的優質論文，依主題性質加以挑選、整理、編輯，重新編印出版，嘉惠對客家議題有興趣的讀者，深化客家議題的討論，增益客家社會建構的能量。論文來源以學術期刊論文為主，作者無限制，中英文皆可，主要是論文議題要與「臺灣客家」相關，跨區域比較也可。以主題或次領域為臺灣客家研究系列叢書編輯的原則，能讓國內外客家研究學者乃至一般讀者，迅速掌握過去學術界對該主題的研究累積，通過認識臺灣「客家研究」的各種面向，理解臺灣客家社會文化的諸多特質，作為國家與客家族群發展知識基礎。叢書，除了彙整臺灣客家研究的各主題（特色），也望能促進學、政雙方，乃至臺灣民間社會共同省思臺灣客家的未來。

由於各篇論文原來所刊登的期刊，各有其所要求的格式。為了尊重原期刊的特性，本叢書各輯的論文仍保留原有的格式性質，例如註解的方式各篇並未一致，又因版面重新編輯，原有的頁數已經有所改變，這是需要跟讀者特別說明的。

《臺灣客家研究論文選輯》主題叢書之問世，特別要感謝客家委員會李永得主任委員的支持，客家學術發展委員會召集人蕭新煌教授的指導，各分冊主編的教授師長，一次又一次的來交通大學開會，從書本的命名到封面的討論，看見大家的投入和付出，非常感激。交通大學國際客家研究中心博士後研究員劉瑞超博士、交通大學出版社程惠芳小姐和專任助理陳韻婷協助規劃與執行，克服重重困難，誠摯表示感謝。

張維安

于國立交通學客家文化學院人文社會學系

2018-6-7

目錄

《客家聚落與地方社會》導論

徐正光、陳板

　　本書收錄九篇論文，我們以《客家聚落與地方社會》作為書名，當然無法完全定義作者們的學術研究目標，而是企圖以此九篇論文的細緻論述勾勒臺灣客家聚落與地方社會的發展輪廓，同時也以此閱覽族群邊界內外的多元互動關係。

　　客家聚落是客家文化得以具體呈現的基地，過去以兩三百年的時間形成了臺灣的客家聚落，也因客家聚落的形成改變了臺灣的族群關係，進而漸漸形塑了一個個面貌殊異的地方社會。

　　九篇論文從不同的學術研究取向解析臺灣客家與地方社會的歷史發展梗概，我們以三個角度精選九篇論文：

　　一、地域性、地方性：論文的研究區域大範圍來看包含了桃竹苗、內山、二次移民地區、彰化平原、六堆地區，也有從鄉鎮規模的地方區域切入，如楊梅、新屋、南庄、鳳山溪流域、美濃，甚至從單一聚落的角度細緻觀察，如新竹六張犁客家單姓聚落等等。大體涵蓋了臺灣西部幾個主要的客家文化地區，不同的尺度解決不同的問題，不同的地方有不同的特性，充分顯現了在地的自然與人文互動面貌。

　　二、地方發展、過程：每篇論文多少都描述了地方發展的歷程，從每篇論文中都可以很快掌握到每個客家聚落的形成與發展或脈絡（甚至毀滅）的過

程，不同的研究者有不同的歷史斷代，也有各自的問題意識，提供閱讀者很大的想像空間。

　　三、研究方法、觀點呈現：從歷史學、建築學、歷史地理學、民族學、人類學等不同領域切入客家聚落，寫作者有客家人也有非客家人，不同的觀點書寫客家更能展現客家聚落作為臺灣社會一分子的多元詮釋面貌。其中關於福佬客與二次移民的論文，開啟了臺灣族群關係的新課題，臺灣客家不再是剛性的頑固分子，而是與新的「落籍」地有錯綜複雜的族群關係。還有談論緊鄰客家聚落的賽夏原住民族，現在的南庄地區是賽夏族與客家共同居住的地方，原漢關係的歷史歷程不只具體影響了原住民族的文化認同，也形塑了南庄客家文化的面貌，如今南庄客家聚落完全無法與原住民族脫鉤，但究竟從原住民族的角度如何理解客家，也是客家地方社會的重要課題。

　　凱文・林奇（Kevin Lynch，1987）在其名著《城市意象》[1]開頭第一句話，「不論景色多麼普通，欣賞城市總能讓人感到愉悅。」我們把「城市」這個措詞換成「客家聚落」，也同樣擁有相同的感染力吧。試試看這樣說，「不論景色多麼普通，欣賞客家聚落總能讓人感到愉悅。」從新竹車站搭乘「往關西」的新竹客運，沿著成排的尤加利樹縣道118來到店子崗，就快要進入街區了，店子崗站牌旁有一間雜貨店，平凡而普通，但是從車窗內看著景色普通的店子崗雜貨店，總能讓人感到愉悅，「啊，關西快到了！」關西街上的幼稚園、豬灶、旅社、天主堂、鎮公所、車站、水果店、西藥房、市場、太和宮、廟坪、戲臺、分駐所、石店子、大溜崎、渡船頭、馬武督溪（現在的鳳山溪）、關西橋、東安橋、咸菜硼橋。越過了（關西橋、東安橋、咸菜硼橋下的）牛欄河，就不算「街路」了，但是依舊是普通景色的下三屯、蔗埔頂、鐵工廠、製材所、麵

---

1 凱文・林奇（Kevin Lynch，1987），《城市意象》，頁76。

店、炭窯、齋堂、三屯橋（橋下是三屯溪），過了三屯橋，就是十六張，十六張老麵店前面，新舊臺三線在此交會，沿途仍是普通風景，但是依舊讓人感到迷人、愉悅。

凱文・林奇歸納出城市意象的五個元素：（1）通道（paths）：交通走廊，例如街道、人行道。（2）邊緣（edges）：限制或包被的界線，它通常是線性的，但不是通道，例如海岸或圍牆。不過一個人的通道可能是另一個人的邊緣，例如鐵路可以是通勤者的通道，也可能是另一個居民的邊緣。（3）區域（districts）：認知圖中大塊具有共同特質的地方。（4）節點（nodes）：主要的活動集中地，通常也是通道匯集之處，例如市中心廣場、交通轉運站。（5）地標（landmarks）：人們用來當作參考點的突出空間。用這五個元素來驗證景色普通的關西客家聚落，很快就能從中比對出關西聚落的通道（縣道118、臺三線）、邊緣（牛欄河、三屯溪、渡船頭）、區域（老街、石店子）、節點（換過位置的新竹客運關西站、鎮公所、廟坪）以及地標（天主堂、太和宮），而且每一個元素無不讓人感到愉悅（或者充滿了感情）。借助他人的視野反身觀看，客家聚落的空間意象突然清晰了起來。凱文・林奇在《城市意象》書中「僅限於探討實體的、可被感知的物體對象的影響」，並不是不瞭解「還有其他因素會影響可意象性」，但他不談，「例如某個地區的社會意義、功能、歷史，甚至是名稱」，凱文・林奇不談的部分正是本書九篇論文認真談論的。

來到現在，臺灣客家聚落的歷史風貌似乎已越過了歷史高峰，而且普通但是美好的風景似乎再也一去不復返，現代都市（計畫）與現代建築的出現，客家聚落風貌愈來愈黯淡，客家聚落終於到了必須立法保存維護以及活化利用的階段。但是，未來的臺灣客家聚落將會發展成什麼模樣？憑藉現行的都市計畫與文化資產保存等相關法令，已經開始就單項古蹟、文化地景進行保存與活化的機制，甚至也開始指定了少數的客家聚落（例如，屏東五溝水聚落、新瓦屋

客家文化保存區等），社會氛圍也支持具有歷史文化、社會意義或美學價值的客家聚落做進一步的保存與發展機制。然而，如何讓更多景色普通、人口老化，或者發展過度的聚落在文化層面得以積極發展，似乎尚未有清楚的方向。

我們已經擁有好多的百年客家聚落，但是對於未來的百年客家聚落，該如何期許，或者可以如何營造？正在推行的國土計畫，追求國家永續發展，是一個從行政體系下手的國家制度，應該有助於限定國土的不當發展，但是如何提出客家聚落永續發展共同願景，卻是客家聚落內部的事情。關西客家聚落已指定的古蹟與歷史建築因為地主與家族的文化見識、地方政府的擔當與地方文化行政人員與研究者的努力漸漸增加，但是，古蹟數量的增加卻未必有助於關西客家聚落百年願景的助力，地方上還是有不同的聲音主張可以穿越水田架設快速道路，有牴觸國土保育疑慮的山林資源運用持續進行，古道復原的市民美意被工程計畫的流程與保守的發包工法大打折扣。幸好，在地社區力量與文化意識也日漸增強，隱沒荒草數十年的渡南古道（在南山大橋尚未或無法架設之前，渡船頭到上南片必須在鳳山溪南岸山區開出一條通路）以手作與社區參與的方式重新敘說老故事、現地踏查、以在地素材手作維修，簡直像是神話一般翻轉了歷史發展的悲劇方向，應該很多人都難以想像，現代人竟然有能力跟老祖先一樣重新修築老祖先開庄時代走過的古道。

古道可以重修、古蹟可以保存、老分駐所可以活化，那麼，渡船頭橋可以復原嗎？赤柯山還能恢復山林鬱鬱蔥蔥的生機嗎？潮音禪寺還能回到潮音曉鐘、南流野渡年代的美景嗎？客家聚落總要保留可以辨識的客家文化形式與內容。再次借用凱文‧林奇的《城市意象》，未來的關西客家聚落年年都會面臨發展課題，地方政府編列預算、爭取預算、國家投注地方的基礎工程預算也不會停歇，關西需不需要一個百年願景綱領呢？什麼是未來該做的、什麼是想都不要想的，理想上在政策性的國土計畫與來自底層相互凝聚的客家聚落百年

願景相互運作，應該可以創生一張關西百年聚落願景藍圖吧。

　　地方社會，籠統的說或許就是凱文・林奇在《城市意象》未談論的其他部分：實體、可感知物體對象之外的對象。客家聚落應當就是具體的實體與可感知物體對象，也是國土計畫可以實質規畫的對象。相對而言，地方社會就是實質規畫之外的抽象課題了。

　　黃卓權對於內山的墾隘區的研究是公認的專家，長時間關注內山，收錄在本書的論文，爬梳文獻史料認真界定「內山」得到了重要結論。「嚴格來說，『內山』一詞，應該是個形容詞，而不是名詞；應該是歷史演變過程中，一個概括性的區域界定，而非地理的界限。」「由於『內山』的範圍，受到漢人與熟番的步步逼近，使得『生番』的生活空間日趨侷促，以致雙方的衝突加劇，所以內山開墾，必須靠設隘來防範『生番』出擾。這一段設隘防番，以隘作為前鋒，向『生番』爭地的過程，便是內山開墾史的研究範疇。由於它的範圍隨著開墾史的區域發展，而有其時間性與階段性；如果不能釐清這一點，那麼內山開墾史的區域發展特色，便無法清楚的呈現出來。」因此，在其研究中內山就不是一個具體的地理空間而是一個可能因為原漢雙方衝突加劇而移動的範圍。黃卓權在整篇論文的結語中表示，「透過本文的探討，我們可以發現，所謂『設隘開墾』，只不過是『民無官守』的邊區社會，也就是政府的行政權不能達到的地方，所產生的民間自衛組織。」乾隆年間是土牛溝，清光緒年間的「開山撫番」，實質的地理空間已經完全改變，然而，文獻記載中內山依舊。「內山開墾，其實是土牛溝外近山開墾的延伸。如同本文所論，桃園、新竹、苗栗三縣，是臺灣北部客家族群的優勢區；雖然客家人在臺灣，由於人口上的弱勢而顯現出『隱性』的表相，但是在桃、竹、苗地區，卻因為人口上的優勢，而呈現了截然不同的『顯性』面貌。因此，臺灣北部地區的內山開墾史，客家族群實居主要的地位；不但從中主導了墾務的發展，也在無形中改變了本地區

的人口結構,更為當地的族群關係,留下了深遠的影響。」簡言之,桃、竹、苗地區客家人口占了優勢,主導了當地的墾務,也影響了當地的族群關係。「我們如果把上述的區域特色,放到本文所探討的歷史脈絡中來探討;那麼客家人似乎應該重新思索,在這一段從土牛溝到武裝拓墾的過程中,先民與『熟番』互欺互助,血淚交織的歷史;同時也應該敞開胸懷,平心面對先民曾經帶給『生番』的滄桑和血淚,以及蘊涵在每一個開發階段中,顯然並不平等的族群關係。如果透過這樣的省思,或許才能為客家人 —— 包括客家移民的後裔,和已經客家化的『熟番』後裔,以及今日的原住民各族群,共同開啟一片族群相處的空間。」

賴志彰以民宅調查與地方開發進行二次移民區的客家建築研究,提出對於原鄉生活的概念是否能夠解釋二次移民地區或平原地區的饒平客與閩西汀州客生活領域的疑問。二次移民一般指稱日本時代島內移民的現象,賴志彰將歷史往前推到清道光咸豐年代,並將臺灣二次移民分成三個階段,第一次在清代「內山撫番」政策之下,臺中很多客家人「到了現今東勢鎮的大茅埔、上城、下城,其後又有很多人返回現今的豐原市、后里。」賴志彰稱豐原神岡交界的岸裡大社、豐原市翁社、烏牛欄等為「原住民替代村」,遷居者稱為二次移民。第二次是清嘉慶年間到光緒年間,以及清末日初彰化平原的閩客械鬥,彰化地區從溪湖、埔言,遷徙到八卦山腳的福佬客。第三次是日本時代以經濟開發為導向,彰化平原、臺東平原,甚至臺東移民村,以農業、糖廠與製茶,官方主導的移民現象。賴志彰論述二次移民的客家認同,因為移民而遭受輕蔑的情形很普遍,因此客家移民村落「慢慢變成以閩南語為主的移民村落」,其次移民村落多為雜姓村落,加上客家認同的弱化就「依附到所謂的信仰圈」桃園中壢地區拜開漳聖王、義民祠,臺中彰化很多是改拜媽祖、玄天上帝與王爺。「這些村落的特色基本上都是團聚性的。原住民的替代村有一個特色,就是屬

於團形或橢圓形圍聚式的。」如，臺中平原、北臺中岸裡大社、翁社或田心的村落，甚至彰化平原的社頭舊社也都是團形的村落，至於八卦山下則是線性帶狀，「一座村屬一個姓氏的族群村落」，多護龍、多院落，同姓同宗族的團結形建築部落，凸顯出「在危機意識下所生產的村落建築型態。」賴志彰也論述落籍、信仰圈與建築形式，落籍之後的二次移民在彰化平原與臺中平原，彰化市南瑤宮延伸到社頭與田中、田尾，就屬大媽、二媽、三媽與四媽的媽祖信仰圈。二水、田中、社頭到田尾，則是玄天上帝信仰圈。另外就是知名的三山國王廟，從溪湖、員林到社頭。最後，賴志彰總結出二次移民的三個特點，替代村、二次移民與水源、二次移民與近山產業。認為「『二次移民』可以在臺灣客家移民史上，得到更進一步的瞭解，基本上，還是在弱勢族群裡面，去爭取一個生存權。」因此「可以提供我們更深入探討『原鄉假設』的論據」。

　　張智欽、韋煙灶、林雅婷以歷史地理學切入楊梅、新屋地區客家聚落研究，探討現代的楊梅、新屋地區三個相互鄰近的歷史墾庄：萃豐庄、大溪墘庄與諸協和墾庄。三個墾庄各自擁有各自的優勢語言，以土牛溝（約略南北走向）與社子溪（約略東西走向）劃分成的三個墾庄，土牛溝以西社子溪以北是大溪墘庄為具備閩客雙語溝通能力的「半福佬客群」，土牛溝以西社子溪以南是萃豐庄，說海陸腔客語的墾民為優占，土泥溝以東是諸協和墾庄，說四縣腔客語的移民為多。三位研究者進行「世居宗族祖籍地」的調查透過日治時期戶口資料、耆老訪談、族譜、祠堂（公廳）及祖塔碑文，加上網路檢索、地圖比對，產生了極為有趣的歷史地理區域地圖，研究原鄉祖籍粵東閩、客語分布以及楊梅新屋地區拓墾初期閩、客族群分布的空間結構，兩相比對歸納並解析其關聯性。這個研究「發現研究區的族群分布，展現出與世居宗族祖籍地、方言群的地域性結構緊密呼應的態勢」，「影響至今，梅新地區部分的人文區域結構（如民間信仰系統），仍一定程度反映著拓墾原初之時的地域性結構格局。再者，梅

新地區居民使用的母語，經過二百餘年的競合與重組，海陸腔客語逐漸成為整個梅新地區的優勢腔，反映著方言競合過程中眾勝寡消的規律性。」

胡家瑜、林欣宜結合人類學與歷史學雙重視野進入南庄地區的賽夏族群邊界，以南庄地區當作一個具體對話的範疇，並以當地主要原住民群體——賽夏族族群邊界形塑與區域開發史當作關注焦點。歷史檔案、民族誌記錄，以及族群內部詮釋資料等多元觀點材料綜合運用，重新解讀記錄者與被記錄者的情境位置，並藉著檢視不同時代階段國家政策、地方資源和人群互動變化，思考當地歷史發展、賽夏社會文化性質和族群邊界的關係。南庄地區位於中港溪上游，此地距離清乾隆年間的「番界」土牛線和三灣屯隘不遠，自清中葉以來，國家勢力、漢人移墾和山區資源開發衝擊等外部勢力逐步增強之下，可以觀察此地區轉變的焦點；其次，隨著「界線」的區隔和移動所造成的區域內複雜的人群流動過程，當地原住民族社會內部也呈現錯綜複雜的族群文化現象。許多文獻紀錄經常提到賽夏族與周邊鄰近的閩南人、客家人，或是泰雅族人都保持相當密切和友好關係，在日常生活上也沒有鮮明的區隔。歷史材料中的南庄原住民族總提到漢化很深，用漢式姓名、與漢人通婚、收養義子與養子（記錄中出現的幾位南庄地區頭目幾乎都是被收養的漢人），從血緣上似乎很難有所謂純粹的賽夏人。這樣的現象讓人不禁要問，賽夏族究竟是不是一個族？

胡家瑜與林欣怡考究南庄地區的文字材料與地方開發史，以黃祈英的故事具體說明早在官府及屯墾勢力介入之前，原住民族和漢人之間早有貿易、通婚等行為。該文探討清末開山撫番與樟腦事業的影響，以日阿拐 88 甲既墾地被沒收，並把竹南一堡、北獅里興社、獅頭驛社等原住民部落名稱，以遺漏的「舊普通行政區」名義追補編入，取消「社」改為普通行政的「街庄」；可以見到原本原住民族的土地利用形態，經過漢人開墾、製腦的勢力及國家軍隊進入之後，隨著「番地」屬性的界定，國家勢力對「番地」的逐步掌握相對使得

原住民族土地使用權利或所有權利的概念產生了極大的衝擊，南庄地區原住民族也隨之不斷面臨新的競爭挑戰和資源條件的變化。然而，近百年來的資料記錄中，賽夏族人數雖少但語言、社會組織、宗教祭儀和神話傳說等，卻一直保有獨特性。研究發現了賽夏族姓氏符號與集群動力，賽夏族在其生活空間中環繞著人數更多、更強勢的「異族」，同時也通婚、收異族養子或義子（如日阿拐、絲大尾），卻依舊保持賽夏族的集體意識，家名與姓氏，成為賽夏族族群集體意識的堅強堡壘。

　　李翹宏以數量極為龐大的土地申告書的數位資料處理，探討鳳山溪流域竹塹原住民與客家（佃戶）的族群與地權問題。由莊英章主持的鳳山、頭前、中港與後龍四溪計畫，將計畫範圍內的土地申告書數位輸入了 14,714 份，成為這篇論文最堅實的研究基礎。「為了從地權的分化和公共產業的角度討論鳳山溪流域的地域社群關係」，將土地申告書「轉化為量化的統計資料」，以了解並評估清末的樣貌。李翹宏探討「番地與番界：國家與地域格局的形成」，「番地的界定是臺灣自入清版圖後，作為邊疆社會治理的重要議題。」廣大的「荒地」或者「番地」吸引清初的移民者，清政府的地方治理趕不上移民潮流帶來的問題。因此，在清乾隆25、26年間在北臺灣設置一條土牛溝，清楚界定番界，土牛溝以西至海濱的大片平原地帶草埔，已由漢墾戶從竹塹社土官買得並報准陞科，建立漢墾區。土牛溝以東，原為禁止漢人越界私墾形成流民藏匿之處，以防止激發生番之危害，這片土地劃為熟番保留地「以番制番」同時兼具區隔內山地帶生番與漢墾區漢人的緩衝作用。「從番地到番租：地權的形構」討論不同制度下土地權利的類型，土牛溝設置之後又有進一步的屯番制，「不僅把番丁武力納入國家體制，也從中創造了熟番新的經濟來源，從而在保留區內形成了受法令保障可以收取農業剩餘利益的『番租』，並且允許甚至鼓勵漢人以業主的角色經營這些番地而『永遠為業』，結果就是乾隆中葉以後『番產漢佃』

或『番業漢佃』模式在保留區內漸次形成並延續至清末。」李翹宏的研究顯示，「番租所蘊含的財產關係和觀念，深刻影響了清末竹塹社人的社群性質向漢人的父系繼嗣形勢轉變。」「客家社群的地權主要並不是從漢大租戶那裡取得的，而是更多的從竹塹社地保留區中形成。由此可見，清代北臺灣的番地政策和地權演變深刻影響了客家地主與公共產業的形成途徑。」李翹宏的論文以巨量的統計數據解析清代番地治理的痕跡，進入了客家研究的新領域，但他也提醒土地申告書是這個社會過程的結果，而不是過程的記錄，以結果逆向反推的研究總有困難之處。

　　洪馨蘭以人類學觀點分析六堆客家的界限性質，首先以美濃敬外祖的婚禮遺俗來探究社會親屬網絡的關係。洪馨蘭指出，「所謂敬外祖即成年男子於結婚前一日，由父執輩統籌一支隊伍，備妥祭祖牲禮與各類菓品，在彩旗與八音團引導下，熱鬧且慎重地前往村庄公廟及鄰近伯公壇（福德正神）一一敬拜，之後持續在八音吹打聲中，新郎坐轎分別前往曾祖母娘家、祖母娘家與母親娘家的祖堂，對方將燃炮迎接隊伍抵達，隨後由姻親長輩領頭，雙方共同以子孫之禮點燭燃香在祖堂內向祖先敬拜，並在燒化金銀紙錢後，再次鳴放鞭炮表示儀式結束，準新郎歡喜地將牲禮作為禮物留予姻親家族分享，也會隆重地再次親自邀請姻親家族於隔日中午務必蒞臨喜宴。」以上即為「敬外祖」，盛行於六堆，且離開六堆傳統生活地域之外，較少聽到相關儀式。洪馨蘭引用人類學家巴博敦在美濃龍肚地區人口研究中，以日治時期人口普查資料做出以下結論，認為從數據上來看，龍肚居民似乎因為常常處於械鬥狀態，所以婚姻選擇傾向具備增加結盟力量的對象。同樣在美濃龍肚做研究的人類學家孔邁隆認為單純用同為客屬做解釋已經不夠，也就是說，他認為雖同樣是有著同族裔內婚的情感偏好，但該偏好不應只是依賴同一族裔（同方言）這項元素，還同時受到環境地理、經濟地理與人文地理的交互牽制所影響。從「敬外祖盛行於六堆」

這個事實，某種程度可合理推測六堆客裔社群曾盛行較小範圍、特定族裔、有限對象的區域內同族裔通婚。洪馨蘭即是在此論證基礎上，進一步探究這種婚俗之盛行，如何幫助我們思考六堆社群與他者的界限性。六堆客裔社群傾向採取在較小範圍內選擇同族裔社群建立姻親結盟。「六堆」因此獲得一個在「地理區域」、「軍事組織」以外的新的詮釋，洪馨蘭認為「堆」同時即是姻親締結範圍的理想型。由小而大來說，數個庄頭透過範圍內姻親締結，形成小型地域合作聯盟，幾個小型地域合作聯盟，再結合為中型聯盟（例如以美濃為中心加上腹地形成「右堆」）。形成了祖籍認同與地緣認同相互鑲嵌的軍事型結社。洪馨蘭又以六堆式中軸線堂號為例說明其表徵意涵，她認為：「屏東平原六堆地區客閩間的界限實際上有其模糊與不易區辨，所以更需要用對此差異的認知情況、一種日常且恆存的建物象徵，來完成地理、空間（包括心理空間）的區別。正因為創發了迅速辨別的識別設計（門楣堂號排寫結構），六堆聚落群便展演出比較可識別出來的疆域感，往後透過不同地圖『建構』空間的情形下，六堆從『人群組織』的概念變成有空間界限的『區域』概念。」甚至，還用六堆地下水層分布圖來重新理解過去許多六堆地圖恐是一種建構。並指出「就地理與自然資源來說，下淡水溪客裔社群雖錯落於閩庄與南島語族部落之間，但它所在的地理位置與所擁有的水源資源，實際上是占優勢的。某種角度來說，這樣的六堆界限是客裔一種聰明的選擇。並有意識地在捍衛。」最後做出的結論是，「從民俗觀點來看，六堆的界限性質是文化生存偏好下的選擇，不必然是完全源於封閉的排外心理，也因有此選擇性偏好，六堆透過鑲嵌於緊密親屬關係所產生的內聚力，以固守生存地盤與緩慢推進式的方式，擴展活動領地；就整體歷史局勢的後見之明來說，六堆內聚力並沒有展現在大範圍進行武力擴張性質的地盤侵略，或興築具體的防禦工事，在歷史上呈現的比較像是偏安於下淡水溪水源最豐沛的肥沃平原。」

　　許嘉明研究彰化平原的福佬客地域組織是福佬客研究的經典之作。他指出，臺灣是個移民社會，漢人移居臺灣時有很多限制，舉族遷居幾乎不可能。村落居民多以祖籍的地緣關係為認同基礎而聚居，村落裡的鄉土神之祭祀顯得特別重要，村廟也成為地方防衛自治中心，及其群體的象徵。許嘉明以祭祀圈的概念，探討聚居於彰化境內永靖、埔心與員林等鄉鎮的福佬客居民地方群體的組成，從祭祀圈內涵看居民的來源，以瞭解該地域內的地方群體是由哪些因素形成，進而闡明在各種不同社會處境下，據以應變的方式。閱讀本文時如果與賴志彰的論文對照，應該頗為有趣，祭祀圈與聚落建築調查研究，方法與著重點都有不同，但為了族群的生存而據以應變的討論課題卻頗為一致。許嘉明也定義了「福佬客」，「行文中的粵籍居民或客家人，是指祖籍來自廣東省，原本操客家方言的居民，由於這些客家居已經福佬化，故稱之為福佬客。」彰化平原地區的客家人多來自潮州府「潮州府在行政區分上屬於廣東省，若從語言上來看則近似閩南語，因之又有福佬客的別稱。」福佬客進入彰化，從歷史發展過程來看十分艱辛，許嘉明從彰化縣志沿革志摘錄客家人入墾的事蹟，發現「一個明顯的事實」，「客籍入墾的五個地方，有兩處墾地因為漳泉人群壓力，迫使客家居民他徙，移居的地點都是在今之東勢角方向。」「客家居民的入墾，雖稍晚於泉州人，但是從文獻上看，並不遲於漳州人入墾的時間，為什麼客家人會成為被壓迫的弱小人群，以致於無法立足而他徙？」經過研究可以明瞭，「彰化平原的客家人，處境是如何艱難，同時也可以看出，原來與漳泉人群比屋雜處的客家人，後來為什麼那樣的聚集一隅，而顯得比其他人群能更團結一體的原因。」許嘉明舉了彰化福佬客幾個著名的鄉土祭祀神的例子，說明「村落的地域組織」溪湖三山國王廟霖肇宮、永靖三山國王廟永安宮、社頭媽祖廟天門宮、彰化媽祖廟南瑤宮等四個與客家居民地域群體相關的廟宇。以同姓氏的聯誼、客家村落間的聯繫、超祖籍人群的聯合，特別是「道光年間的

械鬥之後，使漳客人群意識到不聯合，無法抵禦泉州人群的勢力。兩個人群的地方仕紳，商議決定以永安宮為中心，聯合武西、武東、東螺東及東螺西等堡之漳客聚落居民為一體，這個團體俗稱七十二庄，成立的時間只知道在道光年間的泉客械鬥之後，確切的年代已經沒有人知道。」在結論中，許嘉明指出，「彰化縣境內的福佬客在入墾之初，舉族渡臺的機會等於不存在，以血緣作為聚落組成的條件，可以說根本沒有。最常見的是同一條船渡臺的人聚居在一起，或依附於同祖籍來自地居民聚居的村落。」以此稱之「地緣村落」。「村落之間則以集資建廟，再經由鄉土主祭神的供奉和儀式的舉行，連結成為一體以收守望相助之功，從前述福佬客的地方組織，自單姓戲的活動到七十二庄的組成之敘述，充分說明了這一點。」

　　陳麗華從歷史觀點研究忠義亭到忠義祠的變化，探討六堆客家地域社會的演變。陳麗華指出六堆的地域社會建構過程中，帶有強烈國家色彩的「義民」符號是研究的關鍵。從清初開始，該地便形成具有軍事性質的地方社會組織，充當「義民」協助清王朝鎮壓叛亂。由官方敕建的地域祭祀中心的忠義亭，正中央供奉的是清帝牌位，從中也不難窺見地方人士試圖以「忠義」符號和清王朝建立長遠關係。但是，近代的臺灣社會歷經幾次政權轉移的過程，代表地方和清王朝關係的「忠義」，通過禮儀與祭拜的改造，成為表達和當權政權關係的符號，在這一過程中，歷史便經歷了被不斷重新解釋的過程。透過「義民」這個與國家典章制度和意識形態相聯繫的符號，曾經被其他族群稱為「樂訟好鬥」的客語群體才擁有了「急公好義」的新形象。陳麗華認為這就是「一方面被拉進國家的領域，另一方面族群意識亦逐漸建立起來。」在這一過程中，展現的是國民身分與族群認同同時建構的互動過程，而歷史則變成一種有助於地方實際利益合法化的資源。朱一貴事件、吳福生事件到林爽文事件，清王朝漸漸制度化（舊曆、粵規、舊章）頒發給「義民」義民箚與褒忠匾額（乾隆53

年褒忠匾額有 56 張）更加強化六堆與中央的關係。除了忠義的展現之外，六堆客家也朝著科舉所代表的身分地位邁進，「清代鳳山縣粵籍總共出了 3 位進士（占全縣一半），20 位舉人（更占全縣大半），顯示出該地科舉的成功。顯然在王朝體制下，除了『義民』的身分之外，獲得科舉的功名也是六堆地方人士提升社會地位、納入國家正統的重要方式。」六堆的忠義精神一直持續到 1895 年的乙未戰爭，日本政府「近衛師團在南部登陸時，與六堆的義勇軍正面交鋒，經過激烈的戰爭，六堆不敵日軍的精良武器，損失慘烈。」然而戰爭失敗後，家族成員均有傷亡的六堆大總理邱鳳揚、左堆總理蕭明光等先後歸順日軍，當時的六堆總理們表示，「六堆之民有自古稱義民之事，則係扶助官軍而戰者，為清朝忠義之民；今為日本之臣民，則豈非成為日本忠義之民乎？」同樣的忠義符號，從清王朝轉換到日本政府。日本時代 1899 年 10 月底，總督兒玉源太郎巡視忠義亭，搬來梯子親自爬上屋頂拔草之後，地方即製作了一面「天皇陛下萬萬歲」的神位（根據戰後的記載還有「日本敕封六堆歷代忠勇義士暨列公神位」、「敕封六堆歷代忠勇義士神位」。1931 年後，內埔公學校校長松崎仁三郎研究忠義亭的史蹟，寫出一本《嗚呼忠義亭》，成為鄉土教材。1945 年國民政府來臺，結束日本 51 年的統治，很快的邱鳳揚的孫子邱福盛被推舉為「六堆愛國聯誼會」理事主席。1958 年 1 月，六堆忠義祠舉行牌位升做儀式，並隆重安置了一面「中華民國萬萬歲」的牌。忠義符號依舊未變，地方社會圍繞忠義亭的禮儀和社會組織卻不停改變。至今邱鳳揚大總理故居門樓，仍然高掛國民黨徽（國徽？）。然而，時至今日，六堆客家的族群認同運動依舊方興未艾。

羅烈師發揮參與觀察的人類學專長專注在新竹六張犁客家聚落的時代鉅變，著名的臺灣地方文史前輩林衡道於 1980 年代造訪六張犁時，記下了見聞。[2]「當時沿聚落周圍水溝遍植莿竹，宛若城垣，並建造東、西、南三座隘

門，以利出入。東門之外有跑馬場，為騎射習武之地，西門為對外通道，南門則是耕耘隊出入之門又稱為田門。依林家後代傳聞，乾嘉年間，六張犁林家是一個上千人的大聚落。眾丁在出門耕種前會開三響砲，以嚇阻盜匪和原住民；吃飯則要打三通鼓，集合眾人用餐；夜間並輪班巡查隘門，以保衛聚落安全。聚落內自設碾米、造酒、織布、屠宰等設施，還聘請老師教授子弟課業，設子弟班勤練拳腳功夫。而林家祠堂『善慶堂』和『林家祠』更是整個莊院和宗族生活的中心，聚落內的福德祠則微不足道。」羅烈師疑惑六張犁這個自給自足也能自我防衛的單姓聚落形象，「是否就是聚落的唯一情調？」羅烈師考究六張犁聚落史，指出六張犁是好幾個饒平林姓家族的聚居之地，表面上看起來是「單姓聚落」但實際上不是簡單的單姓聚落，到了日明治44年（1911）已經整合了老屋、東山、斗屋、大埔、扶陽樓與騰蛟嶺等六屋，以原屬老屋派下的林次聖公廳擴建成「林家祠」，同時編修族譜。1971年竹北鄉都市計畫自老街展開，同年六張犁聚落出現第一座鋼筋混凝土加強磚造的新建築，此後不斷分戶，新式建築愈來愈多，六張犁聚落的理想情境開始改變。直到2002年因為縣治二期都市計畫落實，最後的六張犁居民遷出，這個發展了256年（從清乾隆17年〔1746〕林先坤開庄至此）的古老聚落，正式結束。

　　羅烈師以聚落史、輕離家鄉、客家學院插曲、文化再現到地方性之斷裂的順序探討六張犁聚落的歷史與再現。最後也提出了幾點疑問：「如果存在一種六張犁精神，從前它的內涵是什麼？都市計畫介入時，能否容納這一精神？而今，六張犁滅村已是不可改變的事實，那麼此刻的六張犁精神又是什麼呢？同時，它延續了多少從前的六張犁精神？六張犁經驗顯示，在都市擴張的過程

---

2 林衡道，1982，〈竹北六家的林姓聚落〉。頁1-3，收錄於林保萱編，《西河林氏六屋族譜》。臺中：臺灣省文獻委員會。

中，它並未被視為一個具有場所精神且活生生的聚落，這也就是當時人們輕離家鄉的原因。攤開日本時代的《臺灣堡圖》，六張犁周邊聚落由西而東的鹿場、十張犁、八張犁、芒頭埔、鴨嫲窟、番子寮、隘口等，已隨都市計畫而煙消霧散，東海窟、麻園肚、三崁屋等則快要淹沒在新的都市計畫中。此刻在六張犁談『聚落保存』，對六張犁本身而言，既失先機，更無濟於事；然而，對於六張犁不遠的東方那片號稱『璞玉』的田園、小型工廠與聚落，乃至於這海島南北大大小小都市周邊的聚落而言，顯然是前車之鑑。」最後的最後，羅烈師感到尚可安慰的是，「那些與新大樓群強烈對比的水圳、公園與舊屋，正如段義孚所言，[3]是可見度很高的文化象徵，尚能賦予人們創造地方感之可觀力量。」

　　本書精選的九篇論文，探討的地方社會詭譎多變，但也有歷史脈絡可循，也能從公文書、公告書以及私人族譜統計出族群消長的關係，也有從都市計畫的觀察中親眼看見對於客家聚落理想境界的刻畫，卻終於僅剩安慰人心的殘山剩水。如果地方社會沒有新的自主措施，單靠現行的國家法律，客家聚落在一百年後，還有多少剩水殘山？

---

3 Tuan，Yi-Fu（段義孚）著、潘桂成譯，1998，《經驗透視中的空間和地方》。臺北：國立編譯館。

從版圖之外到納入版圖：
清代臺灣北部內山開墾史的族群關係 *

黃卓權

一、前言

　　土地開墾是臺灣史研究的主要課題，尤其是漢民在土地開墾過程中，所涉及的族群互動關係，對臺灣社會結構的變動，更有明顯的影響。隨著漢民的開墾活動逐步進入「內山」，異族群之間的互動也愈為頻繁。漢民與原住民之間的衝突，也因生存空間的需求張力與土地持有觀念的差異而與日俱增。

　　清政府治臺前期，為了解決這些衝突，對原住民也曾實施多次的「番政變革」，例如：設置理番機構、開挖土牛溝、立石定界、禁墾番地、設置番屯……種種設施，企圖藉此維護原住民的生存空間，同時限制漢民任意越界侵墾「番地」。然而，這些措施顯然無法有效限制漢民的現實需求，以致原住民的生存空間，也就隨著漢民的源源湧入而日趨侷促。

　　清代道光中期（1840-）以後，清帝國更因內亂外患頻傳，使得政府的財稅需求日增，原先對原住民的各種保護措施，便逐漸鬆弛而形同虛設，事實上這些政策從未受到地方政府認真而嚴格的執行，甚至變相的鼓勵漢民假藉各種

* 本文原刊登於《臺灣原住民族研究學報》，2013，3卷，3期，頁157-187。因收錄於本專書，略做增刪，謹此說明。作者黃卓權現任廣泰成鄉土史田野研究室負責人。

名目，公然越界侵墾內山「番地」、奪取山林資源。

到了清代晚期（1874-），由於與日本發生嚴重的臺灣番地領有權之爭，愈發迫使清政府急於將番地「納入版圖」，[1]於是由政府所主導的「開山撫番」政策，從光緒元年（1875）起，再度帶動了另一波的內山開墾潮。這次的行動，不但政府以「撫番招墾」為名，討伐「兇番」，入侵番地；民間墾戶更以武裝力量公然進行佔墾；遂使漢民與原住民之間的衝突，進入尖銳對峙的狀態，直到日本帝國統治臺灣（1895）以後仍未息止。

由於臺灣北部地區的內山開墾，北自新店溪中、上游起，南至大甲溪中、上游止，整個沿山漢、番交界地區，都可發現客家移民參與的記錄；尤其是桃園、新竹、苗栗地區，從沿海到內山都與客家移民息息相關，無論是人口分布、族群互動與政、經發展等，都因為人口優勢而取得主導性的力量。因此，要瞭解臺灣北部地區的內山開墾史，便不能忽略客家移民在開墾過程中與異族群的互動關係。

本文擬就清帝國的邊區控制，來瞭解漢移民在臺灣北部內山開墾史中的族群互動過程，並從區域取向的角度，探討客家人在本地區的族群關係。

二、內山開墾史的界定

「內山」一詞，是臺灣在清代以後所修方志和現存文獻上，經常可以見到的名稱，研究者如果未加留意，很容易略而不察，把它誤作自然地理的界限；

---

1 依據《正中形音義綜合大字典》：「版謂戶籍；圖謂地圖。」所以「納入版圖」，意指將戶口、土地列冊管理。由於清帝國在 18 世紀中葉以前，尚未產生近代的國界觀念，所以「納入版圖」，只是設置地方政府，派遣官吏駐守管轄，把新增的丁口（戶口）與田賦（土地）加以列冊管理，成為帝國（皇家）的財產；所以嚴格而論，頂多只是政府的行政權能夠有效控制的地區而已，與國界仍有很大的距離。比較接近的名稱，應該是「領土」或「領域」（domain）。

然而如果細加探討，便可以立即發現，此詞的使用與一般所認知的「深山」或「深山內部」，有很大的差別；它顯然已從日常性的泛稱，演變為一個特定的用詞，卻又經常會因時、因地、因人，而有不同的指認，不但缺乏明確而穩定的範圍，也可以相當明顯的看出它所指涉的地區，一直隨著漢民的開墾與清政府政治力的介入，呈現逐步減縮的現象。分析這種不同時段、不同地區的「減縮」現象，又隱然與漢民所稱的「生番」所居之地，具有相當程度的吻合。然而，這一個在清代與日治時代所編修的方志、文獻上經常出現的「內山」，究竟是指那一些地區呢？這些地區，能不能有一個可供界定的範圍？檢視現存的各種相關記載，可以明確指出：「內山」一詞的廣泛使用，應該是清帝國統治臺灣（1684）以後的事。

在康熙 24 年（1685）以及康熙 35 年（1696），先後擔任臺灣知府的蔣毓英、高拱乾，他們在任內分別編修的《臺灣府志》（蔣毓英，1995：19）對於「內山」一詞，並無任何說明，只不過是泛指轄境以東的地區而已：[2]

> 阿里山社東界至此山（畬米基山）止，自此山以東，皆係內山。

到了康熙 56 年（1717），《諸羅縣志》刊行，才對「內山」一詞有了比較明確的說法：「凡山之綿渺阻絕，人跡不到者，統稱內山」（周鍾瑄，1962：6）；又說：「內山峻深幽邃，生番之所居」（周鍾瑄，1962：卷首〈地圖、番俗圖〉，36，圖說）。明白指出所謂「內山」乃是（1）人跡不到之處，生番所居之地；（2）而且這裡所謂「人跡不到」的「人」，乃是僅指漢民而言，

---

2 蔣毓英，《臺灣府志》，見高賢治主編，臺灣方志集成，清代篇 1，頁 19，（臺北，1995）；高拱乾，《臺灣府志》，臺灣文獻叢刊 65，頁 15。按清初所指的畬米基山，據楊榮貴先生指稱：此山紗米基（saviki）社（今阿里山鄉山美部落）的山嶺。

生番並未包含在內。對於這種區別，康熙 60 年至 61 年間，在臺鎮壓朱一貴反清事件的藍廷珍、藍鼎元所著《東征集》（1958：卷四，59-60、卷三，34）一書，就有兩段很傳神的敘述：

> 生番殺人，臺中常事。此輩雖有人形、全無人理，穿林飛箐如鳥獸猿猴。撫之不能、勦之不忍，則亦末如之何矣。

> 國家初設郡縣，管轄不過百里；距今未四十年，而開墾流移之眾，延袤二千餘里，糖穀之利甲天下。過此再四、五十年，連內山山後野番不到之境，皆將為良田美宅，萬萬不可遏抑。

此外，《諸羅縣志》另有幾處重要的記載，值得我們特別留意：

1. 康熙 32 年（1693）的「新附生番」，計有水沙連思麻丹社、麻咄木靠社、挽鱗倒咯社等六社（周鍾瑄，1962：卷二，31、卷六，99-100），其中：「水沙連（在今日月潭一帶）雖內附，而各社多在內山。」（周鍾瑄，1962：卷八，173）
2. 康熙 54 年（1715）的「新附生番」，有岸裡、掃捒、烏牛難、阿里史、樸仔籬等五社（周鍾瑄，1962：卷二，31、卷六，99-100），而「岸裡、內幽、嘍吧哖、茅匏、阿里史諸社，磴道峻折，谿澗深阻，番獷健嗜殺。雖內附，罕與諸番接。種山、射生以食。……茹毛飲血，登山如飛……」（周鍾瑄，1962：卷八，173-74）。[3]

---

3 岸裡社在雍正初年（1725），張達京任通事以後，便逐漸成為臺灣中部地區的重要熟番；直到雍正 10 年（1732）清廷平定大肚番亂以後，岸裡社才與張達京合力掌握了臺中平原的開墾。

　　由此可見，清政府治臺初期所稱的「內山」，乃是泛指漢民與官吏，平日幾乎未嘗涉足的「人跡不到」之地，乃是屬於生番居住的地區，也是他們所擁有的勢力範圍；後來隨著漢民入侵番地，以及生番內附日多等諸多因素，「內山」的範圍便因逐步納入帝國版圖而隨之縮小。這由下列的記載，更可以明顯看出這種變化。雍正2年（1724），黃叔璥（1957：167）的〈番俗雜記〉說：

> 內山生番，野性難馴，焚盧殺人，視爲故常。

〈赤崁筆談〉（黃叔璥，1957：65）也說：

> 昔年近山皆土番鹿場，今則漢人墾種，極目良田，遂多於內山捕獵。

　　乾隆53年（1788），閩浙總督福康安〈議臺灣屯丁疏〉則奏稱（高山，1968：53）：

> 所過近山地方，良田彌望，村落相連，多在輿圖定界之外，舊設土
> 牛，並無遺跡可尋。

　　往後，直到道光13年（1833），陳盛韶（無日期）在鹿港理番同知任內所撰的《問俗錄》一書刊行問世，才對「內山」的範圍與變遷，有了比較直接而明白的交代：

> 內山生番嗜殺，舊曾擁出爲亂。朝廷命就交界處，築土牛爲界；丈
> 給隘租數千石，建隘寮，選隘丁防守，著通事、隘丁首統管。厥後，

閩廣人越界墾荒，漸漸侵迫番境，被其刺殺者無算。

這段敘述不但進一步指出：內山係與生番「交界處」的土牛界外之地，也是福康安在奏疏內所謂「輿圖定界之外」的地區；直言之，這乃是清政府治臺初期，劃給生番的界外自治區或保護區；甚至在某種程度上，這也等於是清政府間接承認的生番固有的生活領域。

可是這一片生番固有的生活領域，在乾隆 53 年福康安議設「番屯」時，已經是「所過近山地方，良田彌望，村落相連」了。所以清政府乃於乾隆 55 年（1790），採納福康安的建議，開始設置「番屯」管理，又下令重立界石，禁止漢民與熟番越界私墾。

綜合上述的相關記載，我們對於「內山」一詞，便可以比較清楚的理出下列幾點解答：

1. 「內山」是指清政府治臺初期，對於版圖界外的「生番」所居之地；也就是政府行政權能夠有效控制的轄屬地區以東或以外山區的泛稱，並無特定的區域範圍或明顯的行政區劃。其中雖有少數的「歸化生番」已經「附入版圖」，但是基本上仍然屬於版圖界外「政教所不及」的地區。

2. 清政府曾在乾隆年間，設置土牛紅線，定界區隔漢、番。後因漢人越界開墾，土地日闢以後，才促使「熟番」的獵場往近山地方推進，加上「生番」內附為「熟番」等緣故，「內山」的界限也逐步向東部深山內移，於是「內山」的範圍也就逐漸縮小。臺灣東部開墾設治以後，則泛指橫亘臺灣南北的中部山區為「內山」；這也是生番最後的生活領域。

前述所謂「生番」和「熟番」的區別，並非以原住民的族屬或是聚居地區來劃分，而是以他們是否「內附」於清帝國並且「輸餉」、「服教化」作為分

類的依據，很明顯的是以統治者觀點所作的人群區隔，與人類學上的分類無關。《諸羅縣志》（周鍾瑄，1962，卷八：154）就明白指出：

> 內附輸餉者曰熟番；未服教化者曰生番，或曰野番。

臺灣知府鄧傳安（1963）的〈番社紀略〉說得更清楚：

> 界內番或在平地、或在近山，皆熟番也；界外番或歸化、或未歸化，
> 皆生番也。

所以界外生番即使已經「內附輸餉」，但是如果「未服教化」的話，仍然還是生番，頂多只能稱為「歸化生番」，或者簡稱「化番」（鄧傳安，1963）。[4]譬如：「水沙連社」原來屬於「生番」，但是內附輸餉後，先成為「歸化生番」，開始「服教化」以後，才被視同「熟番」；而一般所熟知的「岸裡社」熟番，在「未服教化」以前，仍然屬於「歸化生番」。[5]由此可見，向來習以「熟番」為平埔族，以「生番」為高山族的簡單歸類方式，是很值得商榷的。

嚴格來說，「內山」一詞，應該是個形容詞，而不是名詞；應該是歷史演變過程中，一個概括性的區域界定，而非地理的界限。由於「內山」的範圍，

---

4 參見臺灣銀行經濟研究室（1958：45-47）。

5 據《諸羅縣志》（周鍾瑄，1962：卷六〈賦役志〉，頁100）所載，水沙連和岸裡等社，雖然都於內附後，向清政府繳納陸餉，但仍被視為生番，其原因參照本卷按文（頁102-104）的敘述，熟番至少必須「習見長官，稍有知覺」，而且能「自舉通事，自輸於官」。另外根據鄧傳安前引文，說得更直接：「所謂歸化，特輸餉耳；而不薙髮，不衣冠，依然狉狉榛榛。」明白指出，除了輸餉外，還必須薙髮、衣冠，也就是「服教化」，才是主要依據。

受到漢人與熟番的步步進逼，使得「生番」的生活空間日趨侷促，以致雙方的衝突加劇，所以內山開墾，必須靠設隘來防範「生番」出擾（圖1）。這一段設隘防番，以隘作為前鋒，向「生番」爭地的過程，便是內山開墾史的研究範疇。由於它的範圍，隨著區域發展，而有其時間性與階段性；如果不能釐清這一點，那麼內山開墾史的區域發展特色，便無法清楚的呈現出來。

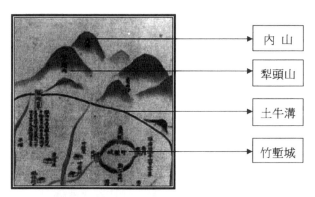

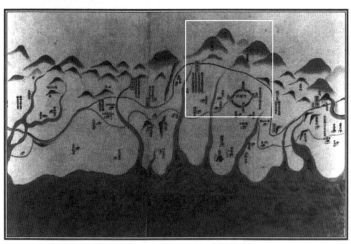

圖1：清乾隆中葉臺灣番界圖（今新竹、桃園一帶）所示的內山
說明：圖中藍線即為乾隆26年（1761）所開挖的土牛溝；放大圖為新竹犁頭山段，可以清楚的看出土牛溝與內山的關係。（本圖現藏中央研究院歷史語言研究所）
來源：施添福（2001）。

三、從土牛溝到設隘開墾

（一）隘墾區的形成背景

前述的「土牛」、「土牛紅線」，也稱為「土牛溝」；這是清帝國統治臺灣以後，自南而北，陸續完成的一條有形的人文界線。伊能嘉矩《臺灣文化志》說（1991：389）：「臺灣初創的防蕃設備，即為隘之起源，明末鄭氏創屯田制之時，早已有土牛及紅線之稱。」清楚的指出，這是彷自鄭氏王國時期的措施，而非清政府自創的制度。筆者認為這與荷蘭東印度公司（VOC）召集地方集會（Landdag）的「集會區」應有極大的關聯，鄭氏王朝接收後，再移交清政府而納入「版圖」；因此清初才會把版圖之外，籠統的劃為「內山」。後來的土牛溝界，至少應與 VOC 的集會區管界有相當程度的吻合。這一點有待另文探討。至於有關清代土牛溝的形成、演變，及其對臺灣區域發展的影響；在晚近施添福（2001）的研究中，已有深入的討論，所以筆者在此僅擇要說明，並以研究所得略做重點引伸。

依據施添福的研究，這一條人文界線，是採取「挑土開溝」的方式，陸續構築，而在乾隆 26 年（1761）才全面完成的漢、番界限。這一條「深溝高壘，疆界井然」的有形障礙，其目的在於區隔漢、番，企圖達成「使生番在內，漢民在外，熟番間隔於其中」的構想，讓漢民、熟番與生番各族群，能夠「各管各地，不得混行出入，相尋釁端」（高山，1968：41）。

換言之，企圖以這條有形的疆界，來永禁漢民越界私墾，而把界限以東的近山丘陵地區保留給熟番，作為他們的墾獵維生之地；一方面既把生番隔離在內山之中，不致與居住在外庄的漢人直接面對；一方面又可藉助熟番，來間接抵拒生番。這種「三層制族群分布制度」，經柯志明（2001：47）的研究又進一步指出：「上述做法是以生番、漢人相互敵視，及政府強制力的消極介入，來防治邊界地區變成聚集漢人『奸匪』的不管地帶。」

　　然而，這一片為了顧及熟番生計，而特別保留的地區，並不能阻止源源湧入的漢移民對土地的需求；加上熟番深受官方徭役之苦，又不斷地被派往生番出入的重要隘口守隘，無暇兼顧農獵，以致造成農政失時……各種因素的影響；這一片特別保留給熟番的生活領域，最後不得不在通事與土目的「專政」下，假藉各種合法掩護的手段，把「社中公田，始而胎借，繼而典賣，終而典賣」，[6] 終於直接或間接流入漢移民的手中。

　　清政府為了保護熟番的生計，同時又能防範生番湧出為亂，限制漢民入侵番界的構想，乃於乾隆 55 年（1790），再度改變政策，正式設置「番屯」管理；從林爽文事變時，曾協助清軍平亂的熟番中，挑募屯丁，又從屯丁之中，選拔千總、把總及外委等屯弁（屯官）來主持屯務。一方面把熟番保留區內，所有漢民偷越土牛溝違法私墾的田園，收歸為屯有地，要求漢墾民一律按照地則，定期繳納屯租，以供應屯番糧餉；一方面則將清查出來的未墾埔地，全部撥給屯番作為「養贍地」，又准許屯番自行招募漢、番佃戶或佃人開墾，收取養贍租作為屯番養家活口的基本收入；並且下令重立界石，永禁偷越（施添福，2001：72）。

　　這次立石重劃的界址，明確的位置已無文獻可考。但毫無疑問是因為這一次的重新劃界，才在政策上使原先設定的熟番保留區東側，有了一條「新番界」。界限以東的山區地帶，從此成為清政府以行政干預的手段，「以生番『嗜殺』的習性，防制不法漢人逃匿生番界內」，企圖利用生番作為「臺地之外衛」而劃定的生番保護區（柯志明，2001：237）。這片地區也就是乾隆 55 年以後，清代的官修方志以及相關文獻上，所指稱的「內山」地區──「番地」。

---

6 見陳盛韶（無日期，卷六〈鹿港廳〉，「通事」條）。

　　由於新劃的界址，「處處迫近生番」，常遭「生番出擾焚殺」，而且墾成的田園，又常被洪水沖毀，使得所招募的墾佃，往往聚散無常，有礙屯租和養贍租的正常收入。於是，為了防範「生番出擾」，保護墾佃的安全；以及為了彌補屯租的缺額，和屯番的養贍生計；地方政府乃透過各種方式，核准或默認「有力之家」擔任墾戶，在界線外緣的山區地帶，出資設隘防番，招佃開墾，並允許墾戶向開墾區內的墾佃，征收隘糧，以供防守之資。

　　結果，界線以東的內山生番地區，終於因為現實所迫，不但無法依照原先的構想，來約束漢民「永禁偷越」，反而是那些「有力之家」的漢墾戶，藉著政府核發的墾照、諭戳為護符，公然越界佔墾。採取「強力方式」，公然以「集體性的武力奪取番地」或「個別性的侵佔番地」（黃富三，1981：19-36、72-92）。這一片越界佔墾的地區，約略相當於施添福所稱的「隘墾戶拓墾區」（簡稱隘墾區）。

　　因此就廣義來說，臺灣北部地區內山開墾史的範圍，在清政府治臺初期，是泛指版圖界外「生番自治區」內的偷墾或盜墾；乾隆26年（1761）以後，則泛指土牛溝外的東面山區，約略相當於施添福所指稱的「平埔族保留區」（簡稱保留區）與小部分的「隘墾區」；乾隆55年立石定界設置番屯以後的北臺內山開墾史，便幾乎是發生在「隘墾區」的武裝拓墾史，也等於是「生番保護區」的佔墾史。而且對於臺灣的地理分布，也漸漸地依照地形，從西到東，把臺灣概略的分為前山、近山、內山與後山四部分。到了光緒元年（1875）清政府採納沈葆楨的建議，全面實行「開山撫番」以後，等於把臺灣全島都正式「納入版圖」，成為清帝國的皇家財產，根本上連「生番保護區」的形式都不予承認了。

（二）隘與內山開墾

　　「隘」是研究臺灣的土地開墾，尤其是內山開墾，無法避免的問題，但是

「隘」究竟是什麼？一般人卻不易了解。前人關於隘的研究，如戴炎輝（1979：533-613）、王世慶（1994：373-414）都曾就不同的研究領域與面向，分別加以深入探討。為了對「隘」的一些基本問題能有進一步的瞭解；茲根據王氏與戴氏的研究成果，以及筆者對隘防問題的持續關注與研究，並根據十餘年來在新竹、苗栗內山地區，親自踏查過八座隘寮遺址的經驗，[7] 藉此做一綜合性的整理。

臺灣早期的丘陵地與山區開墾，有四個基本要件，就是土地、人力、資金和隘防。這些要件，環環相扣，缺一不可。前三項，幾乎是任何地區的開墾者缺一不可的能力。然而，內山開墾除了這三個要件之外，其實最為重要，也最為困難的就是隘防。隘防的意義，對內是負責警察性質的工作；對外則是軍事性的防衛功能。其主要任務有三：

1. 擔負墾區內的民防保安。

2. 阻止漢民越界私墾、私採、私獵。

3. 隨時巡邏並監視「番地與番社」的動靜；防禦生番的侵襲與出草。[8]

進一步說，所謂「隘」，就是以圍牆或障礙物所構成的防禦設施。這種防禦設施，通常是由隘寮、隘丁、隘首和隘租所組成；近似一種自治性質的鄉庄民防保安團體。

每座隘寮，根據它的大小和位置的險要與否，分派一至數名壯丁駐守，這些壯丁，便是負責守隘的基本防兵，一般都稱為「隘丁」，有時稱為「民壯」或「民伕（夫）」；如果是比較大或是位置重要的隘寮，由於隘丁人數比較多，

---

7 這八座隘寮遺址分別是：（1）三灣接隘仔（當地新竹客運站牌寫作：錫隘）、（2）獅潭崩山下、（3）柏色樹下、（4）圳頭窩口、（5）十九份崠、（6）大湖拖沙尾、（7）橫山苦蕉湖、（8）大寮等。

8 參考戴炎輝（1979：556-61）。

大都會指定其中一人為寮頭（寮長），來負責隘寮的維護管理並就近約束隘丁。

　　至於隘寮的配置，往往依照「隘」的防區大小和地形的險要來建構，從一座、數座、至數十座不等，約略相當於隘的派出機關或分支單位。隘寮與隘寮之間，建有隘路相通，其距離一般都以能夠互相聯絡、呼應為準，把一座座隘寮連成一條不規則的隘防線。因此，所謂「隘寮」，便是設在隘防線上的碉堡，有時稱為「碉樓」、「銃櫃」或「銃庫」；如果設有土砲，則稱為「砲櫃」或「大銃櫃」[9]。每條隘防線通常都聘有經驗豐富、熟悉隘務，而且通曉番情、能操番語的人，來負責督率隘丁，經理隘務，也就是「隘首」。

　　按照清代臺灣通行的慣例，隘丁的酬勞是以民間主糧——稻穀來計算，一般稱為「隘糧」或「隘租」。原則上每名隘丁，每年給予隘糧穀三十石，或是依照當年的穀價折算洋銀，每年分為春、秋兩季發給；由隘首統籌執單，向防區內的民佃按甲抽收；隘首的酬勞，則從他所管轄的隘丁糧額中抽取。

　　然而在實際的運作上，則往往因為隘防的安危難易不同，隘租常視各隘的實際狀況有所增減。至於舊新竹縣轄境內（今竹、苗二縣），沿山重要墾隘的做法，一般大都以佃人兼充隘丁，不另外發給兼充隘丁的酬勞。[10] 但是儘管隘糧的發給方式各異，數額不一，但通常的計算標準仍以每年給穀三十石，或是按照當時的穀價折算洋銀為原則。[11]

　　這種隘防組織與設施，乃是先民為了因應防番的需要，由政府或民間團體，在生番出入的山區險要地點，所設置的民防保安機構；也可以說是介於今

---

9 銃，是老式的土槍；大銃，則是臺灣先民對土砲的稱法。

10 參見《淡新檔案》（17329-13、14），都司鄭有勤稟內，對於「金廣福、獅潭各墾界內」的民番守隘情形，及隘丁薪工狀況，有詳細的敘述。

11 臺灣的穀價，自道光中期以後，價格一直還算平穩，波動不算太大，所以大都以稻穀一石，折算洋銀一元（指七二番銀）為標準。

日的民兵與警察兩種事務的混合體。如果是由政府出資興建，並負擔全部或一部分維持經費的，稱為「官隘」；若由民間自行負擔全部經費的，便稱為「民隘」。然而，不管是官隘或是民隘，都必須經過官方的諭准，並發給執照和戳記，才能正式設置；在名義上或形式上，都必須接受地方政府的節制，屬於代表官方執行公務的地方鄉治團體。

平原地區或村落密集的小型集村，所設置的隘防，比較接近鄉城或庄城的規模，例如：老地名中的木柵、竹圍、土城、石圍牆等，都是由這類小型的集村所設的庄隘演變而來。乾隆 44 年（1775）前後，臺灣知府蔣元樞在〈鼎建傀儡生番隘寮圖說〉，提到他在臺灣南路所籌建的隘寮，其規模則更接近於一座小城（圖2）（蔣元樞，1970：35-36，圖18）：

> 外則砌築石牆，闊五尺，高八、九尺及一丈不等，周圍約計一百二十丈及一百四、五十丈不等。中蓋住屋五、六十間，亦有八、九十間者，俱照社番居屋建蓋。……隘寮之後，另建寮房六所；周圍以木為柵，柵內蓋屋四、五、六十間不等。令生番通事攜帶壯丁守禦，與熟番互為聲援。

即使已經進入近山丘陵，如果地近生番之處，隘寮還是維持一定的規模，如「墾戶郭陳蘇」在新竹城郊所建的金山面、大崎及雙溪等隘，就是平均駐有隘丁二十名的三座「土城」（圖3）：[12]

---

12 《淡新檔案》（17301-14），道光四年隘首廖科第等稟敘。

於嘉慶二十年，給予竹塹南勢山、金山面一帶官地山埔，……邀出
墾戶郭陳蘇，建三大隘，圍三土城，立三望樓，募番丁六十名，分
鎮各隘，歸第（隘首廖科第）約束，巡禦生番，免民受害。

進入近山丘陵和內山地區以後，所建的隘寮由於受到地形的限制，規模雖
然較小，但仍然具備相當完備的監視與防禦功能，也更接近前方防衛線上的碉
堡。而且就隘防線的軍事功能而言，也類似一座小形的鄉庄城防體系。據清末
舉人吳子光《一肚皮集》的記述：[13]

隘寮不過一斗室，闢其半為樓居，寢食未嘗出門戶，土人號曰銃櫃；
即吳道子所繪地獄變相也。惟極危極險處，始置壯丁二名至三名而
止；否則，一匹夫耳。

這恐怕是以偏概全的說法，與筆者的踏查研究，有極大的差距，由於不在
本文的討論範圍，留待以後另文探討。[14]

北臺灣墾闢青山荒埔，主要是採建隘開墾的方式進行；隘設墾隨，逐步向
內山推進，所以「隘」也就成為漢人與「熟番」合作開拓內山土地的先鋒。因
此，設隘的所在，不僅是墾的指標，也是漢移民與原住民交互影響、衝突、對

---

13 吳子光（1959：87-87，附錄三 淡水廳志擬稿／設隘）。《一肚皮集》為作者原書的
　名稱。
14 於1997年8月24日，筆者與吳學明、范明煥及懷寧傳播公司製作群彭啟原等，特
　請當地葉雲燭老村長帶路，勘查新竹橫山地區的「芎蕉湖隘」隘寮遺址。經僱工清
　理雜木、雜草後，發現隘寮的外牆腳還保存得相當完整，經於8月31日實地測量結
　果，外圍略呈橢圓形（周長約一百多公尺）；其直徑，南北長約42公尺；東西長約
　23公尺；由於西北面有部分區域未能清理，無法測量；但經初步估算結果，這座隘
　寮的面積，至少在800-1000平方公尺之間。據《樹杞林志》記載，「芎蕉湖隘」為
　劉子謙墾戶所設六隘之一，駐隘丁四名。

峙的明顯界限。隨著漢移民的大量擁入,人口遽增,生齒日繁,土牛溝外的沿海地區,已不能滿足漢移民對土地的需求,於是逐漸偷越土牛溝,向熟番保留區內的近山地區設隘開墾;結果墾區也就逐步向東擴張,而愈墾愈深,隘防線也逐步東移,漸漸進入生番賴以生存的內山地區設隘開墾,這種現象稱為移隘;一時一地的移隘,也同時激起生番的激烈抗拒,愈進入內山,雙方的對峙也愈為慘烈。

乾隆 55 年(1790),清政府設「屯」以後,熟番有了屯政的保護,也有了政府賦予的武裝力量;加上經過百餘年的相處、通婚,熟番大量接受了漢人的墾耕技能與維生方式;因此,也開始效法漢移民,投入了內山拓墾的行列,更以長期接受政府派撥守隘的豐富經驗,而與漢人攜手合作;或以有力之家的姿態,自行充任墾戶、隘首;或以抱隘的方式,向大墾戶承包部分隘務,然後再向官方申請移隘進山,成為一個獨立的小墾戶。

於是,從乾隆晚期到乙未割讓臺灣(1790-1895),這一百餘年間的北部內山開墾史,就在漢墾民與熟番的合作與競爭中,以隘為前導,以武力為後盾,逐步蠶食鯨吞了原來屬於生番居住維生的土地。由於生番的生存空間愈加侷促,所以抗拒和報復的行動也愈為激烈;相對的,隘防的投資也就日愈提高,連帶造成墾民和隘丁所面對的死亡威脅也愈大;雙方的關係,在這場生存競爭中,便一直處在尖銳對峙的狀態。

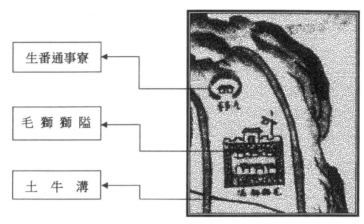

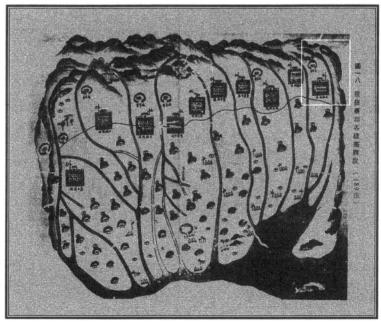

圖 2：臺灣南路的隘寮，規模接近於一座鄉庄小城

來源：蔣元樞（1970：35-36，圖 18）。

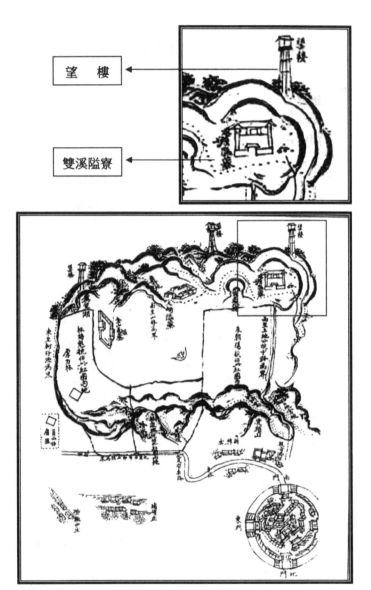

圖 3：新竹城郊的金山面、大崎及雙溪等隘寮

說明：近山丘陵地區，由於受到地形的限制，隘寮規模雖然較小，但還是維持一定的規模；從雙溪隘的放大圖，可以看出隘寮仍然具備相當完備的監視與防禦功能。

來源：《淡新檔案》（17301-66）。

四、客家人在內山地區的族群關係

（一）客家人與「熟番」

　　乾隆 55 年（1790）以後的內山開墾，其實是近山開墾的延伸。如同前述各節所論，桃、竹、苗三縣是臺灣北部客家人的優勢區；因此，臺灣北部內山開墾史中的漢移民，也自然是以分布在近山地區的客家移民為主，只有少數的閩籍移民插足其間。換言之，臺灣北部地區的內山開墾史，客家人實居主要的地位。

　　就今日的行政區劃而言，桃、竹、苗內山開墾史中的「隘墾區」範圍，大致相當於桃園縣的大溪、龍潭，新竹縣的關西、橫山、竹東、北埔、峨眉、寶山，以及苗栗縣的三灣、南庄、獅潭、大湖、卓蘭等地。

　　依據近人的研究，桃、竹、苗地區的客家人，大都來自粵東嘉應州一州四縣，和惠州的海豐、陸豐，以及潮州的饒平、大埔等山區地帶；也有少部分來自閩西汀州一帶，及閩南詔安一帶。他們不但原籍各異，而且所操語言也未必相通，甚至還有「彼此間若非已相互習慣，否則幾乎不能通話」的情形（吳中杰，1995：302）。但因下述種種內在及外在因素的影響之下，因勢所趨而逐漸融為一體。

1. 他們在移民來臺以前，便在原鄉擁有山區生活的共同經驗，而且大都過著純粹的農耕生活，所以他們來到這一片，以丘陵、台地為主的沿山地區以後，很快的便能掌握土地資源，發揮所長（施添福，1987：175-76）。

2. 儘管他們所操的語音略有差異，但基本上相處一段時間以後，溝通上尚不困難。而且這種語音差異，對人口佔絕對優勢的閩籍福佬人而言，根本無從分辨，一旦發生爭執，往往被歸類為同一群體，如方志、文

獻中，隨處可見的「客人」、「客仔」，或是福佬人一般所稱的「客人仔」；這種禍福與共的命運，也在無形中驅使他們產生命運共同體的感情。

3. 他們移入桃、竹、苗地區以前，有許多家族都是經歷了種種因素，先在閩籍優勢區生活一段時間之後，才輾轉遷入此地，而在祖籍、地緣和血緣相近，或相同的先墾者照護下，找到了歸屬感。

居於上述的原因，這些原籍各異的客家移民，也就自然的進入土牛溝外近山丘陵地區，或受雇於熟番，或向熟番佃地墾耕，或與熟番合作開墾，逐漸在熟番保留區內定居下來；而且相處日久之後，也與熟番建立了尚稱良好的互動關係。至於「熟番保留區」內的土地，雖然因為上述各節所敘述的種種因素交互影響下，逐步轉入客家移民的手中，其過程雖然未必合法，但至少大多數還算維持了「和平方式」的土地交易行為（黃富三，1981：74-78）。熟番雖然因此喪失了土地的實際支配權，但是因為有「屯」的保護，所以「屯的功能，雖然早已喪失；屯的利益，則能賴以維持」，仍然能夠保有「屯租抽收」與「養贍租」的收入，大致上還可以維持基本的生活（黃卓權，1988：80）。

另一方面，熟番漸漸接受了漢移民的墾耕維生技能以後，也迅速融入客家社會，或墾耕、或受僱、或擔任隘丁、通事，來增加收入，改善生活。比較傑出的，更進而與客家人共同參與內山開墾的行列，甚至自行擔任墾戶或隘首。如霄裡社的蕭東盛、蕭鳴皋家族，自備資本在龍潭銅鑼圈、十股寮一帶，設隘開墾（張素玢，1995）；竹塹社的衛阿貴家族，沿著鳳山溪開闢新埔、關西，建立街庄（張炎憲、李季樺，1995：174-217）；「砡子墾戶」錢朝拔開墾橫山田寮坑一帶地方（張炎憲、李季樺，1995：186）；以及擔任三灣屯弁的中港社土目胡新發，在苗栗三灣、南庄、獅潭的「開山撫番」，也具有重要的影響力（黃卓權，1988：62-71）；有些則經由理番衙門的考選而拔補擔任屯弁，

如蕭鳴皋、蕭聯芳、錢茂祖、錢登雲、胡新發等，都先後擔任過竹塹大屯的千總或把總；他們不僅表現傑出，而且展現了出色的領導才能，帶領族人與漢佃（包括客家人、福佬人）進入內山從事第一線的開墾，不但另行開闢了一片新天地，也逐漸接納了漢民的生活形式，成為客家或福佬社會的新成員。所以，雙方的關係，雖然談不上水乳交融，但是基本上堪稱和諧。

施添福（2001：105）指出：「客籍移民之所以能夠立足於保留區和隘墾區，並進而將這兩個地區塑造成純客的移墾社會，實得力於跟熟番保持良好的族群關係，而能獲得他們的接納和協助。」這個說法，放在清代桃、竹、苗地區的客家與熟番關係中來探討，對長期處於相對弱勢的熟番而言或許未盡公平；但是在經過長達一百三十餘年（1761-1895）的相處之後，這兩個患難與共的族群，事實上到了日治時代便已經漸漸地難分彼此了（張炎憲、李季樺，1995：189-93）。

不管是照施添福的說法，「保留區」是清政府「以熟番的生活空間，作為緩和漢民和生番緊張關係的緩衝地帶」（柯志明，2001：85），或者是照柯志明的說法，「是以生番、漢人相互敵視，及政府強制力的消極介入，來防治邊界地區變成聚集漢人『奸匪』的不管地帶」（施添福，2001：105）；然而，我們卻明顯的看到，桃、竹、苗地區，這一片經由政治力的介入而刻意設計的熟番保留區，由於受到生番日愈強烈的抗拒，反而在無意間替山區生活經驗豐富而且普遍具有練武傳統的客家先民（施添福，1987：171-74），在臺灣北部地區營造了一個與熟番共利共存的合作良機；也讓熟番族群在清政府的歷次變革中，獲得喘息的機會得以另創生機。

（二）客家人與「福佬人」

許多研究者對於客家人與福佬人（客家地區常寫作：學老人）清代以前的族群關係，往往局限在「閩、粵（客）械鬥」的刻板印象，但是檢視清代大甲

溪以北地區的內山開墾過程，由於天然經濟資源所帶來的共同利益，以及產業經濟，如樟腦業、茶業、造紙業等營運和產銷上的互利關係，不僅閩、粵（客）兩籍間的衝突極少發生，反而是合作的例子不少，也相當成功。

由於乾隆 55 年以後的內山開墾，愈發壓縮了生番的生存空間，而受到生番的強力抵抗，因此造成「隘墾區」的沿山墾戶，隘防資金的沉重負擔；正如上文所敘，由於內山開墾，必須設隘防番，無論人力和財力的投資都相當鉅重，客家與熟番墾戶為了減輕資金的壓力，對於在城內的福佬富商與豪紳的資金投注，便產生了迫切的需求，那些平時就與內山墾戶素有往來的福佬紳商，也因此有了投資內山的合作機會。

例如：乾隆 50 年（1785）前後，美里庄墾戶陳智仁（泉籍）與隘首衛阿貴（竹塹社頭目）合作開墾鹹菜甕（今關西）；嘉慶 25 年（1820）猴洞墾戶劉引源（客籍）、鹹菜甕墾戶衛壽宗（竹塹社熟番）等，聯名稟舉塹城殷戶陳長順（泉籍），開墾橫山南河、大平地、沙坑……一帶地方，「三萬餘金傾盡，……至光緒初年始得墾成」（吳學明，1998：83-88）；道光 8 年（1828）前後，竹塹城「利源號郊行」舖戶鄭武略、鄭如磻家族（泉籍），與客籍林春秀等六股，組成「金全興」墾號，合夥墾闢橫山地區，「遂謀栳務，頗獲利益」（《新竹文獻會通訊》，1954；鄭武略孫，1900）；至於嘉慶 11 年（1806）合夥墾闢樹杞林（竹東）的「金惠成」墾號（吳學明，1998：61-69），以及道光 14 年（1834）開闢大隘地區（北埔、寶山、峨眉）的「金廣福」墾號，都是客家與熟番墾戶，結合福佬在城富商，共同合作、出錢出力，相當顯著的例子。

甚至如清政府所發動的幾次討番之役，如光緒 12 年（1886）和 17 年（1891）間，發生的兩次大嵙崁（大溪）「番亂」，在漳籍的林維源和林朝棟號召下，桃、竹、苗地區參與「平亂」的客家臺勇，至少都在兩營（每營五百

人）以上。此外，當時的「有力之家」，如板橋的林本源家族，北埔的姜家，苗栗的黃南球家族，和霧峰的林家等豪紳巨富，更進一步結合政府的力量，不但官、商合作，而且是閩、粵（客）合作，共同瓜分了桃、竹、苗內山的經濟產業。這種合作的例子可以說比比皆是；尤其在新竹內山墾戶的組成中，更為明顯。

　　所以換個角度來說，如果熟番保留區的設計，因為防範生番和設隘開墾的需要，而在無意間替客家先民提供了「在臺灣北部與熟番共利共存的合作良機」。那麼我們未嘗不能進一步指稱，由於內山設隘開墾，投資鉅重，客家人與熟番為了減輕資金的壓力，對於在城內的福佬富商與豪紳的資金投注，遂有了迫切的需求；這種因為「互利」而產生的拉力，也同樣在無意中，替本地區的客家人與福佬人打開了合作之門。

（三）客家人與「生番」

　　如同前述漢民與熟番在合作與競爭中，以隘為前導，以武力為後盾的開墾過程，逐步蠶食鯨吞了原來屬於生番居住維生的土地。其實就生番的立場而論，不管是客家人、福佬人、還是熟番，只要是領土的侵犯者，便是勢不兩立的仇敵（paris）（臺灣總督府臨時臺灣舊慣調查會，1996：266-68）。這從苗栗名舉人吳子光（1959：87），記載他與某「番酋」的一段對話可為明證：

> 余復詰生番所以嗜殺之故……彼之言曰：全臺皆番地，乃被漢人割據，偏置吾輩於深崖峭壁之間，而不得一安身所，是世讎也。不殺何為？

　　日治時期的《番族慣習調查報告書》也明白指出：「'tayal（泰雅）族一向對支那人（漢人）抱有很大的恐懼心，常以猜疑的眼光去看支那人。」報告

中引述了一段 'tayal 人的對話，更是一個最直接的佐證（臺灣總督府臨時臺灣
舊慣調查會，1996：265）：

> 他們 plmukan（漢人）侵略我們自祖先以來就領有的土地，我們以
> 後一定會變成要耕種卻無土地，要狩獵卻無森林的地步。他們虐待、
> 驅使我們，姦淫婦女，我們最後必將難免於滅亡之命運。何況痘瘡、
> 赤痢等惡疫，又因與他們往來而發生。若受他們的美言所騙，而准
> 許其來此居住，將來無法對抗其力時，後悔就來不及。殷鑑不遠，
> 故我們不可不盡力抵抗，以防禦其入侵。

　　所以要探討客家人與「生番」的關係，便應該擺在整個「漢、番關係」中
來檢視，才能釐清這層糾葛不清的問題。由於雙方長期處於生存競爭的緣故，
直到日本統治期間，雙方仍處在尖銳對峙、衝突的狀態。當時分布在臺灣北部
的內山生番，是指今日的泰雅族和少數居住在新竹、苗栗交界的賽夏族先民。
由於兩族先民都有紋面與出草馘首的習俗，因此在漢移民的眼中，一直是內山
開墾生活的最大威脅；而且泰雅族先民對漢民的武裝拓墾，又視同交戰中的仇
敵關係，所以出草馘首乃成為「保衛生存空間」必要的「武裝策略」。[15] 結果，
雙方的衝突與互鬥，在歷來的方志和文獻上，便屢見不鮮。
　　我們從光緒年間的《淡新檔案》「撫墾」案卷中，整理的「新竹、苗栗內
山番害簡表」與墾戶的稟文，便可略微對照雙方在尖銳對峙中，生命朝不夕保
的歷程。

---

15 參考陳秋坤（1989：註 71）。

　　根據大湖墾戶吳定連於光緒 14 年（1888）的稟報，其受害人數更是駭人聽聞：[16]

> 先兄吳定新於咸豐十一年……，斯時一帶地方，生番猖獗；先兄變
> 業備本，造櫃請丁，扼要堵禦，險阻艱難，莫不被嘗；自始至今，
> 隘佃而遭番害者，屈指千人矣！

　　此外，根據日本明治 30 年（1897）大湖撫墾署的調查報告，從 1894 至 1896 三年間，此地區因「番害」死亡的漢民，便高達 160 餘人。足見「番害」確為內山開墾最大的問題。

表 1：新竹、苗栗內山番害簡表

新興庄（咸菜甕）						新竹沿山主要墾隘		
光緒 4 年（1878）			光緒 5 年（1879）			光緒 12 年（1886）		
月／日	地點	人數	月／日	地點	人數	月／日	地點	人數
2/9	石浪壙軟陂圳面	2	3/3	湖肚庄	12	3/1	獅潭、金廣福	2
2/20	暗潭對面庄	1	8/16	八股庄	1	3/5	金廣福	1
4/12	高坪庄	1	9/1	高坪	1	3/18	獅潭	3
6/10	石浪壙	2	10/12	軟陂	2	3/23	獅潭	3
6/22	湳湖庄	1	10/15	干薑	1	3/24	南河	1
6/23	褲腳埔庄	2	11/3	八股庄	2	4/17	南河	1

---

16 《淡新檔案》（17339-4）。清光緒 14 年（1888）2 月，大湖墾戶吳定連稟敘。

表 1：新竹、苗栗內山番害簡表（續）

新興庄（咸菜甕）						新竹沿山主要墾隘		
光緒 4 年（1878）			光緒 5 年（1879）			光緒 12 年（1886）		
月/日	地點	人數	月/日	地點	人數	月/日	地點	人數
8/1	十股庄	1	11/20	水礁庄、石浪亢	2	5/25	獅潭	1
						6/4	獅潭、四灣仔	2
						3-8 月	新竹沿山墾隘	若干人
合計		10	合計		21	合計		10 餘人

資料來源：《淡新檔案》17318-13，17321-6，17339-34

表 2：大湖撫墾署轄內三年間「蕃害」表

年別 / 村別	1894	1895	1896	各村合計
新開庄	-	8	7	15
南湖壢底寮	5	57	17	79
大湖	4	14	8	26
桂竹林	-	8	13	21
八角林	1	6	5	12
獅潭底	1	5	4	10
合計	11	98	54	163

資料來源：臺灣總督府公文類纂 V00163/A037，大湖撫墾署明治 30 年 1 月分報告；依據王學新
　　　　　（2003：494、495）

　　明治 30 年（1897）7 月 11 日，日本人類學者伊能嘉矩（1996：126）也
在大湖西南方的南湖坑做調查時，獲悉一樁漢人冒險深入番地，從事製腦的慘
烈事蹟：

吳新福的腦寮，位於距離大湖南方二日里處的南湖及吊樑山區西北
面，……吳新福的父親和兩個叔叔都遭受生番的毒手而死，他的哥
哥也被殺，吳家所雇用的佃農、隘丁中，被殺的人數竟達二八〇多
名。……

這些發生在苗栗內山地區的慘烈事蹟，加上翻閱地方文獻、史料時，隨手
可得的番害記錄，在在說明了雙方視同寇仇的尖銳關係。這些層出不窮的番
害，無時無刻都為漢民帶來不可預測的危機，有一首客家先民所留下的〈渡
臺悲歌〉，對於隘防疏失所造成的不幸，有如下的描寫（黃榮洛，1986：
204）：

放此臺灣百物貴，惟有人頭不值錢；一日人工錢兩百，明知死路都
敢行；抽藤做料當民壯，自己頭顱送入山；遇著生番銃一響，登時
死在樹林邊；走前來到頭斬去，變無頭鬼落陰間。

根據筆者在內山地區多年來的調查：「這無頭鬼是很可憐的！不能入族譜，
不能入家神牌，甚至子孫都不敢為他立墓碑；屍體大都就地埋葬，頂多放個石
頭做記號，連子孫都不敢來拜。為什麼呢？因為怕無頭鬼認不出親人，又怕『番
仔』會施用巫術，害怕這位無頭鬼會妨害親人，結果竟然落得有家歸不得，變
成一個永遠的孤魂野鬼。以現在的觀點來說，等於是把他在這個世界上徹底消
失掉了。」（彭啟原等，1998）[17]

---

17 這段敘述，是根據筆者在桃、竹、苗內山鄉鎮的訪問所得。本集片中受訪的芎林水
坑楊鼎河老先生，敘述其父楊德新被馘首的故事，只是其中一例而已。

然而，這些生命朝不夕保的漢墾民，固然處境堪憐；可是如果相對於那些讓漢墾民聞聲色變的「生番」，他們的處境又是如何呢？根據胡傳（1960：31-32）的《臺灣日記與稟啟》，他在光緒18年（1892）5月24日的日記中，便記載了一段血淋淋的歷史見證：

> 埔里所屬有南番，有北番。南番歸化久，出亦不滋事。北番出，則
> 軍民爭殺之；即官欲招撫，民亦不從，蓋恐既撫之後，不能禁其出
> 入，道路為所熟悉，不能復制也。民殺番，即屠而賣其肉；每肉一
> 兩值錢二十文，買者爭先恐後，頃刻而盡；煎熬其骨為膏，謂之『番
> 膏』，價極貴。官示禁，而民亦不從也。

胡傳所記載的「屠而賣其肉」，這種駭人聽聞的記錄，在筆者十餘年的田野經驗中，雖然不曾採訪到直接佐證，但是把活捉的「山禽」（生番），屠而烹煮，全庄奔告搶食，希望食後可以避免馘首之禍的敘述，卻根本不算稀奇的鄉間軼事；而且用「番膏」作藥的例子，也是內山耆老們記憶猶新的殘存往事。可見胡傳的記載，在當年的臺灣北部地區早就不是新聞了。或許這只能把他歸於文化衝突的悲哀吧！

加上臺灣在咸豐10年（1860）與同治2年（1863），陸續開放安平、淡水、打狗（今高雄）、雞籠（今基隆）等四個國際商港以後，桃、竹、苗內山的樟腦和茶葉，成為主要的國際貿易商品，因此吸引了更多的客家先民源源擁入番地，採樟製腦，種植茶葉，愈發壓縮了泰雅族和賽夏族先民的活動範圍，更增加了雙方的敵對與仇視。光緒元年（1875）進行「開山撫番」以後，此地的衝突更是日愈嚴重，從小規模的報復性番害，往往演變成大規模的番禍與番亂。清政府為了鎮壓生番，甚至勞師動眾，在桃、竹、苗內山地區，發動過幾次大

規模的討番之役，造成官勇重大的傷亡。

以光緒 12 年（1886）的「東勢角方面番社之討伐」為例，巡撫劉銘傳親自督率大軍鎮壓罩蘭、大湖一帶的內山番亂，其結果（伊能嘉矩，1903：579-81）：

> 清軍死傷（含病歿）合計達一千餘人；番人死傷情形雖不清楚，但清軍所斬獲的首級，僅有二顆而已。

再以光緒 17 年（1891）的「剿平大嵙崁內山番社」為例，根據巡撫邵友濂的奏摺所稱（《光緒朝月摺檔》）：

> 查水流東淺社各番，歸化數年，頗安生業；特因莠民侵欺侮玩，積成仇釁；奸匪從中煽惑，重以勾結。致勞師數月，甫獲敉平。……陣前傷亡，不下三數百人。

前面的例子，雖然無法涵蓋整個臺灣北部內山開墾史的全貌，但我們如果重新檢視桃、竹、苗地區的開墾個案，我們卻不得不說，這些例證只不過是層出不窮的個案中，比較明顯的例證而已。由於「雙方尖銳對峙的結果，不僅造成隘防人力、財力的浪費，同時使得社會安全深受威脅；財務的損失、人命的傷亡，也不計其數；更連帶的影響了墾務的發展。」（黃卓權，1988：118）至於這些戰役對原住民所造成的傷害與影響，我們卻至今無從得知。

五、結語

透過本文的探討，我們可以發現，所謂「設隘開墾」，只不過是「民無官守」的邊區社會，也就是政府的行政權不能到達的地方，所產生的民間自衛組織。黃寬重（1982）研究「地方自衛武力」的形成，便認為這是「在開發的過程中，群體為了維護其在既墾土地的利益，保衛開墾者自身的安全，抵禦原住民族或外來的侵犯，或者向外開拓新領地，都必須組成一股武裝團體為後盾。」其實，這個現象正好也是漢移民在臺灣北部內山開墾史中，最為顯著的特徵。

同時，我們也可以清楚看出，清帝國佔有臺灣以後，便一直主動或被動的藉著這種「地方自衛武力」，來擴張帝國的版圖；而且也在有意或無意中，利用敵對雙方的競爭與內耗，來鞏固這個新納入的版圖。筆者在 1988 年間，研究晚清臺灣內山墾務的演變時，便發現「清政府對臺灣的撫墾政策，無論是放任或緊縮，消極或積極，只是根據整體需要來設定；而民間自主性的移隘拓墾，乃至政府主導的開山撫番，便只有形式上的區別，其結果則是一致的。一旦中央的需要，超過地方的需要，那麼地方性的利益便可以被抹殺。」（黃卓權，1988：123）這句話，用來詮釋臺灣北部地區的內山開墾史，是十分貼切的。

內山開墾，其實是土牛溝外近山開墾的延伸。如同本文所論，桃園、新竹、苗栗三縣，是臺灣北部客家族群的優勢區；雖然客家人在臺灣，由於人口上的弱勢而顯現出「隱性」的表相，但是在桃、竹、苗地區，卻因為人口上的優勢，而呈現了截然不同的「顯性」面貌。因此，臺灣北部地區的內山開墾史，客家族群實居主要的地位；不但從中主導了墾務的發展，也在無形中改變了本地區的人口結構，更為當地的族群關係，留下了深遠的影響。

我們如果把上述的區域特色，放在本文所探討的歷史脈絡中；那麼客家人似乎也應該重新思索，在這一段從土牛溝到武裝拓墾的過程中，先民與「熟番」互欺互助，血淚交織的歷史；同時也應該敞開胸懷，平心面對先民曾經帶給「生

番」的滄桑和血淚，以及蘊涵在每一個開發階段中，顯然並不平等的族群關係。
如果透過這樣的省思，或許才能為客家人——包括客家移民的後裔，和已經客家
化的「熟番」後裔，以及今日的原住民各族群，共同開啟一片族群相處的空間！

參考文獻

王世慶，1994，《清代臺灣社會經濟》。臺北：聯經出版社。

王學新，2003，《日據時期竹苗地區原住民史料彙編與研究》（上冊）。南投：
　　國史館臺灣文獻館。

臺灣銀經濟研究室編，1958，《清一統志臺灣府》（臺灣文獻叢刊68種）。臺北：
　　臺灣銀行經濟研究室。

_____，1968，《清奏疏選彙》（臺灣文獻叢刊256種）。臺北：臺灣銀行經
　　濟研究室。

伊能嘉矩（楊南郡譯註），1996，《臺灣踏查日記》。臺北：遠流出版公司。

_____，1903，《臺灣蕃政志》。臺北：臺灣總督府民政部殖產局。

_____，1991，《臺灣文化志》（下卷）。臺中：臺灣省文獻會。

吳子光，1959，《臺灣紀事》（臺灣文獻叢刊36種）。臺北：臺灣銀行經濟
　　研究室。

吳中杰，1995，〈客語次方言與客語教學〉。頁289-306，收於曹逢甫與蔡美
　　慧編，《臺灣客家語論文集》。臺北：文鶴。

吳學明，1998，《頭前溪中上游開墾史暨史料彙編》。新竹：新竹縣立文化中心。

周鍾瑄，1962，《諸羅縣志》（臺灣文獻叢刊141種）。臺北：臺灣銀行經濟
　　研究室。

施添福，1987，《清代在臺漢人的祖籍分布和原鄉生活方式》。臺北：臺灣師
　　範大學地理學系。

_____，2001，《清代臺灣的地域社會：竹塹地區的歷史地理研究》。新竹：
　　新竹縣文化局。

柯志明，2001，《番頭家：清代族群政治與熟番地權》。臺北：中央研究院社會科學研所。

胡　傳，1960，《臺灣日記與稟啟》（臺灣文獻叢刊 71 種）。臺北：臺灣銀行經濟研究室。

高　山，1968，〈陳臺灣事宜疏〉，《清奏疏選彙》（臺灣文獻叢刊 256 種）。臺北：臺灣銀行經濟研究室。

高拱乾，1960，《臺灣府志》（臺灣文獻叢刊 65 種）。臺北：臺灣銀行經濟研究室。

張炎憲、李季樺，1995，《平埔研究論文集》。臺北：中央研究院臺灣史研究所籌備處。

張素玢，1995，〈龍潭十股寮蕭家：一個霄裡社家族的研究〉。頁 99-125，收於潘英海、詹素娟編，《平埔研究論文集》。臺北：中央研究院臺灣史研究所籌備處。

陳秋坤，1989，〈清代前期對臺少數民族政策與臺灣土著的傳統土地權利，1690-1766〉。頁 1023-38，收於中央研究院近代史研究所編，《近代中國初期歷史研討會論文集》（下冊）。臺北：中央研究院近代史研究所。

陳盛韶，無日期，《問俗錄》（原刻本影印，無頁碼，為中央研究院臺灣史研究所翁佳音先生提供）。

彭啟原等，1998，〈橫山的隘寮業〉，《小客庄的故事：行業篇》（影集）。懷寧傳播公司製作、廣電基金委製。

黃卓權，1988，〈從獅潭山區的拓墾看晚清臺灣內山墾務的演變〉。頁 118，收於臺灣史蹟研究中心編，《臺灣史研究論文集》。臺北：臺灣史蹟研究中心。

_____，1988，〈黃南球先生年譜初稿（三）〉。《臺灣風物》38（2）：51-74。

_____，2004，《跨時代的臺灣貨殖家：黃南球先生年譜 1840-1919》。臺北：國立中央圖書館臺灣分館。

黃叔璥，1957，《臺海使槎錄》（臺灣文獻叢刊 4 種）。臺北：臺灣銀行經濟研究室。

黃富三，1981，〈清代臺灣之移民的耕地取得問題及其對土著的影響〉（上）、（下）。《食貨月刊》11（1）：19-36，11（2）：26-46。

黃榮洛，1986，〈渡臺悲歌之發現〉，《臺灣史研究暨史料發掘研討會論文集》。
　　高雄：中華民國臺灣史蹟研究中心。

黃寬重，1982，〈從塢堡到山水寨──地方自衛武力〉。頁 227-80，收於劉
　　岱編，《吾土與吾民》。臺北：聯經出版社。

臺灣總督府臨時臺灣舊慣調查會（中央研究院民族學研究所編譯），1996，《番
　　族慣習調查報告書》（第一卷、泰雅族）。臺北：中央研究院民族學研究所。

潘英海，2001，〈傳統文化？文化傳統？──關於「平埔族群傳統文化」的迷
　　失〉。頁 205-36，收於詹素娟、潘英海編，《平埔族群與臺灣歷史文化論
　　文集》。臺北：中研院臺史所籌備處。

蔣元樞，1970，《重修臺灣各建築圖說》（臺灣文獻叢刊 283 種）。臺北：臺
　　灣銀行經濟研究室。

蔣毓英，1995，《臺灣府志》。臺北：宗青圖書公司。

鄭武略孫，1900（明治 33 年），〈坤生、杞生「仝立合約字」〉（新竹林廷
　　武先生提供）。

鄧傳安，1963，〈番社紀略〉。頁 376-79，收於陳培桂編，《淡水廳志》。臺北：
　　臺灣銀行經濟研究室。

戴炎輝，1979，《清代臺灣之鄉治》。臺北：聯經出版社。

藍鼎元，1958，《東征集》（臺灣文獻叢刊 12 種）。臺北：臺灣銀行經濟研究室。

《正中形音義綜合大字典》。

《光緒朝月摺檔》清光緒 18 年 4 月 13 日抄存。

《淡新檔案》17301、17329、17339 各卷。

《新竹文獻會通訊》1954，11 號，頁 12。

從二次移民看臺灣族群關係與地方開發 *

賴志彰

一、前言

　　有關臺灣客家聚落與建築的研究，本文主要從建築與聚落開發等人為的部分切入，筆者從民宅調查到地方開發，甚至在相關的一些都市城鄉關係上，已經累積了一些經驗。在很多調查報告中皆談到類似原鄉生活的問題，可是在談臺灣開發史時，事實上已經有很多人談到二次移民，在原鄉生活或原鄉的建築環境上，趨向一個以所謂大陸原鄉的丘陵地作為客家人生活空間的概念，因而，形成「平原的閩南」跟「丘陵地的客家」的概念，可是這概念對臺灣客家史的開發是很粗略的看法。在彰化平原或臺中平原的人群開發裡面，包括今天的溪湖或嘉義，在平原地帶可以看到很多三山國王廟，連臺南市都有三山國王廟，但是在這些三山國王廟或溪湖的廣寧宮附近的族群裡面，居然找不到客家人，那對客家人的定義到底該放在哪裡？筆者發現即使在今天的溪湖都有廣東姓巫的饒平人，在嘉義或彰化平原也都有廣東饒平或者是漳州山區所謂的閩西汀州作客，從相關臺中縣的研究中，有所謂的二次移民的問題及筆者對原鄉這一概念的疑問。

* 本文原刊登於《客家文化研究通訊》，1999，2 期，頁 20-27。因收錄於本專書，略做增刪，謹此說明。作者賴志彰現任國立臺南大學文化與自然資源學系副教授。

二、島內二次移民的三個階段

從民宅調查資料，可以得到臺灣整個內部居民遷徙的三個階段：

第一階段最明顯就是道光咸豐年間戴潮春之亂的前期，臺灣內部有一個動力，即在內山撫番的政策下所產生的人口遷移。在臺中縣可發現有很多的客家人，到了現今東勢鎮的大茅埔、上城、下城，其後又有很多人返回現今的豐原市、后里。在這樣的開發形式裡面，可以看到有很多是所謂的原住民替代村。在筆者所做的地區研究調查裡面，包括豐原跟神岡交界的岸裡大社村、現今豐原市的翁社、或是在當年豐原市南邊，今天（1999，下同）田心里一帶的原住民村落烏牛欄都已經被漢人替代，這些人其實是在二次移民的時候再遷徙過來的。

第二階段是在日據初期或是清代末期，因為政治的動盪而發生相當多的遷徙情形，在島內的移民裡面，包括前階段累積在彰化平原的閩客械鬥（或閩粵械鬥），以及在光緒年間或嘉慶年間，許多彰化內部的遷徙是從今天的溪湖、埔鹽，慢慢遷徙到八卦山的山腳，這一部分的福佬客遷徙，歷史記載有很多的相關資料。

第三階段是在日據時代，日本人以所謂的經濟開發為主導，在臺灣開發農業、糖廠或是茶葉；而在臺灣各地不只是彰化平原，連臺中平原與臺東都有所謂的移民村，這些移民村很明顯是在日據時代。從筆者得到的資料裡面，發現像在彰化平原源成糖廠旁邊的村落——礪礋，這個地名本身就是從苗栗那邊移民過來的客家村落，不只從苗栗那邊移民到今天彰化二林的礪礋，甚至在溪州、溪州糖廠也有很多苗栗客家的移民，包括在今天臺中大甲溪北岸，也就是今天的后里台地也有很多苗栗移民，那是臺灣在人力遷徙上所謂二次移民過程中，客家移民從苗栗原居地逐漸遷徙到今天的居住地；乃至於臺東也同樣有一些類似的情形。關於二次移民，在臺灣人口遷徙裡面，對住居地帶來很大的變化。

三、二次移民與客家認同

　　二次移民的第二個重點，是關於客家族群的認同。在二次移民上常常發生的一個問題是，如彰化平原許多移民根本不承認他是客家人，甚至在認同上輕蔑客家人。彰化禮俗上有一句話是說「不嫁客家人」，在彰化平原第二次或第三次的變遷中，很多人都已經忘了自己原來是所謂的客籍。在所謂大甲溪北岸后里台地上面，也有類似的情形；不同的是，有的是經濟導向的結果，有的是在閩粵械鬥過程中慢慢遷徙的。所以在二次移民的結果下，可看到原來是客家移民的村落裡面，慢慢變成以閩南話為主的移民村落。今天后里台地和以彰化埔心與八卦山腳中心的村落，很多都變成福佬客。如何去追溯這個地方客家移民的變化值得進一步思考。

　　其次，另一個有關二次移民的討論是，不管在豐原、后里台地，或是石岡、新社、東勢的山城，甚至整個豐原、神岡、大雅一帶及彰化平原一帶的福佬客村落，有幾個特色是這幾個地方所凸顯的：他們一定是雜姓村落，雜姓村落之外它會是一個比較屬於團結性的村落。前述所謂的認同問題，因為他屬於弱勢，他不願意表白身分，或在強凌弱、大欺小的情況下，藉由雜性村落來作為一個依歸，然後又依附到所謂的信仰圈。所以，在彰化平原、臺中平原、甚至在今天的桃園平鎮或中壢市，也有這樣的情形被凸顯出來，特別是桃園縣的南邊，許多村落本來是客家村落，可是在信仰圈上，可以看到他們拜開漳聖王、義民祠的情形。到了臺中、彰化，很多是改拜所謂的媽祖，或者是以所謂的玄天上帝、王爺的信仰來作為一般居民在雜性村落所予以認同的。

　　承續前述所及，這些村落的特色基本上是團聚性的。原住民的替代村有一個特色，就是屬於團形或橢圓形圍聚式的，今天在臺中平原，北臺中所看到的，不管是岸里大肚的村落、翁社的村落、或者是田心的村落，整個跟原住民村落有關的，甚至到彰化平原的社頭舊社，本身也是團形的村落，跳開這個所謂的

原住民替代村，我們看到其他漢人的村落，基本上也是圍聚式的；以彰化平原的八卦山腳來講是所謂的線性帶狀，一座村屬一個姓氏的族群村落，彰化八卦山腳的幾個字姓村，如劉姓、蕭姓、江姓、曹姓等，他們村落的最大特色是，一棟建築物若不是多護龍就是多院落，多護龍有多到左邊八條護龍的，右邊八條護龍的；多院落的有多到三個院落、五個院落的，以這樣的建築聚居形態來講，基本上是一個屬於自主性的，同姓同宗族團結型的建築部落安排，這樣的設計也顯示了宗教學家所說的，少數弱勢族群，以血緣、姓氏築起這樣一個族群布局，凸顯出在危機意職下所產生的村落建築形態。

四、落籍、信仰圈與建築形式

前文敘及一個由原鄉轉移成所謂的二次移民，慢慢落籍以後，藉由多姓氏甚至雜性的村落來作聚集的形態。此外，我們可以看到在第三階段，應該是日據以後，整個臺灣內部的能量，在政治穩定以及後期人群安定下，村落以所謂的聯庄、多神信仰來作為依歸。最明顯的，應是在整個平原地帶，如所謂媽祖的信仰圈。以彰化平原和臺中平原來看，本身就有媽祖的大媽、二媽、三媽、四媽信仰圈，可以從彰化市的南瑤宮一直延伸到彰化縣的南邊社頭跟田中，一直到現在的田尾，這是一種信仰方式；再來可以從今天的二水、田中、社頭延伸到田尾，所謂的玄天上帝信仰圈，就是他們一般所說的帝爺公的生日，這是在年尾，前文提及媽祖是在三月，帝爺是在年尾，在一般的農忙秋收以後，他們有另外一個帝爺信仰。除了媽祖、帝爺外，在彰化平原還有所謂廣寧宮的祭祀，廣寧宮可以從溪湖一直延伸到今天的員林、社頭一帶，就是一般所謂的三山國王。另外，類似地方的人群廟，也在聯村上面得到一個相關的聯繫，這個情形在臺中縣所反應的，是一個比較屬於多神和中心土地神的信仰；到了桃園，我們也可以看到，桃園的中壢市跟平鎮，同時拜義民爺，拜開漳聖王，拜所謂

的一般三山國王。所以第三階段，筆者所要談的落籍，也就是臺灣學者如陳其南、許嘉明、李國祈，所說的「在地化」跟「內地化」。筆者認為用「在地化」，或是「落籍」、「落戶」這樣的概念來談會更清楚，為什麼呢？因為一個地方的開發，以前述所說的嘉義市、彰化縣、臺中縣跟桃園縣而言，落籍之後，除了主祭神外，又可以看到以主祭神所信仰的廟會跟周邊的土地公，或跟南邊嘉義彰化一帶五營鎮守的方位，得到一個和諧，這樣的一個概念，也適用在客家移民，而可以從此處得到一個相關的印證。

　　進一步要提的是，從大陸原鄉一直到臺灣的三個發展階段，可以很清楚的看到，在早期所謂的落籍、所謂原鄉生活方式概念其實是一個比較簡約的劃分，如果要看到更細緻臺灣內部的動力上面，在第二階段、第三階段上可以看到，尤其注意的是，如果就真正客家建築的特色而言，第二階段在平埔族的替代村上面，在相關的建築營造中可以非常清楚看到客家人比較屬於團結性的村落；倒是第三階段，因為已經落籍在地化了，導致許多人要特別強調閩南建築跟客家建築的區別時，可能就很難了，因第三個階段內部人口的遷徙上面，很難在客家村落找到一組所有匠師都是客家人來蓋一棟客家式的建築，所以第三階段從日據初期一直到日據末期，事實上在臺灣匠師本身遷徙的方式上並不那麼固定，在桃園、臺中、彰化、嘉義看到很多客家村的建築物，其實是福佬人的匠師去蓋的。在此下一個結論，因為客家人在某些落籍上面，還是比較趨近所謂的近山區，或是接近所謂的丘陵區，在近山區、丘陵區、或如前述所提到的八卦山麓，很多的房子基本上會跟地形有個對應，所以傳統客家人對化胎、龍神的處理，在相對的第三個階段轉化裡面，還是可以看到，他還是會在正身的明間，稍微往後退，形成一個所謂正身、明間、大廳祭拜的公廳，供堂會往後退；祭拜上面也可以看到一些痕跡，比如說，他們所謂的天公爐，會在圍牆上，這也是很清楚不會變的，但是建築形式要說很清楚的區分，就比較難了。

另外，客家人的建築也比較喜歡用所謂的內廊道，內廊道之外，他們也比較喜歡用所謂的閣樓。事實上，內廊道跟閣樓在早期都是跟防禦性有關的。客家建築在第三階段凸顯的，就是這幾種型。一般解釋客家建築會比較樸素，裝飾性比較少，這個講法筆者不太能夠接受，在彰化平原，可以看到他們的祠堂，就是在多護龍、多院落、多族群的客家建築裡面，其實他的公廳還是非常豪華，一個客家建築還是會在他的主堂，神明祭拜空間，盡力的表達對祖宗的追思，所以說客家的建築樸素是可以認同在一般的房子，但在表達對祖宗的孝思上，則藉由建築裝飾來表他的最大尊敬，其他方面筆者認為事實上跟閩南建築沒什麼兩樣。再補充一點，客家建築不管在臺中平原、彰化平原、或是桃園、嘉義所看到的客家建築，基本上對水紋的處理很獨到，大部分的解釋在於客家建築比較重視風水，筆者則認為，是因為他比較靠山區，所以他對所謂的屋背處理、所謂的排水，或是所謂的化胎、龍神方面的坐向安排上面，會比較注重處理，這是他對應於地形、排水、與四周環境的一個調理，這幾點可供參考。

五、二次移民的三個特點

（一）替代村

　　談到二次移民，有一個很有趣的問題。在前文所述的道光咸豐年間，事實上有一個證據是說，平埔族在道光年間，因為臺灣內部的壓力，也從臺中平原岸里社遷移，他們最後經過新社，來到今天的埔里水里，後來又輾轉從埔里水里，來到今天的宜蘭。剛好在道光咸豐年間，有一大部分客家移民，在今天東勢的大茅埔、下城、上城一帶，因為跟泰雅族、高山族已經發展到一個相當劇烈的對峙，所以他們才又逐漸從東勢的大茅埔、下城、上城、石角、中科慢慢地又回來，到今天豐原所謂的岸裡大社根據地以及翁社幾個原來平埔族社的地

域。所以在今天可以看到，臺中北邊，以岸裡大社為周邊集結的幾個早期村落，慢慢就變成從內山回來的客家人的一個根據地，在臺灣歷史研究上，稱這個為「替代村」。在臺灣島內的遷徙移民裡，絕大部分的替代村都被客家人替代，這是其中一個案例。

（二）二次移民與水源

　　除了這個情形外，另一個就是彰化平原。彰化平原跟桃園也同樣看到一個情形是：很多二次移民裡面，許多地區因為坐落在傳統所謂的「風頭水尾」，風頭水尾的地方其實不是很好的地方，不管是在今天溪州、或者是二林、二林西邊後來的源成糖廠、以及二林北邊比較屬於舊濁水溪西岸的那些地方，在早期，泉州人、漳州人是不願意去開發的，這些地方基本上水源不足，又是砂質地，是沒有人會去開墾的。所以不只在這兩個地方，甚至在大甲溪北岸，今天的后里台地，二坎三坎一帶，本來就是砂質地比較多的，那個地方不只水流不穩定，而且水源不足，再加上砂質土壤比較重，所以我們可以明顯地看到這幾個地區，在後來日本人的經濟強制開發下，變成所謂的蔗作區。

　　尤其在前文所述二次移民的第一個特點是「替代村」；再來就是「風頭水尾」，水源不足，開發上需要多付出的地方，這是第二個二次移民開發上的特點。另同樣在前文所敘及的幾個地區，如今天彰化地區舊濁水溪的南邊，特別是今天彰化縣的溪州鄉、二林鎮、溪湖的西邊、埔心鄉，等於是靠舊濁水溪岸這一帶，幾乎在二次移民上都扮演著非常重要的根據地；然後臺中縣大甲溪北岸，水紋缺乏的地方，以及桃園縣幾個水源不太充分的地方，如中壢台地，開發條件非常險惡，像所謂的四坑洞，或者今天大嵙崁溪的幾個地段，水源不夠的地方，都是客家人的聚集地，這是第二種狀況。

（三）二次移民與近山產業

　　第三種狀況，會是比較靠山的地帶，以彰化平原所謂的八卦山麓為集中，彰化的八堡一圳、八堡二圳的東邊，八堡一圳、八堡二圳是當年施世榜與一些大農墾企業開發的，在農墾隊裡面，當然有一些漳州人，也有一些客家人。在這個水源充足的沿線，整個彰化平原，幾乎都被漳州人或是大農墾企業的後代占據，或是作為招佃、招墾的一個對象。在八堡一圳、八堡二圳的東邊，一直到八卦山麓，那個地方在水源上，以傳統的解釋，如果可以用第一個階段的原鄉概念的話，也比較符合一般所謂原鄉的居住條件，那是一個地形交接的地方，所以水源可以透過湧泉、溪澗來得到補充，可以看到不管是在今天的八卦山麓、臺中縣太平，或是在今天桃園縣比較靠山區的地方，他們所以寄居的，都是傳統所說，風頭水尾的貧瘠地帶；所以他們的生業，也會跟所謂的甘蔗、果園、或是後來的茶農、菸農有直接的關係。所以講到二次移民的第三個狀況，讀者可以看到在沿山區或是丘陵邊區，很多都是以所謂菸葉、樟腦，甚至所謂的茶葉、蔗作，來作為一個經濟上的主導。

　　綜上所述，「二次移民」可以在臺灣客家移民史上，得到更進一步的瞭解，基本上，還是在弱勢族群裡面，去爭取一個生存權。對於二次移民的更深入理解，應該可以提供我們更深入探討「原鄉假設」的論據。

方言群的空間分布特性與歷史地理區域形塑之關聯性探討：以楊梅及新屋地區為例[*]

張智欽、韋煙灶、林雅婷

一、前言

（一）緣起

　　桃園市楊梅區是本文作者之一的家鄉，長久以來這裡的客家話是以海陸音系為優勢腔，楊梅區東北部則可聽到偏四縣音系的口音，一般在地居民的認知也是僅此而已。但是經過進一步針對世居居民祖籍與客家口音的比對發現，卻與一般認知有所差異的現象呈現：作者的原鄉為清代嘉應州長樂縣梅林約黃竹壢（今中國廣東省梅州市五華縣安流鎮伏溪村麻坑裡）（見圖1），按照客家口音分類，應屬四縣音系長樂話，但家族裡一直以來說的卻是偏海陸口音；另外梅新地區分布著一群能說閩客雙語的半福老客族群，如大金山下（今梅溪里一帶）黃姓與水尾隘口寮（今水美里隘口寮）鄭姓。為解決這兩個困惑，作者等人於2009-2018年7月間多次赴原鄉進行訪查，大致驗證了原先的假設，進

---

[*] 本文原刊登於《人文及管理學報》，2009，6期，頁95-132。因收錄於本專書，略做增刪，謹此說明。作者張智欽為國立宜蘭大學名譽教授；韋煙灶現任國立臺灣師範大學地理學系教授（通訊作者）；林雅婷現任臺北市立復興高中教師。

一步利用地理學空間分布的原理，將研究區世居家族的祖籍對應到圖上，獲致
更為清晰的論證：

    1. 現今研究內區方言群分布的空間結構，乃是歷史開發過程中方言競合的
       結產物，並非一開始就是如此的；

    2. 歷史開發過程中研究區內各籍入墾移民定居的區位（locations），是有
       其空間規律性的而非隨機分布的，而且這些區位也充分呼應微觀的歷
       史地理分區。

（二）研究途徑

    地理學是研究地表各種（現象的）空間分布和空間關係的一門學科，空間
分析為本研究主要運用之地理學研究觀點。要釐清研究區族群分布的空間關
係，首先必須彙整區內各世居家族的祖籍地（儘量確認到鄉鎮以下的地名），
並加以歸納分析；其次，必須繪製較細緻的原鄉歷史方言分布地圖，將研究區
各聚落之世居家族的祖籍地，點繪在方言分區圖上，來推測其家族祖籍地可能
的方言區歸屬，並加以歸納分析。前兩個工作在先前的研究中基本上已經完
成，[1] 本研究針對各世居家族在移入地（研究區）的空間分布形態、人地關係
與歷史地理區域形塑，進一步解構。整個研究的原創性均建立在以地圖作為研
究工具的基礎上來操作，這也是地理學者所擅長。

（三）研究目的

    本文所欲達成的目的如下：

---

1 韋煙灶、林雅婷、李科旻，〈以地圖作為研究工具來解析臺灣閩、客族群分佈的空間
  關係：以桃園新屋與彰化永靖的比較為例〉，《第十三屆臺灣地理學術研討會論文集》
  （臺北：臺灣師範大學地理學系，2009），頁 B3：1-22。

1. 明瞭研究區各自然村世居家族在研究區及其祖籍地的空間分布形態。

2. 確認研究區各自然村重要世居家族祖籍地的方言區歸屬。

3. 探討方言群的空間分布特性與歷史地理區域形塑之關聯性。

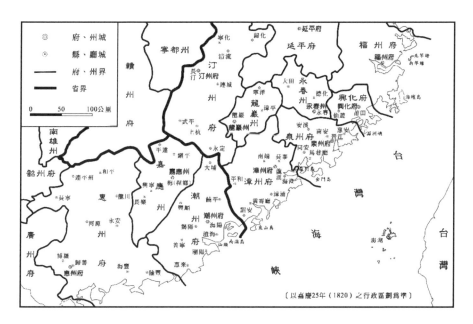

圖1：清代臺灣漢人主要移民原鄉行政區圖

資料來源：韋煙灶、張智欽，〈臺灣漢人之堂號：兼論閩南人與客家人堂號之差異〉，《宜蘭技
　　　　術學報人文社會專輯》（宜蘭：宜蘭技術學院，2002）9期，頁12-28。

原始資料出處：改繪自譚其驤主編，《中國歷史地圖集：第八冊清時期》（北京：中國地圖出版社，
　　　　1996）。

二、研究方法與研究過程

（一）名詞定義

1.半福老客

新竹及桃園沿海地區的閩南人稱附近地區能說閩、客雙語的居民為「半福老客」。[2] 經過多年多來的田野訪查發現，新竹縣及桃園市許多鄉鎮市區均鑲嵌著能操閩、客雙語但祖籍廣東海、陸豐的世居家族，已經可清晰確認新竹縣湖口、新豐，桃園市新屋、楊梅、觀音等地半福老客居民的閩南語口音是帶自祖籍地而非習自本地的。[3] 本文將拓墾之初至今年紀超過 70 歲者，一直能使用閩客雙語的社群稱為半福老客。

2.客底半福老客與閩底半福老客

半福老客中可再分為閩底與客底，客底半福老客的定義為「某家族在祖籍地時以客家語為母語，但能使用閩南語溝通」，閩底半福老客所對應的情況反之，但如何能確知某個家族在祖籍地所使用的母語為何？而且這些家族移民臺灣已經有兩、三百年之久，如何能證明期間該祖籍地的通行方言不會翻轉呢？因此，本研究採用空間歸納方法的間接處理，利用如來自閩語區（如福建閩南或潮州三陽地區）→閩、客雙語區或客語區→臺灣，視為「閩底」；從客語區（如嘉應州、汀州府等）→閩、客雙語區或閩南語區→臺灣，視為「客底」（圖2）。然而閩底與客底年代的回溯有一定的限制，[4] 元末明初是一個合理的時間點。

---

2 韋煙灶、曹治中，〈桃竹苗地區臺灣閩南語口音分布的區域特性〉，《地理學報》（臺北：臺灣大學地理環境資源學系，2008）53 期，頁 41-71。

3 尤其是今廣東陸豐市大安鎮，陸豐世居家族更早的祖籍則以福建漳州府居多，故洪惟仁訂名為「粵漳腔」閩南語。見洪惟仁，〈臺灣的社會地理語言學及其理論〉，《臺灣語文研究》（臺北：臺灣語文學會，2016）11 卷 1 期，頁 115-168。韋煙灶、程俊源、許世融，〈「明代閩人逸陸豐；清代陸豐人渡臺」之關聯性初探〉，《2016 桃園學研討會》（桃園：桃園市政府文化局），頁 70-103。

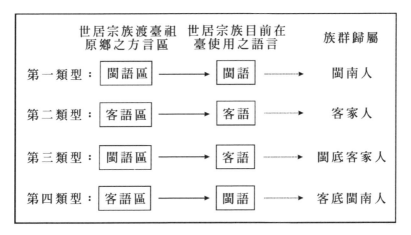

圖2：臺灣閩、客世居家族之族群屬性的四種類型
資料來源：修改自：李科旻，《清代新竹鳳山溪流域個音系社群與「閩人濱海，客家近山之形成」》
（新竹：新竹縣政府文化局，2016），頁38。

3. 方言及次方言音系的稱呼與認定

按照閩、客研究習慣性的分類方式，將本研究區內可能出現的閩、客方言口音及族群區隔為以下數種：

（1）閩南語

漳州音系：指清代福建省漳州府內居民所使用的閩南語口音。

泉音音系：指清代福建省泉州府內居民所使用的閩南語口音。

---

4 如楊梅瑞坪里矮坪子莊姓（宸讓派下），其遷徙路線為：號稱唐末隨王審知兄弟由光州固始遷入福建永春，再遷廣東饒平，約1250年前後遷居陸豐吉康都上沙鄉（今廣東揭西縣上沙鎮），1732年遷臺。福建永春自唐、宋以後均屬閩南語區，但楊梅這支莊姓能否歸類為閩底？本研究判定為不可，揭西上沙鎮是純客語鄉鎮，楊梅瑞坪里一帶也是純客語區，750年足夠讓這個家族的母語及族群意識轉向，故楊梅瑞坪里矮坪子莊姓應歸類為客家人而非半福佬客。參楊緒賢，《臺灣區姓氏堂號考》（南投：臺灣省文獻委員會，1980），255頁；莊榮龍，〈本塔興建沿革誌〉（桃園縣楊梅鎮矮坪仔莊宸讓祖塔墓誌）（桃園縣，1989）。

潮汕音系：指清代福建省潮州府內居民所使用的閩南語口音。

福老音系：指清代惠州府海、陸豐兩縣境內居民所使用較接近福建閩南的漳州音系的閩南語口音，這群閩南人大約是在明初至清初移入海、陸豐，主要定居在當地的平原與沿海地區。[5]

（2）客家語

四縣音系：指清代嘉應州內居民所用的客家語口音，然而在地緣上，長樂（今五華）話具有海陸系與四縣系的過渡色彩，尤其該縣安流墟（安流鎮）以南地區，其口音稍近海陸，故在討論上，本研究特別注意其地理區位的意義。

海陸音系：指清代惠州府海、陸豐兩縣（含今揭西縣西隅）居民及潮州府揭陽縣西部（約現今揭西縣的大部分地區）居民所使用的客家語口音。

大埔－豐順音系：指清代潮州府大埔縣／豐順縣居民所使用的客家語口音。

饒平音系：指清代潮州府饒平縣北部丘陵區居民所使用的客家語口音。

詔安音系：指清代漳州府詔安、南靖及平和等縣居民所使用的客家語口音。

永定－上杭音系：指清代汀州府永定、上杭縣居民所使用的客家語口音。

（3）半福老客區

上述已界定過其操作型定義，其空間分布在粵東約以閩南語與客家語分界線的兩側合計 10 公里的範圍為準；饒平與漳州地區則約以分界線兩側合計約 15 公里的範圍。[6]10-15 公里寬的閩客雙語區未必通用於整個粵東與閩南，局部的誤差在所難免；所蒐集的閩、客式地名是否能反映 120-300 年前的方言界

---

5 潘家懿、鄭守治，〈粵東閩語的內部差異與方言片劃分的再認識〉，《臺灣語文研究》（臺北：臺灣語文學會，2009）5 卷 1 期，頁 145-165。

6 韋煙灶、林雅婷、李科旻，〈以地圖作為研究工具來解析臺灣閩、客族群分佈的空間關係：以桃園新屋與彰化永靖的比較為例〉，《第十三屆臺灣地理學術研討會論文集》，頁 B3：1-22。

線？這些均是本研究的限制，但目前只有透過這種空間現象簡化的模式，才能進一步發掘過去研究者無法獲致的研究成果。

　　閩底半福老客：按照上述閩南語音系的界定，又可分漳州、潮汕、福老三群。

　　客底半福老客：按照上述閩南語音系的界定，又可分漳州、饒平、豐順、海陸等四群，根據本研究目前的調查狀況。

（二）研究調查及繪圖的空間基準界定

　　清代在臺漢人的拓墾活動，是以聚落為據點，這裡也是他們組織生活世界的基地。[7]按聚落的形成方式，可簡略分為「自然發生」與「計畫設定」兩大類；順著自然局勢發展而成的基層聚落區域稱為「自然村」，因計畫設定而建立的村落區域稱為「行政村」，如臺灣目前之村、里。在臺灣中、北部地區因區域開拓年代較短（家族繁衍人口尚少）、趨向小農合作的拓墾型態，再因地形起伏較大以及農業水資源較豐穩等原因，使得自然村的聚落規模普遍較小，在非都市地區一個行政村通常可涵蓋數個自然村。本文依據以下幾點來界定自然村：

1. 現今仍沿用日治時期土名或小字名的聚落，像是新屋石牌里的水流、笨港里的榕樹下。
2. 土地廟冠有聚落名者，如新屋埔頂里水碓都算是自然村。現今地圖上所標示的地名非常混亂，因此土地廟的祭祀圈可視為傳統自然村聚落的表徵。
3. 聚落名以主要姓氏來命名者，像是新屋蚵間里的吳厝、社子里的呂屋。

---

7 施添福，《清代臺灣的地域社會：竹塹地區的歷史地理研究》（新竹：新竹縣政府文化局，2001），頁272。

傳統的聚落型態，同姓家族大多有聚居的現象，因此聚落名便以聚落的大姓冠以閩南人、客家人稱呼房舍的用詞：厝、屋來稱呼。這一類的地名可視為自然村。

（三）世居家族與世居居民

世居家族指的是「受訪者本人（多在 70 歲以上）向上推三代即已定居本聚落的家族；或該家族定根本地已經超過 130 年」；而世居居民指的是世居家族所傳的後裔，且仍定居於本地的居民。一百餘年前當時的研究區大抵仍維持在農業傳統聚落型態，各聚落的家族分布與初墾時代的差距較小，可藉以還原研究區初墾時或傳統社會結構中的族群分布脈絡。

（四）研究區的選定與界定

本研究所涵蓋的研究區包括桃園市楊梅與新屋區的範圍（簡稱梅新地區），雖然可利用所設定的研究指標可將研究區分割為數個歷史地理區，但本研究的範圍並未完整涵蓋這些歷史地理區，本研究也不擬處理這部分的問題。其次，挑選這個區域的理由：

1. 土牛溝經過研究區，土牛溝是一條重要的歷史地理界線，在施添福的研究中已經作了清楚的討論，[8] 建立在此一研究基礎上，本研究假設土牛溝應當對族群與方言的分區具有一定程度的影響。

2. 開發史上研究區分屬三個墾庄：大溪墘庄、萃豐庄及諸協和墾庄。本研究假設此三個墾庄的分區應與族群原鄉及方言群或次方言群的分區具有一定程度聯結。以上兩點以也就是本研究試圖驗證的焦點。

---

8 施添福，〈清代竹塹地區的土牛溝和區域發展：一個歷史地理學的研究〉，《臺灣風物》（臺北：臺灣風物雜誌社，1990）40 卷 4 期，頁 1-68。

（五）世居家族分布及祖籍資料蒐集

本研究透過相關書籍文章、網路檢索、田野訪查及日治時期戶口資料（1946年底）等，來發掘研究區各自然村的世居家族，進一步探討其來臺及來此地的拓墾史。田野訪查主要進行「世居家族祖籍地」的調查，採用自然村為訪查的最小空間單元，繪圖則以村里為空間單元。透過訪談耆老及運用族譜、祠堂（公廳）及家族祖塔墓誌，網路檢索、地圖比對和登錄墓碑揭示的主人籍貫等方式取得所需資料。本研究所需的「世居家族祖籍地」儘量能詳細到鄉鎮行政區以下，要達到如此細緻的空間尺度，除了地圖比對外，網路檢索是很重要的調查工具。[9]

（六）地圖操作與分析

作者等人利用閩、客式地名的比對，繪製出「閩西南與粵東閩、客語歷史方言分區圖」（圖3、圖4）。[10]對比近年語言學者研究所劃定的粵東閩語方言分布（圖5），大體相符，但從經驗法則來看，在小比例尺地圖（約1/50萬）所列舉的地名應當偏向於遠近馳名，即地名起源較早。本研究所謂的「閩、客式地名」通常是較具草根性的地名，較少經過雅化，故地名起源較早，反而能對應到本研究所需的閩客歷史方言分區，透過十餘次跨界到閩西南及粵東的閩客交界地帶進行移地研究發現，粵東與福建普遍存在規模頗大的單姓聚落，從這些聚落現在的規模多在百人以上至數千人來看，百年前粵東與福建地區的

---

9 如楊梅區三湖里田間王廷貴派下祖塔對聯中的「原鄉追石磜濟濟人村族派榮」及旁支線索，找出該家族的祖籍地為今廣東省梅州市蕉嶺縣南磜鎮（原屬北磜鎮，兩鎮目前合併）石磜村，再經過田野訪談檢核，可收事半功倍之效。

10 見李科旻、韋煙灶、黃敏羚，〈新竹鳳山溪流域地名與客、閩族群分布之探討〉，《新竹文獻雜誌》（新竹：新竹縣政府文化局，2018）69期，頁84-123。許世融、韋煙灶、黃敏羚，〈臺中市大甲溪中游四區地名與客、閩族群分布之關係〉。《2018年臺中客家文化學術研討會》（臺中：臺中市政府客家事務委員會，2018），頁1-27。

閩、客方言分布態勢與現今差異有限,其家族語言變遷也大致取得了解。

　　將在梅新地區田野訪查所得到的家族個數祖籍地資料,利用地圖比對及網路檢索,比對出這些家族祖籍地的現今鄉鎮級以下地名在地圖上的位置,將其轉繪成「閩西南與粵東歷史方言分區圖」上,如此即可得知,這些世居家族個數的祖籍地在粵東閩、客語歷史方言分區圖上的空間關係。其次,利用上述研究成果將研究區的世居家族分類其方言群屬性(新屋分為:客家族群、閩南群、半福老客族群;楊梅分為:四縣客優占區、半福老客與客家混合區、海陸客優占區),以點資料形式分別點繪在兩個研究區上,以觀察梅新地區在拓墾初期閩、客族群分布可能的空間結構;歸納並解析其與歷史地理區域形塑之關聯性。

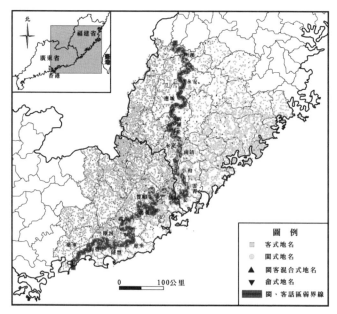

圖3:閩西南及粵東之客、閩地名的分布
資料來源:整理自劉業華、葉雁鈴編,《廣東省地圖冊》(廣州:廣東省地圖出版社,2003);葉雁鈴編,《廣東省地圖冊》(廣州:廣東省地圖出版社,2008)。張紅主編,《廣東省地圖冊》(北京:中國地圖出版社,2008);胡捷、何忠蓮編,《廣東省地圖集》(廣州:廣東省地圖出版社,2008)。

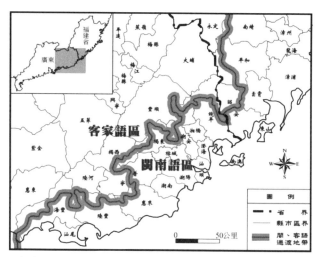

圖4：閩西南及粵東閩、客歷史方言分區圖
資料來源：西側內陸為客家語區，東側沿海為閩南語區。改繪自：韋煙灶，〈北桃園地區的閩客
　　　族群分布的空間特色〉，《「發現地方想像族群」：2015桃園區域研究研討會》（桃園：
　　　國立中央大學客家學院，2015），頁9-30。

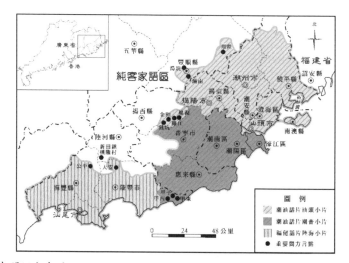

圖5：粵東閩語分布圖
資料來源：潘家懿、鄭守治，〈粵東閩語的內部差異與方言片劃分的再認識〉，《臺灣語文研究》
　　　（臺北：臺灣語文學會，2009）5卷1期，頁145-165頁（本圖為本文第二、三作者繪圖）。

三、研究結果與討論

（一）梅新地區世居家族祖籍分布（以府、縣為統計單位）之空間分析

　　本文針對梅新地區世居家族祖籍統計（表 1），已得到 160 筆能確認世居家族方言區的歸屬。這些家族有近半數來自清代廣東省惠州府占 53.8%（86/160），其中陸豐縣就占 50.6%（81/160）。來自嘉應州的占 25.0%（40/160），其中長樂縣占 10.0%（16/160），若進一步考察可以確認位於安流墟（今五華縣安流鎮）以南的個數至少占 6.9%（11/160），[11] 來自者鎮平縣占 8.8%（14/160），長樂及鎮平兩縣合占嘉應州籍世居家族個數的 75.0%（30/40）

　　以研究區內的地域分布來看，嘉應州籍的世居家族個數，有 87.5%（35/40）分布在靠近土牛溝兩側約 1 公里寬的台地區，或者土牛溝以東的丘陵區，來自長樂安流以南的世居家族個數，則更是聚集在前述「靠近土牛溝兩側約 1 公里寬的台地區」。海、陸豐籍的個數主要分布於土牛溝以西之地（占 94.2%，81/86）。福建祖籍的個數的比例很低（8.8%，14/160），漳、泉府籍全部分布於新屋區沿海的永安、笨港、深圳及蚵間四里，泉州府籍占 91.7%（11/12），且泉州府籍全為同安縣籍。漳州府籍僅一個家族，為祖籍漳州府龍溪縣（今漳州市華安縣）的新屋區永安里郭家，從地緣上看與同安籍相鄰。汀州府籍則因世居家族個數僅兩個，無法看出聚集趨勢。研究區的世居家族按照不同的祖籍地，有空間規律性的各據一方。

---

11 部分個數只能辨識到縣級行政區，故無法判定是否為於安流以南地區。合理推論位於安流以南的個數應當超過。

表 1：梅新地區世居家族的祖籍分布（以府、縣級行政區為統計單位）

嘉應州		潮州府					惠州府			漳州府	泉州府	合計
程鄉、鎮平、平遠、興寧	長樂	豐順、大埔	饒平	揭陽	惠來、普寧	潮陽、海陽	海豐	陸豐	歸善			
24	16	8	10	2	1	0	8	78	1	2	10	160
(15.0)	(10.0)	(5.0)	(6.3)	(1.3)	(0.6)	(0.0)	(5.0)	(48.8)	(0.6)	(1.3)	(6.3)	(100.2)

註：上列數字為個數；下列括弧內數字為該個數占全體個數的百分比。
資料來源：統計自附錄表 1、2。

（二）梅新地區世居家族個數祖籍分布（以方言區為統計單位）之空間分析

　　以圖 3、圖 4 為基礎可將粵東分為三個類型的方言區：閩南語區、客家語區及閩客雙語區，這部分的論證已經在獲得相當程度的驗證，本處不再多作討論。研究區世居家族的祖籍屬於海、陸豐的比例為 53.8%，剛好過半，但若扣除屬於半福老客族群的閩底部分，則海、陸豐客家籍世居家族個數，則會降至 29.4%（47/160）。

　　然而，不到三成的客家人口比例，如何能演變成研究區的優勢腔？本處認為：形成目前海陸客音系為研究區優勢方言是歷史過程中語言競合的結果，這種競合的過程則必須從原鄉的方言區空間關係分析起，一部分屬於清代揭陽縣西部（今揭西縣）也是接近海陸客音系區，長樂縣安流墟以南的區域所使用的長樂客話，接近海陸客音系而遠四縣客音系，閩底的半福老客在原鄉也能使用海陸客話。若將這三類世居家族個數併入到海陸客音系，則其個數比例至少超過 60.6%（97/160），即可清楚顯示海陸客音系為何會成為研究區客家口音的

優勢腔。

　　楊梅區高山頂及鐵路以東地區的客語優勢腔為四縣音系，從世居家族的個數統計也可獲得驗證：這兩個區域祖籍嘉應州的世居家族個數比例至少為 67.7%（21/31）。

　　來自粵東閩客雙語區的半福老客世居家族個數合占 36.3%（58/160），其中閩底的比例為 25.6%（41/160），高過客底的 10.6%（17/160）甚多，這些閩底的半福老客在現今基本上已經客化。田野訪查的證據顯示研究區內約 85 歲以上的閩底半福老客耆老，尚保留海、陸豐福老語的兩組韻母/-uinn/、/-eng/[12] 特徵，85-65 歲則部分保留，65-45 則部分知道自己的祖先使用閩南語溝通，但母語已經反轉成客家語，45 歲以下則不會使用閩南語且均認為自己是客家人。從目前研究區客家語口音的空間分布狀況來研判，這群閩底半福老客母語的客化趨向為海、陸話化。

　　本研究分析半福老客在研究區主要的地理分布：社子溪以北、土牛溝以西之地，對應到清代的墾庄為大溪墘庄（79.3%，46/58），其人文區位相當凸顯。至於閩底與客底半福老客的居住空間，則是聲牙交錯的混居態勢，顯示其具有類似的移墾脈絡。

　　來自潮汕音系、饒平客家語區、大埔客家語區的世居家族，則鑲嵌在研究區內各處。本研究初步調查顯示可能是臺灣島內的二次移民，如楊梅大金山下的黃國良派下、楊梅壢的李翰派下等。另外，來自清代潮州府豐順縣的呂姓家族，則散居在社子村一帶，也構成說豐順音系客語的小地理區。[13] 另新屋石磊

---

12 海、陸豐福老話的韻母 /-eng/，與漳、泉音系的 /-ing/ 有清晰的對應關係，是福佬話有別於其它臺灣閩南語的一個語音特色；/-uinn/ 韻母是典型漳州音系的一個發音特徵，與泉州音系的 /-ng/ 也構成一組鮮明的對應關係。只要利用這兩組韻母即可清楚辨識研究區的祖籍海、陸豐之閩底半福老客耆老，殘存移墾之初的祖籍地海陸福老話。

村水流羅姓，已被證實自祖籍地為說軍話的家族。[14]

表 2：梅新地區世居家族的祖籍分布（以方言區為統計單位）

閩南語區			閩客雙語區					客家語區					其它音系	合計
			閩底		客底			四縣音系		海陸音系	饒平音系	大埔、豐順音系		
漳、泉音系	潮汕音系	福老音系	潮汕音系	福老音系	饒平音系	海陸音系	漳州音系	長樂	其它					
12	4	0	2	39	4	12	1	16	24	35	2	8	1	160
(7.5)	(2.5)	(0.0)	(1.3)	(24.4)	(2.50)	(7.5)	(0.6)	(10.0)	(15.0)	(21.9)	(1.3)	(5.0)	(0.6)	(100.1)
16(10.0)			58(36.3)					85（53.1）					(0.6)	(100.0)

註：上列數字為世居家族個數；下列括弧內數字為該欄世居家族個數占全體個數的 %。
資料來源：同附表 1。

（三）梅新地區世居家族的祖籍分布（以清代原鄉鎮級區域為統計單位）

　　本研究利用地圖與網路的比對，已經能將研究區世居家族之原鄉地理區的討論落實到鄉鎮級尺度。表 3 所列舉的三個縣級以下地理區究竟有何地理意涵？

　　河婆墟大致相當於今揭西縣河婆鎮一帶，三山國王霖田祖廟位於此地。「安流墟以南、河婆墟以西、大安墟以北、海豐蓮花山脈以東的區域」，推測在元末明初仍屬於畬族的傳統領域，[15] 三山國王廟的廟口向西，呈現漢族與畬

---

13 賴文英，〈新屋鄉呂屋豐順腔客話研究〉（高雄：高雄師範大學臺灣語言及教學研究所，2004）。

14 楊名龍，〈新屋水流軍話與海陸客語雙方言現象研究〉（臺北市立教育大學應用語言文學研究所碩士論文，2005）。韋煙灶等人更進一步認為，海、陸豐地區的軍話方言點的住民頗有可能是來自珠江口周邊的蜑民軍戶後裔。韋煙灶、程俊源、許世融，〈「明代閩人遷陸豐；清代陸豐人渡臺」之關聯性初探〉，《2016 桃園學研討會》，頁 70-103。

15 韋煙灶，〈桃園地區粵東移民分布的地理意涵解析：以觀音、新屋、楊梅三地調查為例〉《行政院客家委員會獎助客家學術研究九十八年度計畫成果報告》（臺北：行政院客家委員會，2009），頁 15-16。

族對峙的前哨地理區位。這個區域的畬族約略在明代 300 年期間，逐漸與來自
安流以北的客家人、來自河婆以東的潮汕人、來自大安以南的福老人混居融
合，所使用的語言隨之逐漸客化，構成今日的客語海、陸豐音系。研究區的世
居家族個數的祖籍地約有三成屬於這個區域。這個區域屬於蓮花山脈及其餘脈
所構成的河谷平原、丘陵及山地。河谷平原區有一定的農業生產力，但土地贍
養力畢竟有所局限，從元末到清初的三百餘年之間，土地贍養力飽和，迫使這
個區域的居民大量的移向研究區拓墾落戶。透過以血緣、地緣的人際紐帶的拉
力作用，研究區內有高達 56.9%（91/160）的世居家族個數的原鄉，屬於這個
區域（表 4）。

表 3：梅新地區世居家族的祖籍分布（以清代原鄉鎮級區域為統計單位）

嘉應州長樂縣 安流墟以南	惠州府陸豐縣 大安墟	陸豐縣河婆墟以西的五 雲洞及上、下砂	小計
11	26	12	49
(6.9)	(16.3)	(7.5)	(30.6)

註：1. 上列地名均採用清代的地名，其中陸豐縣大安墟大致同於現今陸豐市大安鎮一帶；五雲洞
　　大致同於揭西縣五雲鎮，上、下砂即今揭西縣上砂鎮一帶；河口墟大致同於現今陸河縣河口
　　鎮一帶。2. 上列數字為個數；下列括弧內數字為該姓氏家族個數占全體個數（160）的百分比。
資料來源：同附表 1、2。

（四）梅新地區世居家族的祖籍分布（以地理區為統計單位）

東海滘即今日的螺河，螺河發源於陸河縣境的蓮花山脈東坡，從北向南流
經陸河縣、陸豐市，注入碣石灣。主流全長 102 公里，流域面積 1,356 平方公
里。[16] 藉由地圖判讀也可發現，研究區內的世居家族，有達 38.1%（61/160）
的祖籍地係屬於螺河流域（表 4），這條可能的移民路線構成移民地緣性的連
結，其功能應不僅僅於作為交通孔道，訊息的傳布應當是構成研究區清代入墾

移民地緣性結構的重要一環。

　　清代嘉應州石窟河流域區大部分位於鎮平縣境內，研究區也有不少的世居家族祖籍地位於這個流域區。令人不解的是：相鄰的平遠縣，地理環境相當、面積大小相似、族群結構相同，但在研究區內尚未找到一個祖籍為平遠縣的世居家族。

表 4：梅新地區世居家族的祖籍分布（以地理區為統計單位）

陸豐東海滘流域區	安流墟以南、河婆墟以西、大安墟以北、海豐縣蓮花山脈以東區域	嘉應州石窟河流域區
61	91	14
(38.1)	(56.9)	(8.75)

註：1. 東海滘即現今所稱的螺河（螺溪），流域區涵蓋現今陸豐市及陸河縣；2. 上列數字為個數；
　　下列括弧內數字為該家族個數占全體個數（160）的百分比，由於所分割的地理區有所重複，
　　故總個數超過 160。
資料來源：同表 1。

（五）梅新地區的世居家族及其祖籍地

　　梅新地區具有相同開基祖或原鄉地緣關聯性（指來自祖籍地同村的宗親）的同姓家族，其姓氏分配及所占比例如下：新屋區永興里大牛欄葉姓 8.8%（14/160）、新生里等姜姓 5.6%（9/160）、楝梛里徐姓 5.0%（8/160）、范姜姓 3.8%（6/160）、水美里隘口寮鄭姓 5.0（5/160）、九斗里羅姓 5.0%（4/160）、水美里水尾彭姓 2.5%（4/160）、社子里呂姓 2.5%（4/160）、笨港里黃姓 2.5%

16　〈螺河〉，《維基百科》。2010.01.17 摘自：http://zh.wikipedia.org/zh-tw/ %E8%9E%
　　BA%E6%B2%B3。胡捷、何忠蓮編，《廣東省地圖集》（廣州：廣東省地圖出版社，
　　2008），頁 132-133。

（4/160）、豐野里下陰影窩陳姓 2.5%（4/160），合計占 41.9%（67/160），
其中葉姓、范姜姓、鄭姓、彭姓、陳姓均各來自單一開基祖。由此可見，清代
移民移居梅新地區的過程，宗親的凝聚力非常強大，移民聚族而居，聚落的血
緣性色彩十分濃厚。

　　而少了宗親依靠的移民，則易與同祖籍地的其他姓氏移民聚集而居。如來
自福建泉州府同安縣為主的閩南人，皆分布於新屋西南沿海的深圳與蚵間兩
里；一群祖籍長樂縣安流（今五華縣安流鎮）以南的世居家族，則分布於新屋
區埔頂里到楊梅區上田、富岡、豐野、三湖及永寧里一帶，呈現小區域地緣性
集中的情形。

（六）綜合討論

　　由此可見研究區的世居家族，其移出及移入地的地緣性色彩十分濃厚。判
讀圖 6、7、8、9 的內容，可觀察到祖籍地屬於客語區的世居家族大多居住於
社子溪以南（溪南），除了溪南沿海的蚵間與深圳兩村之世居家族的祖籍地為
泉州（多屬同安），與新竹縣新豐紅毛港同安祖籍的世居家族連成一片；來自
海、陸豐閩客雙語區的世居家族多集中社子溪以北，土牛溝以西的大溪墘庄。
就祖籍地的區位而言，這群來自海、陸豐的世居家族在祖籍地時，可能透過學
習而會操閩、客雙語，即本文所稱呼的「半福老客」。

表 5：梅新地區的世居家族及其祖籍地

各姓氏代表定居聚落	新屋大牛欄葉姓	新屋新屋姜姓	新屋糠榔徐姓	新屋范新屋姜姓	楊梅水尾彭姓	楊梅隘口寮鄭姓	新屋九斗羅姓	楊梅高山頂傅姓	新屋社子呂姓	新屋笨港黃姓	楊梅下陰影窩陳姓	小計
各家族之祖籍地	陸豐縣新田橫隴寮子前	陸豐縣大安墟鹽墩鄉鹽墩村	陸豐縣河口四旗田	海豐縣公平墟庵東獅子嶺	陸豐縣河口東坑鄉黃泥嶺	陸豐縣大安墟鄭厝寨	陸豐縣大安墟上寮鄉	鎮平縣文福鄉大坑頭	豐順縣湯西錫灘	陸豐縣五雲洞下碰鄉營前寨	興寧縣坭坡墟	
分布的自然村個數	14	9	8	6	5	5	4	4	4	4	4	67
占總個數160 %	8.8	5.6	5.0	3.8	3.1	3.1	2.5	2.5	2.5	2.5	2.5	41.9

註：只統計分布超過 4 個自然村的家族。
資料來源：同附表 1、2。

　　這群半福老客是閩或客？可藉由族譜資料確認家族在原鄉更早的居住地，進一步來判定其為閩底或客底。如新屋大牛欄葉家遷徙到陸河縣橫隴寮子前曾居住於泉州府同安縣；姜姓遷至陸豐大安墟前的居住地為陸豐碣石衛（閩南語區），更早則是居住在漳州龍溪縣，因此大牛欄葉姓、新屋姜姓、九斗羅姓、埔頂許姓、隘口寮鄭姓、大金山下黃姓、四姓家族為「閩底」，故所命名的聚落常出現閩式地名——葉厝、姜厝、羅厝、溪洲、黃厝。而新生等村的范姜姓遷徙至海豐公平墟前，祖先於陸豐吉康都水唇（今陸河縣水唇鎮，客語區）開基創業，因此為「客底」，故所居住聚落採用客式地名——新屋。[17]

　　在梅新地區開墾初期各族群分布的方言結構上，除了操客語及泉州音系同安口音的家族外，更有一大部分的半福老客操著閩、客雙語與其他族群互動交流。後庄村的半福老客區與新豐鄉的半福老客區相連，社子溪以北的半福老客

---

17 張智欽、韋煙灶、林雅婷，〈桃園縣新屋地區族群互動關係之探討〉《第八屆兩岸傳統民居理論學術研討會》（贛州：贛南師範學院，2009），頁 59-77。。

由觀音沿海，經過新屋的北半部，一直到楊梅的大金山下而止。新屋的世居家
族的空間結構，在沿海是泉系閩南人，社子溪南、北岸分別是說海陸音系的客
家人，以及半福老客。向東到楊梅西南部則鑲嵌祖籍長樂安流以南，說四縣音
系長樂話的次族群，再往東則是以說四縣音系為主的世居家族所居，社子溪以
北呈現四縣系客家人與半福老客族群混居的狀況。

　　因此深入分類研究區世居家族個數的祖籍及方言區歸屬可以發現，這些家
族是有空間秩序的選擇定居地，按祖籍及原鄉方言分群而居，形成多個歷史地
理區。當然，此方言區結構並非偶然，而是開墾當時移民強烈的地緣性與血緣
性思維所衍生出的結果。

　　回到拓墾之初的歷史原點，研究區可以分屬大溪墘庄（土牛溝以西、社子
溪以北）、萃豐庄（土牛溝以西、社子溪以南）及諸協和墾庄（土牛溝以東）
等三個，這三個墾庄的創立與發展過程，展現出與世居家族祖籍地、方言（或
次方言）群的地域性結構緊密呼應的態勢。祖籍廣東省惠州府海、陸豐籍的移
民主要分布在土牛溝以西之地，但又以社子溪為界劃分成兩個方言群，溪北的
大溪墘庄定居的墾民主要為具備閩、客雙語溝通能力的半福老客群；溪南的萃
豐庄以說海、陸腔客語的墾民為優占；土牛溝以東的諸協和墾庄則以說四縣腔
客語的移民為多。

　　這三個墾庄不僅僅是墾庄而已，實際上土牛溝與社子溪也是構成這三個
墾庄的地理界線。然而，土牛溝對研究區地理區的形塑不應視為一條線，而
是一個過渡帶，在乾隆 53 年（1788）福康安就地合法認可諸協墾號所墾之地
之前，[18] 已有漢人越界侵墾平埔族保留地，這些移民進進出出土牛溝，構成一

---

18 賴玉玲，《褒忠亭義民爺信仰與地方社會發展：以楊梅聯庄為例》（新竹：新竹縣
　　政府文化局，2005），頁 247-248。

個移墾的過渡帶。在乾隆 55 年（1790）清廷在楊梅埔設屯，墾民黃燕禮得以利用擔任屯地佃首的機會，[19] 以諸協和墾號（鄭大模在黃燕禮過世後繼任佃首），越土牛溝外，進行大規模的拓墾，墾民從各地湧入。[20] 本地區多數的世居家族開基祖多在 1790 年前後於此地定根發展，因此土牛溝兩側寬約一公里的地帶，其世居家族的雜異性較研究區其它地區為高。

　　影響至今，梅新地區部分的人文區域結構，我們可以透過民間信仰系統的空間性來呈現：

　　1. 新屋區九斗村長祥宮祭祀圈：長祥宮奉祀神農大帝，其祭祀圈涵蓋新屋社子溪以北的行政村（不含沿海的永安與永興村）以及觀音藍埔村、富源村，楊梅上田里（此三村里原屬新屋管轄）。由三七圳水利組織發起的「溪南溪北八本簿」輪祀組織，則以社子溪為界，區分溪南、溪北。[21]

　　2. 新竹縣新埔褒忠亭義民爺祭祀圈：義民廟祭祀圈擴及十五聯庄，其中社子溪以北為溪北聯庄，以南為溪南聯庄及湖口聯庄，[22] 土牛溝以東則為楊梅聯庄。新豐及湖口地區的地方廟宇也喜用「溪南」（社子溪南岸，實則指涉萃豐庄）的字眼。當地的廟宇常見萃豐庄徐家的參與，由萃豐庄徐家捐地興建的楊梅伯公崗集義祠，其八大聯庄普渡活動的輪值區橫跨新竹縣新豐鄉、[23] 湖口鄉

---

19 秀才里秀才窩林姓仍留有其開基祖林廣臣擔任屯地墾佃的契書。
20 賴玉玲，《褒忠亭義民爺信仰與地方社會發展：以楊梅聯庄為例》，頁 247-248。
21 林雅婷，〈桃園縣新屋地區族群互動關係之探討〉（97 年度大專學生參與專題研究計畫結案報告），頁 22-24。
22 賴玉玲，《褒忠亭義民爺信仰與地方社會發展：以楊梅聯庄為例》，頁 258。蔡武晃，〈臺灣桃園縣客家地區的輪值祭祀組織：以溪南溪北八本簿為例〉，《粵東客家地域社會與文化學術研討會》，（梅州：嘉應學院客家研究院，2008），頁 5-12。
23 包含後湖、福興、青埔、埔和、瑞興、中崙、重興、崎頂、員山、上坑、鳳坑、松林、松柏、山崎等行政村。

及桃園縣楊梅區和新屋區四鄉鎮區。新屋區有望間、楝梛、大坡、後庄、社子等五村落參與普渡，皆位於社子溪以南。

　　整體而言，溪北的大溪墘庄以姜家墾號姜勝本為中心，是半福老客的分布區域，以長祥宮祭祀圈，來組織其地域意識；溪南的萃豐庄以徐家（家號徐國和）為中心，是海陸客為主的客家人分布區域，以伯公岡（楊梅富岡）的集義祠及新豐中崙的三元宮的祭祀組織來凝聚其向心力。最後兩個區塊再以八本簿的祭祀系統來總括「陸豐籍」的地域意識。由此可見，研究區人文區域形塑的過程中，社子溪扮演重要的角色；半福老客作為閩、客語方言區的緩衝地帶，很可能是使研究區在清代少有分籍械鬥發生的一重要原因。

　　土牛溝以東之地一定程度反映諸協和墾區的範圍，但其民間信仰公廟的祭祀圈比之「溪南」及「溪北」地區，顯得零碎許多。主要的祭祀對象為三官大帝。地方公廟的祭祀圈主要分為四個區塊，主祀神均為三官大帝：以楊梅壢錫福宮祭祀圈最廣，包括：現今秀才、永寧、梅江、楊梅、水美、紅梅、梅新、東流、大平等 9 里；[24] 三湖三元宮祭祀圈包括：上湖、三湖、富岡、瑞原及員笨等五里（三湖三元宮簡介）；頭重溪三元宮祭祀圈包括：楊梅埔心周邊等里；[25] 高山頂啟明宮祭祀圈（部分地區位於土牛溝西側）為高山頂所屬各里。[26]

　　土牛溝兩側地帶的地方公廟祭祀系統的零碎，凸顯了該地區在拓墾之初，墾民祖籍來源的多元性。仍一定程度反映著拓墾原初之時的地域性結構格局。

四、結論

　　本研究嘗試透過翔實田野調查與地圖比對、利用網路無遠弗屆的功能，將

24 錫福宮 2009 年 6 月 4 日公告之信徒代表候選人名單。
25 黃振標（1978），〈頭重溪三元宮沿革誌〉（楊梅區梅溪里頭重溪三元宮）。
26 啟明宮重建委員會（1983），〈啟明宮重建沿革志〉。

祖籍地或研究區（梅新地區）的族群互動關係，放到主題地圖上呈現，以驗證相關假設，本研究已經獲致不錯的研究成果。

　　本研究發現研究區的族群分布，展現出與世居家族祖籍地、方言群的地域性結構緊密呼應的態勢。社子溪與土牛溝構成兩條歷史地理界線；土牛溝以東的諸協和墾庄則以說四縣腔客語的移民為多。影響至今，梅新地區部分的人文區域結構（如民間信仰系統），仍一定程度反映著拓墾原初之時的地域性結構格局。再者，梅新地區居民使用的母語，經過二百餘年的競合與重組，海陸腔客語逐漸成為整個梅新地區的優勢腔，反映著方言競合過程中眾勝寡消的規律性。

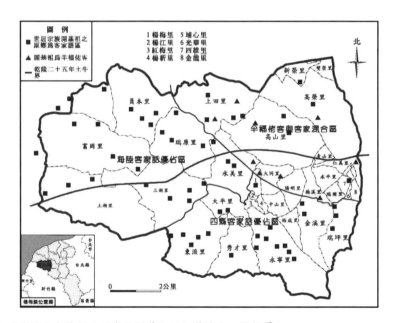

圖6：楊梅區各自然村世居家族開基祖的祖籍地方言區歸屬
註：圖中線線為世居家族開基祖籍地之方言區分界線。
資料來源：整理自表1。
土牛溝位置參考：柯志明，《清代臺灣族群政治與熟番地權》（臺北：中央研究院社會學研究所，
　　　　　　　2003），頁193。賴玉玲，《褒忠亭義民爺信仰與地方社會發展：以楊梅聯庄為
　　　　　　　例》，頁25。

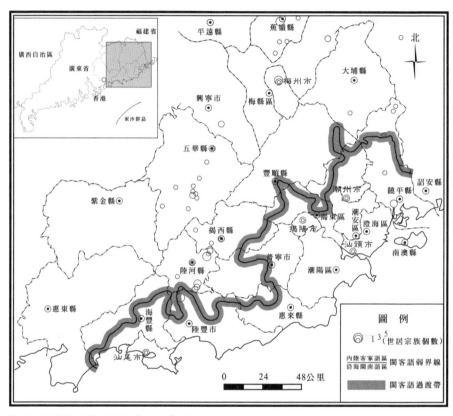

圖7：楊梅區世居居民祖籍地分布圖

資料來源：整理自附表1。

圖 8：新屋區世居家族開基祖的祖籍地方言區歸屬

資料來源：修改自張智欽、韋煙灶、林雅婷，〈桃園縣新屋地區族群互動關係之探討〉《第八屆
　　　　兩岸傳統民居理論學術研討會》（贛州：贛南師範學院，2009），59-77 頁。

原始樣見附表 2。

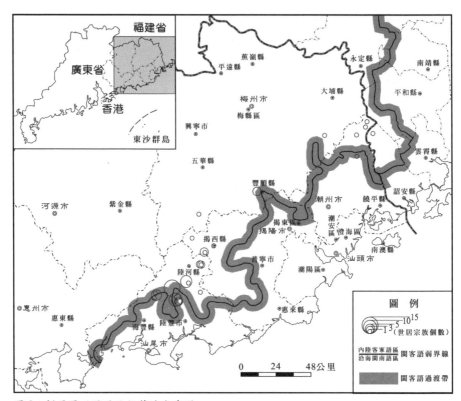

圖 9：新屋區世居居民祖籍地分布圖

註 1：圖上所列為可考據到鄉鎮級地名的祖籍地，只能考據到縣級地名者不列入，以下不再註明。

資料來源：同圖 7。

附表 1

楊梅區各自然村世居家族的祖籍地分布

行政村	自然村	世居家族	原鄉祖籍地	現今行政區	備註
水美里	水尾	彭（開耀派下）	1. 陸豐縣吉康都東坑鄉黃泥嶺（族譜） 2. 陸豐縣河口大座洋東坑上屋祠東（〈彭開耀公祖堂沿革誌記〉）	汕尾市陸河縣東坑鎮	1. 水美里《彭氏族譜》及〈彭開耀公祖堂沿革誌記〉（兩分文獻所載祖籍不一致）。 2. 訪水美里彭先生。
	上彭屋	彭（開耀派下）	陸豐縣吉康都東坑鄉黃泥嶺	汕尾市陸河縣東坑鎮	1. 水美里《彭氏族譜》及〈彭開耀公祖堂沿革誌記〉。 2. 訪水美里彭先生。
	下彭屋	彭（開耀派下）	陸豐縣吉康都東坑鄉黃泥嶺	汕尾市陸河縣東坑鎮	1. 水美里《彭氏族譜》及〈彭開耀公祖堂沿革誌記〉。 2. 訪水美里彭先生。
	隘口寮	鄭（大模派下）	潮州府陸豐縣方角都大安墟鄭厝寨	汕尾市陸豐市大安鎮	《鄭大模派下員戶長通信錄》。
新榮里	北高山頂	湯	嘉應州鎮平縣	梅州市蕉嶺縣	訪談及墓碑祖籍。
高榮里	東高山頂	陳			1. 訪談陳姓耆老。 2. 說四縣話。
	黃厝	黃（渡臺祖國良，兆慶派下）	饒平三饒南門里→黃江漳舖前港墩鄉→1748年遷彰化員林→…→1812年大金山下	潮州市饒平縣黃岡鎮	1. 黃哲門編（1994）《黃氏族譜》。 2. 目前說四縣話，祖先為閩南人（訪高榮里黃章榕先生）。
瑞塘里	埔心	宋（富麟、高麟等派下）	嘉應州長樂縣	梅州市五華縣	平鎮市宋屋所分出。乾隆9年渡臺。參吳家勳（2009：21）。
金龍里					
四維里					
埔心里	草湳陂	王（克師派下）	饒平縣元歌都城子里墩上鄉蓮塘社→新莊→南崁（1728）→平安鎮南勢庄	潮州市饒平縣新豐鎮	平鎮南勢王姓分出。王克師第三子仕甲遷安平鎮南勢庄（今金星里）建宗祠，名為植槐堂。 1. 金星里〈植槐堂興修誌〉（2005）。 2. 徐榮貴（2003）文。
光華里					
仁美里					

行政村	自然村	世居家族	原鄉祖籍地	現今行政區	備註
高山里	西高山頂	1. 鄭 （大模派下 三房）	潮州府陸豐縣方角都 大安墟鄭厝寨	汕尾市陸豐市 大安鎮	訪鄭瑞洲先生。
		2. 傅 （維清、 維松派下）	嘉應州梅縣松口鎮→ 蕉嶺縣文福鄉大坑頭 （1774年遷居）	梅州市蕉嶺縣 文福鎮坑頭村	楊梅高山頂傅姓〈維 清公脈下祖塔興建記〉 （1995）。
高山里	南高山頂	傅 （俊廷派下）	嘉應州梅縣松口鎮→ 蕉嶺縣文福鄉大坑頭 瓦屋下	梅州市蕉嶺縣 文福鎮坑頭村	楊梅高山頂《傅氏宗 譜》。
	文運	鄭 （大模派下 大房）	潮州府陸豐縣方角都 大安墟鄭厝寨	汕尾市陸豐市 大安鎮	訪談鄭姓耆老。
瑞原里	上陰影窩	1. 彭 （開耀派下）	陸豐縣吉康都東坑鄉 黃泥嶺	汕尾市陸河縣 東坑鎮	水美里《彭氏族譜》 及〈彭開耀公祖堂沿 革誌記〉。
		2. 邱 （賢富與賢 勝派下）	嘉應州長樂縣橫流渡 （安流墟舊名）李田 圓墩下利田寨	梅州市五華縣 安流鎮安流墟	瑞原里〈富勝祖塔修 建沿革誌〉。
		3. 陳			訪談：12世祖來臺。 自稱祖籍梅縣。
上田里	田子寮 （田寮 子）	沈 （開臺祖沈 開雪）	潮州府饒平縣新豐鄉 →明永曆初年入墾斗 南→楊梅	潮州府饒平縣 新豐鎮	2009/09/26訪上田里 12鄰長沈先生（口述 渡臺祖隨鄭成功來臺， 先遷斗南後遷本地， 祖父輩用潮汕話念祭 文；家中拜開漳聖王 令旗（目前為神偶）。 口述內容與楊緒賢 （1980：290）相吻合。
	溫屋	溫 （玉英派下）	惠州府陸豐縣水唇鎮 橫嶺腳	汕尾市陸河縣 水唇鎮	上田里溫春福（2001） 〈玉英公來臺沿革〉。
	田心子	1. 張 （家號張昆 和，善文派 下）	長樂縣橫坡約錫坑村	梅州市五華縣 橫陂鎮錫坑村	上田里《張氏族譜》。
		2. 黃 （新桂派下）	鎮平縣高田鄉程官都 田（高思墟程官部）	梅州市蕉嶺縣 藍坊鎮程官村	上田里〈江夏堂黃新桂 公派下豪暢祠堂重建落 成登龕紀事沿革誌〉。

行政村	自然村	世居家族	原鄉祖籍地	現今行政區	備註
上田里	營盤腳	1. 古（達先派下）	嘉應州長樂縣鯉魚江高車子	梅州市五華縣安流鎮里江村（原屬文葵鎮鯉魚江）高車子	2009/09/26訪古增坤先生。
		2. 鄭（大模派下）	潮州府陸豐縣方角都大安墟鄭厝寨	汕尾市陸豐市大安鎮	水尾里《鄭大模派下員戶長通信錄》及訪談。
豐野里	下陰影窩	陳（東浩派下二房）	嘉應州興寧縣坭坡墟→小南灣→新莊→下陰影窩	梅州市興寧市坭陂鎮	1. 曾惠琪（2007）文。2. 訪談。
員笨里	上陰影窩	1. 蔡（雲鵬派下）	嘉應州鎮平縣	梅州市蕉嶺縣	1. 訪談（3鄰鄰長）：鎮平縣→龜山→員笨。2. 墓碑祖籍及墓誌。
		2. 劉	潮州府揭陽縣	揭陽市	訪談：揭陽縣→基隆→湖口→員笨。14世祖來臺。
		3. 陳（浩東派下）	嘉應州興寧縣坭坡墟	梅州市興寧市坭陂鎮坭陂墟	1. 曾惠琪（2007）文，興寧縣→小南灣→新莊→下陰影窩。2. 訪員笨里陳先生。
	北下陰影窩	張	漳州府平和縣→惠州府陸豐縣河田圳	汕尾市陸河縣河田鎮	訪談：11世祖來臺；13世祖定居員笨。
	員笨	鄧（松傳派下）	嘉應州長樂縣黃華鄉	梅州市五華縣周江鎮黃華村	鄧奇峯（1985）《鄧氏族譜》。
富岡里	伯公岡	1. 謝	惠州府陸豐縣河田	汕尾市陸河縣河田鎮	訪富岡寶樹堂謝姓耆老。
		2. 徐（子齊派下三房）	潮州府豐順縣湯坑→惠州府陸豐縣吉康都四旗田	汕尾市陸河縣河口鎮四其田	富岡里〈東海堂徐姓子齊公派下世系及重要記事〉。
		3. 吳巫許及巫許	潮州府饒平縣澎溪（坪溪）鄉上社	潮州市饒平縣坪溪鎮（併入浮濱鎮）上社村	吳巫許及巫許均為複姓。訪談三湖里三元宮古先生。

行政村	自然村	世居家族	原鄉祖籍地	現今行政區	備註
上湖里	四湖尾	范	惠州府陸豐縣吉康都崙嶺鄉黃護寨	汕尾市陸河縣水唇鎮黃護寨	訪富岡寶樹堂謝姓耆老。
	下四湖	1. 徐（子齊派下）	潮州府豐順縣湯坑→惠州府陸豐縣吉康都四旗田	汕尾市陸河縣河口鎮四其田	富岡里〈東海堂徐姓子齊公派下世系及重要記事〉。
		2. 王（家號王合春，廷貴派下）	嘉應州鎮平縣北礤鄉石礤村	梅州市蕉嶺縣南礤鎮（現北礤鄉併入南礤鎮）石礤村	上湖里王廷貴祖塔對聯及碑文、上湖里三元宮石柱捐款名冊。
三湖里	三湖	1. 張（京喜派下）	嘉應州長樂縣梅林約黃竹壢	梅州市五華縣安流鎮伏溪村麻坑裡	張秋滿與五華縣國辦通訊資料（張智欽調查）。
		2. 古	嘉應州長樂縣小塘老屋場	梅州市五華縣安流鎮學少村下小塘	訪上湖里三元宮古先生。
	頭湖	鄒（蘭信派下）	長樂縣琴江都下洋鄉	梅州市五華縣華陽鎮	2009/09/26 訪三湖里鄒德景先生及臺北市鄒氏宗親會（1989）《鄒氏族譜（二）第參冊》。
	二湖	尹（道賢派下）	惠州府歸善縣洛淡堖	惠州市惠陽區淡水鎮古屋村（明末清初稱為洛淡堖）	道賢公派下族譜編修委員會（1989）《11世道賢公派下尹氏族譜》。
	頭湖（鄧屋）	鄧（維岡派下）	潮州府大埔縣高坡卑林大坑	潮州市大埔縣高坡鎮林大坑	2009/09/26 訪三湖里22 號鄧先生及鄧奇峯（1985）《鄧氏族譜》。
大同里	月眉山下	黃（渡臺祖國良，兆慶派下）	饒平縣三饒南門里→黃江漳舖前港墘鄉→1748 年遷彰化員林→…→1812 年大金山下	潮州市饒平縣錢東鎮港墘村或黃岡鎮	目前說四縣話，祖先為閩南人（受訪者高榮里黃章榕先生，59 年次）及黃哲門編（1994）《黃氏族譜》。
梅溪里	頭重（亭）溪	楊（麒鐸派下）	嘉應州長樂縣水寨鄉排嶺村	梅州市五華縣水寨鎮	〈弘農墓園落成誌〉。過去楊梅在地人稱楊百萬。
	大金山下	黃（渡臺祖國良，兆慶派下）	饒平縣黃江漳舖前港墘鄉，1812 年遷大金山下	潮州市饒平縣錢東鎮港墘村或黃岡鎮	1. 黃哲門編（1994）《黃氏族譜》。2. 金山街田間黃國良祖塔祖籍。

行政村	自然村	世居家族	原鄉祖籍地	現今行政區	備註
瑞坪里	矮坪子	1. 莊 （宸讓派下）	福建永春縣→廣東饒平→約 1250 年前後遷陸豐縣吉康都上沙鄉→1732 年遷臺	揭陽市揭西縣上沙鎮	1. 瑞坪里矮坪仔莊宸讓祖塔〈本塔興建沿革誌〉。 2. 楊緒賢（1980）文。
		2. 張 （元昌派下）	汀州上杭縣→鎮平縣神崗下→1845 年渡臺	梅州市蕉嶺縣長潭鎮神崗村	《村村客家文化上網》〈最新繪訊 2009/08/08〉。
	食水坑	李			說四縣話。
金溪里	二重溪	1. 鍾	嘉應州鎮平縣	梅州市蕉嶺縣	說四縣話，參賴玉玲（2005）文。
		2. 陳 （東浩派下三房）	嘉應州興寧縣坭坡墟→小南灣→新莊→下陰影窩	梅州市興寧市坭陂鎮坭陂墟	1. 曾惠琪（2007）文。 2. 訪頭重溪三元宮梁先生及。
永寧里	老坑口	黃	嘉應州梅縣	梅州市梅江區	黃坤榮先生口述。
	老坑	1. 張 （捷登派下）	長樂縣梅林崗頭嶺→揭陽河婆墟經商→彰化縣東螺東保突後街→楊梅老坑	梅州市五華縣梅林鎮	永寧里〈捷登公祖堂沿革〉。
		2. 蕭 （燕琳派下）	嘉應州鎮平縣	梅州市蕉嶺縣	訪談。
		3. 李 （聯發、文發派下）	嘉應州長樂縣高圳低坑橫坪背	梅州市五華縣安流鎮低坑管理區	永寧里〈隴西堂聯發公宗祠重新改建誌〉。
	老坑尾	李 （金發派下）	嘉應州長樂縣高圳低坑橫坪背	梅州市五華縣安流鎮低坑管理區	訪李姓耆老、坑尾李金發祖塔及〈隴西堂聯發公宗祠重新改建誌〉。
	小楊梅壢	黃 （汝政派下）	嘉應州梅縣	梅州市梅江區	黃坤榮先生口述。
	泉水窩	黃 （汝政派下）	嘉應州梅縣	梅州市梅江區	黃坤榮先生口述。
	燕子窩	黃 （汝政派下）	嘉應州梅縣	梅州市梅江區	黃坤榮先生口述。
太平里	太平山下	1. 傅 （四章堂）	嘉應州梅縣松口鎮→蕉嶺縣文福鄉大坑頭瓦屋下	梅州市蕉嶺縣文福鎮坑頭村	楊梅高山頂《傅氏宗譜》。
		2. 傅 （如順派下）	梅縣松口鎮→蕉嶺縣文福鄉大坑頭瓦屋下	梅州市蕉嶺縣文福鎮坑頭村	楊梅高山頂《傅氏宗譜》。

行政村	自然村	世居家族	原鄉祖籍地	現今行政區	備註
紅梅里	楊梅壢	（翰派下）	饒平縣芙蓉（寨）→嘉義縣→楊梅壢	潮州市饒平縣上饒鎮埧上村周坑	李勢明（2005）〈李氏維史公派下祖塋重建誌〉。（按：李翰字維史）
梅新里					
中山里					
楊明里		鄭（大模派下）	潮州府陸豐縣方角都大安墟鄭厝寨	汕尾市陸豐市大安鎮鄭厝樓	訪水美里隘口寮鄭瑞洲先生。
楊梅里					
梅江里					
東流里	崩陂下	陳（元基派下）	惠州府陸豐縣山豬湖	汕尾市陸河縣新田鎮山珠湖	賴玉玲（2005）文。
	崩陂（下梁屋）	梁	嘉應州梅縣松口	梅州市梅縣松口鎮	訪談。
	崩陂（老窩）	1.劉	惠州府陸豐縣大安墟旱田	汕尾市陸豐市大安鎮翰田村新春	說海陸客話，也能說福老話。
		2.劉（世石派下）	潮州府饒平縣	潮州市饒平縣	東流里劉姓祖塔〈玄陵佳城〉祖籍。
		3.吳（順華派下）	嘉應州鎮平縣招福鄉圓岡	梅州市蕉嶺縣三圳鎮招福村	東流里老窩山公墓吳姓至德佳城〈塔誌〉。
	水流東（上梁屋）	梁（進益派下）	嘉應州梅縣松口	梅州市梅縣松口鎮	東流里《梁姓祖譜》。
	水流東（彭屋）	彭（富彩派下）	陸豐縣吉康都五雲洞東坑上瑤前	揭陽市揭西縣五雲鎮	東流里〈興祥祖堂略誌〉。
		彭（開章派下）	1.陸豐縣吉康都東坑鄉黃泥嶺（族譜）2.陸豐縣河口大座洋東坑上屋祠東	陸河縣東坑鎮	與水美里彭開耀為兄弟。〈彭開耀公祖堂沿革誌記〉。
秀才里	秀才窩（鹿鳴窩）	林（廣臣派下）	嘉應州鎮平縣藍坊鄉大樂嶺	梅州市蕉嶺縣藍坊鎮	秀才里《林姓濟南佳城與建園滿竣工暨濟南堂重建12周年紀念特刊》。
	秀才窩	吳	汀州府永定縣奧杳	龍岩市永定區湖坑鎮奧杳村	自稱說永定腔（受訪者提到「韻亭」腔，乃永定腔之口誤）。
待查	待查	涂（廷耀派下）	惠州府陸豐縣	汕尾市陸豐市或陸河縣或揭陽市揭西縣	1.賴玉玲（2005）文。2.富岡公墓涂廷耀派下祖塔祖籍。

附表 2

新屋區各自然村世居家族的祖籍地分布

行政村	自然村	世居家族	原鄉祖籍地	現今行政區	備註
永興里	葉厝	葉（大房）	泉州府同安縣→廣東省惠州府陸豐縣橫壠寮子前	汕尾市陸河縣新田鎮橫壠寮前（目前為福老方言島）	〈葉五美墓碑：沿革誌〉墓誌。
	大牛欄	葉（大、三房）	泉州府同安縣→惠州府陸豐縣橫壠寮子前	汕尾市陸河縣新田鎮橫壠寮前	〈葉五美墓碑：沿革誌〉墓誌。
	頂大牛欄	葉（大房）	泉州府同安縣→惠州府陸豐縣橫壠寮子前	汕尾市陸河縣新田鎮橫壠寮前	〈葉五美墓碑：沿革誌〉墓誌。
	下厝	葉（大、二房）	泉州府同安縣→惠州府陸豐縣橫壠寮子前	陸河縣新田鎮橫壠寮前	〈葉五美墓碑：沿革誌〉墓誌。
	北湖	葉（二房）	泉州府同安縣→惠州府陸豐縣橫壠寮子前	汕尾市陸河縣新田鎮橫壠寮前	〈葉五美墓碑：沿革誌〉墓誌。
	中北湖	葉（三房）	泉州府同安縣→惠州府陸豐縣橫壠寮子前	汕尾市陸河縣新田鎮橫壠寮前	〈葉五美墓碑：沿革誌〉墓誌。
	下北湖	葉（三房）	泉州府同安縣→惠州府陸豐縣橫壠寮子前	汕尾市陸河縣新田鎮橫壠寮前	〈葉五美墓碑：沿革誌〉墓誌。
	沙園	葉	泉州府同安縣→惠州府陸豐縣橫壠寮子前	汕尾市陸河縣新田鎮橫壠寮前	訪談及參：沙園福德祠碑文。
下埔里	下埔頂	曾（大舉派下）	惠州府陸豐縣西山寨	汕尾市陸豐市西南鎮西山村	〈曾大舉公來臺略史暨忠恕堂修建經過〉。陸豐始祖曾祖義於明嘉靖年間，自長樂縣洛陽圍徙居陸豐縣西山。
	下埔	曾（大舉派下）	惠州府陸豐縣西山寨	汕尾市陸豐市西南鎮西山村	〈曾大舉公來臺略史暨忠恕堂修建經過〉。
	後湖	葉（四房）	泉州府同安縣→陸豐縣橫壠寮子前	汕尾市陸河縣新田鎮橫壠寮前	訪談。
永安里	郭厝（頭家厝）	郭	漳州龍溪縣昇平堡上坪鄉二十五都岱山社	漳州市華安縣沙建鄉上坪村昇平樓	永安村《郭氏家譜》及〈汾陽堂郭氏源流記要〉。

行政村	自然村	世居家族	原鄉祖籍地	現今行政區	備註
永安里	崁頭厝	1. 曾 （俊發派下）	惠州府陸豐縣西山寨	汕尾市陸豐市 西南鎮西山村	曾俊發於乾隆初年，遷居永安村。生子四：順寶、順興、順寶、順貴為永安村四房祖。
		2. 姜 （仕傑派下）	漳州府龍溪縣→陸豐縣碣石衛→陸豐縣大安墟艷墩村（鹽墩鄉鹽墩村）	汕尾市陸豐市 大安鎮翰田村 艷墩	九斗村上青埔《姜姓族譜》。
		3. 歐	泉州府同安縣	廈門市或金門	日治初年《土地申告書》。
	陳屋	陳	惠州府海豐縣公平墟手肘彎坡坎	汕尾市海豐縣 公平鎮	〈陳姓祖塔沿革記〉。
	黃屋	黃	惠州府陸豐縣青塘鄉下寬回邊	汕尾市陸豐市 大安鎮青塘村	永安村《黃氏族譜》。
石牌里	葉厝	葉	泉州府同安縣→惠州府陸豐縣橫壟寮子前	汕尾市陸河縣 新田鎮橫壟寮前	訪談。
下田里	員笨 （葉厝）	葉 （大、三房）	泉州府同安縣→惠州府陸豐縣橫壟寮前	汕尾市陸河縣 新田鎮艷壟寮前	《葉氏五美家譜》。
赤欄里	下姜厝	姜 （文能派下）	漳州府龍溪縣→惠州府陸豐縣碣石衛→陸豐縣大安墟艷墩村	汕尾市陸豐市 大安鎮艷墩村	1. 九斗村上青埔《姜姓族譜》。 2. 訪談。
	赤牛欄	1. 邱 （阿位派下）	潮州府大埔縣	梅州市大埔縣	新豐第一公墓墓碑文。
		2. 廖 （琮/宗德派下）	潮州府大埔縣三洲坑排頭	梅州市大埔縣洲瑞鎮華光村	1. 後庄《廖家祖譜》。 2.〈武威祖塔重建記〉。
石磊里	彭屋	彭 （瑞宴派下）	海豐吉康（惠州府陸豐縣水唇鎮吉龍村）	汕尾市陸河縣 水唇鎮吉龍村	〈重建彭氏族塔誌〉。
	石磊子	彭	海豐吉康（惠州府陸豐縣水唇鎮吉龍村）	汕尾市陸河縣 水唇鎮吉龍村	〈重建彭氏族塔誌〉。
	謝屋	謝	陸豐縣長崗埔尾寨	揭陽市揭西縣 河婆鎮埔尾（寨）	〈景玉公、景連公、景招公、景茂公派下佳城重建沿革〉。

行政村	自然村	世居家族	原鄉祖籍地	現今行政區	備註
石磊里	水流	羅	惠州府陸豐縣石堆頭	汕尾市陸豐市大安鎮坎石潭	〈桃園縣新屋區羅拾和豫章堂改建記略〉。
	羅厝	羅	惠州府陸豐縣石堆頭	汕尾市陸豐市大安鎮坎石潭	〈桃園縣新屋區羅拾和豫章堂改建記略〉。
	上羅屋	羅	惠州府陸豐縣石堆頭	汕尾市陸豐市大安鎮坎石潭	〈桃園縣新屋區羅拾和豫章堂改建記略〉。
後湖村	後湖塘	1. 徐（麟書派下）	嘉應州鎮平縣	梅州市蕉嶺縣	1. 墓碑祖籍及訪談。 2. 吳家勳（2009：188）。
		2. 范姜（五房）	惠州府陸豐縣吉康都崙嶺鄉→陸豐縣（應為：海豐縣之誤）公平墟庵東獅子嶺大壟口→陸豐縣大安墟鹽墩	汕尾市陸河縣水唇鎮→汕尾市海豐縣公平鎮→汕尾市陸豐市大安鎮翰田村艷墩	1.《范姜氏族譜》。 2. 韋煙灶、林雅婷（2013）：〈清代大溪墩庄閩、客宗族互動關係之探討：以姜、范姜、郭三姓為例〉，《地理研究》，58：33-74。
東明里	上庄子	范姜（二房）	同上	同上	同上。
	甲頭厝	1. 范姜（大房）	同上	同上	同上。
		2. 姜（文欽）	漳州府龍溪縣→陸豐縣碣石衛→大安墟艷墩村（鹽墩鄉鹽墩村）	汕尾市陸豐市大安鎮翰田村艷墩	〈姜興芝公派下之祖堂沿革誌〉。
	☆姜厝	姜（文欽）	漳州府龍溪縣→陸豐縣碣石衛→大安墟艷墩村	汕尾市陸豐市大安鎮翰田村艷墩	〈姜興芝公派下之祖堂沿革誌〉。
東明里	東勢	1. 范姜（三房）	惠州府陸豐縣吉康都崙嶺鄉→陸豐縣（應為：海豐縣之誤）公平墟庵東獅子嶺大壟口→陸豐縣大安墟鹽墩	汕尾市陸河縣水唇鎮→汕尾市海豐縣公平鎮→汕尾市陸豐市大安鎮翰田村艷墩	1.《范姜氏族譜》。 2. 韋煙灶、林雅婷（2013）。
	東勢（陳屋）	2. 陳（仕揚公）	惠州府陸豐縣三溪黃牛寮埔尾	汕尾市陸河縣河口鎮三溪村	〈仕揚公派下之祠堂沿革誌〉。

行政村	自然村	世居家族	原鄉祖籍地	現今行政區	備註
東明里	？	3. 傅（仙桂派下）	嘉應州梅縣松口鎮→？→惠來縣	揭陽市惠來縣	楊梅高山頂《傅氏宗譜》。
新生里	新屋	1. 范姜	惠州府陸豐縣吉康都崙嶺鄉→陸豐縣（應為：海豐縣之誤）公平墟庵東獅子嶺大壟口→陸豐縣大安墟鹽墩	汕尾市陸河縣水唇鎮→汕尾市海豐縣公平鎮→汕尾市陸豐市大安鎮翰田村艷墩	1.《范姜氏族譜》。2. 韋煙灶、林雅婷（2013）。
		2. 傅（瑞祿派下）	嘉應州梅縣松口鎮→……→惠州府陸豐縣方角都龍潭	汕尾市陸豐市	楊梅高山頂《傅氏宗譜》。
清華里	北勢	1. 范姜（四房）	惠州府陸豐縣吉康都崙嶺鄉→陸豐縣（應為：海豐縣之誤）公平墟庵東獅子嶺大壟口→陸豐縣大安墟鹽墩	汕尾市陸河縣水唇鎮→汕尾市海豐縣公平鎮→汕尾市陸豐市大安鎮翰田村艷墩	1.《范姜氏族譜》。2. 韋煙灶、林雅婷（2013）。
		2. 彭（永來派下）	惠州府海豐縣吉康都	汕尾市陸河縣北部和揭陽市揭西縣東部一帶	《彭氏族譜》。
	紅泥陂	葉	泉州同安縣→惠州府陸豐縣橫壠寮子前	汕尾市陸河縣新田鎮橫隴寮前	訪談。
		姜	漳州府龍溪縣→陸豐縣碣石衛→大安墟艷墩村	汕尾市陸豐市大安鎮翰田村艷墩	1. 訪談及新屋九斗村上青埔。2.《姜姓族譜》。
	泉州厝	1. 游	漳州府詔安縣龍潭鄉	漳州市詔安縣秀篆鎮龍潭村	訪談。
		2. 劉（日萬派下）	潮州府饒平縣石井鄉慶楊樓	潮州市饒平縣饒洋鎮石井村	《劉氏大宗譜》。
頭洲里	富九	姜	漳州府龍溪縣→惠州府陸豐縣碣石衛→陸豐縣大安墟艷墩村	陸豐市大安鎮翰田村艷墩	1. 訪談及新屋九斗村上青埔。2.《姜姓族譜》。
	青草陂	姜（仕俊-朝坤、啟哲派下）	同上	同上	同上。

行政村	自然村	世居家族	原鄉祖籍地	現今行政區	備註
頭洲里	犁頭洲	1. 姜 （仕俊 - 朝鳳、文迎派下）	同上	同上	同上。
		2. 麥 （鐵杖後裔）	惠州府陸豐縣長江鄉坎石潭	汕尾市陸豐縣大安鎮坎石潭村	1. 富岡公墓麥氏〈建塔銘誌〉。 2. 吳家勳（2009），頁 164-165。
		3. 陳 （百九公）	潮州府饒平縣元歌都嶺腳社嶺腳鄉蝙蝠山下石塘邊	潮州市饒平縣上饒鎮	〈陳氏百九公祠堂重建碑〉。
九斗里	九斗	羅 （允玉派下）	惠州府陸豐縣大安墟方角都上寮鄉	汕尾市陸豐市大安鎮上寮村	1. 羅氏墓園〈祖塔重修碑〉。 2.《祭祀公業羅允玉派下族譜》。
	羅厝陂	羅 （允玉派下）	同上	同上	同上。
	上青埔	1. 姜 （公喜派下）	漳州府龍溪縣→惠州府陸豐縣碣石衛→陸豐縣大安墟艷墩村	汕尾市陸豐市大安鎮翰田村艷墩	《天水堂姜姓族譜》。
		2. 羅 （允玉派下）	惠州府陸豐縣大安墟方角都上寮鄉	汕尾市陸豐市大安鎮上寮	1. 羅氏墓園〈祖塔重修碑〉。 2.《祭祀公業羅允玉派下族譜》。
埔頂里	銀店	呂 （建良、建州派下）	潮州府豐順縣錫灘	梅州市豐順縣湯西鎮錫灘村	〈呂氏開臺第拾、拾壹世祖墓誌〉。
	水碓	呂	豐順縣錫灘	梅州市豐順縣湯西鎮錫灘村	〈呂氏開臺第拾、拾壹世祖墓誌〉。
	莊屋 （上莊屋及下莊屋）	莊 （元卿派下）	福建永春縣→廣東潮州府饒平縣→約 1250 年前後遷陸豐縣吉康都上沙鄉→乾隆年間遷臺	揭陽市揭西縣上沙鎮	1. 楊緒賢（1980）文。 2. 莊吉時（2009）〈莊姓堂號考〉。 3. 訪談（說海陸客話）。
	埔頂	謝	嘉應州長樂縣平安鎮	梅州市五華縣棉洋鎮平安村	埔頂村《謝氏族譜》。
埔頂里	☆紅瓦厝	許 （錦天派下）	惠州府陸豐縣豐過都（坊廓都之誤）大安屯寬塘隴許厝鄉	汕尾市陸豐市大安鎮磁西管區安香村	紅瓦厝《許氏族譜》。

行政村	自然村	世居家族	原鄉祖籍地	現今行政區	備註
社子里	社子	1.廖	惠州府陸豐縣吉康都徑尾樓下	汕尾市陸河縣水唇鎮吉龍村	社子《廖氏系統冊》。
		2.彭（廷球派下）	惠州府陸豐縣五雲洞大盛嶺黃田祠	揭陽市揭西鎮五雲鎮大盛嶺	莊吳玉圖（2008）《彭氏大宗譜》。
	呂屋	呂（潮興派下）	潮州府豐順縣錫灘	梅州市豐順縣湯西鎮錫灘村	〈呂氏開臺第拾、拾壹世祖墓誌〉。
	下呂屋	呂	潮州府豐順縣錫灘	梅州市豐順縣湯西鎮錫灘村	〈呂氏開臺第拾、拾壹世祖墓誌〉。
	番婆坆	徐（子堅派下）	惠州府陸豐縣四旗田	汕尾市陸河縣河口鎮四旗田（四其田）	〈社子徐家公廳譜序〉。
望間里	牛角灣	李	嘉應州長樂縣	梅州市五華縣	按：牛角灣為福建北部畬族李姓所標誌的祖居地。訪林業試驗所李先生。
	曾厝	曾	揭陽縣	揭陽市榕城區或揭東區	1.訪集義祠曾先生。2.富岡公墓墓碑祖籍。
	十五間	羅	惠州府陸豐縣大安墟方角都上寮鄉→九斗村→望間村	汕尾市陸豐市大安鎮上寮	訪談十五間羅先生及現場對照《祭祀公業羅允玉派下族譜》。
	十五間尾	1.彭（廷求派下觀妹支系）	陸豐縣五雲洞大盛嶺黃田祠	揭陽市揭西縣五雲鎮大盛嶺	莊吳玉圖（2008）《彭氏大宗譜》。
	邱屋	邱	潮州府豐順縣	梅州市豐順縣	基碑墓誌。
大坡里	大陂	李（李翰派下李元樞房）	潮州府饒平縣芙蓉（寨）→嘉義縣→楊梅壢→15世祖李元樞遷新屋大坡/陂	潮州市饒平縣上饒鎮埧上村周坑	李勢明（2005）：〈李氏維史公派下祖塋重建誌〉。案：維史為李翰字也）。
大坡里	大陂（三角堀）	1.彭（廷求派下勝房支系）	陸豐縣五雲洞大盛嶺黃田祠	揭陽市揭西縣五雲鎮大盛嶺	莊吳玉圖（2008）《彭氏大宗譜》。
		2.鄧	嘉應州長樂縣	梅州市五華縣	訪談。
		3.許	惠州府陸豐縣豐過都（坊廓都之誤）大安屯寬塘隴許厝鄉	汕尾市陸豐市大安鎮磁西管區安香村	1.紅瓦厝《許氏族譜》。2.訪談。
		4.徐（子乾派下）	潮州府豐順縣湯坑→惠州府陸豐縣吉康都四旗田	汕尾市陸河縣河口鎮四其田	大坡村〈東海堂徐姓子乾公宗祠沿革〉。

行政村	自然村	世居家族	原鄉祖籍地	現今行政區	備註
楝樹里	桂竹林	1. 徐	惠州府陸豐縣河口鎮楓樹閣、四旗田	汕尾市陸河縣河口鎮楓樹、四其田	〈徐宗取公宗祠沿革〉。
		2. 徐（家號徐三和。啟旺派下）	惠州府陸豐縣吉康都三溪鄉南丫甲龍船石下	汕尾市陸河縣河口鎮南丫甲	楝樹村徐金龍主編（1984）：《徐氏族譜》。
	上楝樹	徐	惠州府陸豐縣河口鎮楓樹閣、四旗田	汕尾市陸河縣河口鎮楓樹、四其田	〈徐宗取公宗祠沿革〉。
楝樹里	楝樹山	徐	惠州府陸豐縣河口鎮楓樹閣、四旗田	汕尾市陸河縣河口鎮楓樹、四其田	〈徐宗取公宗祠沿革〉。
	下楝樹	1. 徐	惠州府陸豐縣河口鎮楓樹閣、四旗田	汕尾市陸河縣河口鎮楓樹、四其田	〈徐宗取公宗祠沿革〉。
		2. 陳	嘉應州長樂縣	梅州市五華縣	吳中杰（1999）文。
笨港里	上笨子港	黃	惠州府陸豐縣下硁鄉營前寨（吉康都五雲洞下硁營前寨）	揭陽市揭西縣五雲鎮營前寨	〈黃氏家廟落成紀念碑〉。
	笨子港	1. 黃	惠州府陸豐縣下硁鄉營前寨（吉康都五雲洞下硁營前寨）	揭陽市揭西縣五雲鎮營前寨	〈黃氏家廟落成紀念碑〉。
		2. 李（到派下）	泉州府同安縣	廈門市或金門縣	訪楊梅區上田里隴西堂李先生及祖塔祖籍。
	下笨子港	黃	陸豐縣下硁鄉營前寨（吉康都五雲洞下硁營前寨）	揭陽市揭西縣五雲鎮營前寨	〈黃氏家廟落成紀念碑〉。
笨港里	榕樹下	黃（新庄派下）	陸豐縣下硁鄉營前寨（吉康都五雲洞下硁營前寨）	揭西縣五雲鎮營前寨	1.〈黃氏家廟落成紀念碑〉。 2. 渡臺第 10 世祖黃新庄祖塔
深圳里	深圳	李	同安縣坑口鎮	廈門市	訪談及墓碑祖籍。
	王厝店	王（王待派下）	同安縣	廈門市或金門縣	訪談及墓碑祖籍。
	深圳頭	1. 徐	海豐	汕尾市	訪談及墓碑祖籍。
		2. 李	同安縣坑口鎮	廈門市	訪談及墓碑祖籍。

行政村	自然村	世居家族	原鄉祖籍地	現今行政區	備註
後庄里	後庄尾	葉（大牛欄葉家二房）	泉州府同安縣→惠州府陸豐縣橫壠寮子前	汕尾市陸河縣新田鎮橫隴寮子前	訪談及墓碑祖籍。
	後庄姜厝	姜（朝璋、公成派下）	漳州府龍溪縣→惠州府陸豐縣碣石衛→陸豐市大安墟鹽墩鄉鹽墩村方角都	汕尾市陸豐市大安鎮翰田村艷墩	《十一世渡臺始祖-姜朝璋公派下族系表》（族譜）。
	後庄葉厝	葉（大牛欄葉家二房）	泉州府同安縣→惠州府陸豐縣橫壠寮子前	汕尾市陸河縣新田鎮橫隴寮子前	訪談。
	後庄	林	潮州府饒平縣三饒鎮溪東區楓頭林村	潮州市饒平縣三饒鎮溪東區楓頭林村	訪談及墓碑祖籍。
蚵間里	吳厝	吳	泉州府同安縣	廈門市或金門縣	訪談吳厝吳姓耆老。
	蚵殼港	許	泉州府同安縣	廈門市或金門縣	墓碑祖籍及訪談。
	三塊厝	1. 許	1. 泉州府同安縣馬厝巷（為馬厝的原名）	廈門市翔安區馬厝鎮	墓碑祖籍及訪談。
		2. 許	2. 泉州府南安縣	泉州市南安市	墓碑祖籍及訪談。
		3. 張	3. 泉州府同安縣（入贅許姓）	廈門市或金門縣	墓碑祖籍及訪談。
	羊寮（楊）港	吳	泉州府安溪縣	泉州市安溪縣	訪談羊寮港林先生（代管吳姓祖厝）及祖先牌位。分東吳與西吳兩支系。

參考文獻

不標撰人，2009，〈螺河〉，《維基百科》。

2010/1/17 節錄自：http://zh.wikipedia.org/zh-tw/%E8%9E%BA%E6%B2%B3

李科旻，2016，《清代新竹鳳山溪流域個音系社群與「閩人濱海，客家近山之形成」》。新竹：新竹縣政府文化局。

李科旻、韋煙灶、黃敏羚，2018，〈新竹鳳山溪流域地名與客、閩族群分布之探討〉。《新竹文獻雜誌》69：84-123。

林雅婷，2009，〈桃園縣新屋地區族群互動關係之探討〉，97年度大專學生參與專題研究計畫結案報告，頁 1-41。

洪惟仁，2016，〈臺灣的社會地理語言學及其理論〉。《臺灣語文研究》11（1）：115-168。

韋煙灶、程俊源、許世融，2016，〈「明代閩人遷陸豐；清代陸豐人渡臺」之關聯性初探〉，《2016桃園學研討會》，頁 70-103。

韋煙灶，2009，〈桃園地區粵東移民分布的地理意涵解析：以觀音、新屋、楊梅三地調查為例〉，《行政院客家委員會獎助客家學術研究九十八年度計畫成果報告》，頁 15-16。

韋煙灶、張智欽，2002，〈臺灣漢人之堂號：兼論閩南人與客家人堂號之差異〉。《宜蘭技術學報人文社會專輯》9：12-28。

韋煙灶、曹治中，2008，〈桃竹苗地區臺灣閩南語口音分布的區域特性〉。《地理學報》53：41-71。

韋煙灶、林雅婷、李科旻，2009，〈以地圖作為研究工具來解析臺灣閩、客族群分佈的空間關係：以桃園新屋與彰化永靖的比較為例〉，《第十三屆臺灣地理學術研討會論文集》，頁 B3：1-22。

韋煙灶，2015，〈北桃園地區的閩客族群分布的空間特色〉，《「發現地方想像族群」：2015桃園區域研究研討會》，頁 9-30。

施添福，1990，〈清代竹塹地區的土牛溝和區域發展：一個歷史地理學的研究〉。《臺灣風物》40（4）：1-68。

許世融、韋煙灶、黃敏羚，2018，〈臺中市大甲溪中游四區地名與客、閩族群分布之關係〉，《2018年臺中客家文化學術研討會》，頁 1-27。

胡捷、何忠蓮編，2008，《廣東省地圖集》。廣州：廣東省地圖出版社。

柯志明，2003，《清代臺灣族群政治與熟番地權》。臺北：中央研究院社會學
　　研究所。

莊榮龍，1989，〈本塔興建沿革誌〉（楊梅區瑞坪里矮坪仔莊宸讓祖塔墓誌）。

張紅主編，2008，《廣東省地圖冊》。北京：中國地圖出版社。

張智欽、韋煙灶、林雅婷，2009，〈桃園縣新屋地區族群互動關係之探討〉，
　　《第八屆兩岸傳統民居理論學術研討會》，頁 59-77。

啟明宮重建委員會，1983，〈啟明宮重建沿革志〉（楊梅區新榮里啟明宮）。

黃振標，1978，〈頭重溪三元宮沿革誌〉（楊梅區梅溪里頭重溪三元宮）。

蔡武晃，2008，〈臺灣桃園縣客家地區的輪值祭祀組織：以溪南溪北八本簿為
　　例〉，《粵東客家地域社會與文化學術研討會》（梅州：嘉應學院客家研
　　究院），頁 1-12。

楊名龍，2005，《新屋水流軍話與海陸客語雙方言現象研究》。臺北市立教育
　　大學應用語言文學研究所碩士論文。

楊緒賢，1980，《臺灣區姓氏堂號考》。南投：臺灣省文獻委員會。

潘家懿、鄭守治‧2010，〈粵東閩語的內部差異與方言片劃分的再認識〉。《臺
　　灣語文研究》5（1）：145-165。

劉業華、葉雁鈴編，2003，《廣東省地圖冊》。廣州：廣東省地圖出版社。

葉雁鈴編，2008，《廣東省地圖冊》。廣州：廣東省地圖出版社。

賴文英，2004，《新屋區呂屋豐順腔客話研究》。國立高雄師範大學臺灣語言
　　及教學研究所碩士論文。

賴玉玲，2005，《褒忠亭義民爺信仰與地方社會發展：以楊梅聯庄為例》。新
　　竹：新竹縣政府文化局。

譚其驤主編，1996，《中國歷史地圖集：第八冊清時期》。北京：中國地圖出
　　版社。

南庄地區開發與賽夏族群邊界問題的再檢視 *

胡家瑜、林欣宜

一、文化與歷史的對話

　　對於文化與歷史間複雜糾葛的相互作用關係，薩林斯（Marshall Sahlins）曾在《歷史之島》（Islands of History, 1985）中做過深刻的剖析。在該書一起始，他就強而有力的提出：歷史隨著事物意義體系而被文化所建構，由於社會的不同而有差異；反之亦然，文化也被歷史所建構，因為「意義」必須透過行動而一再被重新評價。至於，歷史與文化這二個相對的面向，究竟如何在社會生活中整合？他則認為必須落實在歷史的主角——人——的行動中達成。一方面因為人會依據既有的思維模式來理解周遭環境和組織行動計畫，並且賦予事物意義，因此文化會在歷史行動中再生；另一方面人也必然隨著實際行動狀況的需要，主動而有創造性地調整原有思考觀念，因此文化也會在歷史行動中改變（Sahlins 1985：viii）。

* 本文原刊登於《臺大文史哲學報》，2003，59 期，頁 177-214。因收錄於本專書，略做增刪，謹此說明。作者胡家瑜曾任國立臺灣大學人類學系教授；林欣宜現任國立臺灣師範大學歷史學系助理教授。

　　從動態對話的觀點來探討文化體系的歷史建構過程，或是由不同文化思維的角度來理解歷史行動的意義，想法雖然很吸引人，但真正落實在一個具體的研究課題上卻並不容易。原因一方面是這二個領域的研究者——歷史學者和人類學者——本身對於資料掌握和解讀能力的偏向發展，另一方面則是因為二者在視野、方法和關注問題上的差異。人類學者的精力大多放在實地田野資料的採集、分析和詮釋，對於不同時代文字記錄資料的蒐集和解讀能力，遠遜於歷史學者；而歷史學者從文獻材料出發，理解過去事件的發展和解釋，但對於不同文化邏輯思考造成的行動差異，卻難有足夠的理解和掌握。二者之間的落差，也可以說是學科取向和學門特性的不同表現。

　　不過，人類學與歷史學研究仍具有一些共通的本質：二者都需要處理異己的社會；如同李維史陀所言，無論是基於空間距離而衍生的異己、或是時間距離而衍生的異己，二者都必須面對「異己再現」的問題（Levi-Strauss 1963：16）。雖然「真實」的再現，近 30 年來已被視為一種現代性的神話，因為再現的過程無法避免一定具有材料的片斷性，以及觀看角度的局限性；但是，如何增加對再現對象更廣泛、或更深入的理解？或者，是否能夠讓不同材料和不同觀點在共同議題討論上有所交集？這些應該還是人類學者與歷史學者可以思考，並且值得努力尋求超越之處。因此，本文將試著以一個小的區域範圍——南庄地區——當作一個具體對話的空間範疇，並且以當地活動的主要原住民群體——賽夏族——族群邊界形塑與區域開發的歷史過程作為關注焦點。希望透過歷史檔案、民族誌記錄、以及族群內部詮釋資料等多元觀點材料的綜合運用，重新解讀記錄者與被記錄者的情境位置；並藉著檢視不同時代階段國家政策、地方資源、和人群互動的變化，進一步思考當地歷史發展、「賽夏」社會文化性質、和族群邊界之間的關聯。

二、南庄地區與「賽夏族」作為對話焦點

　　以中港溪上游南庄地區和當地原住民作為對話的焦點，有二個特別的考慮因素。第一，南庄地區向來是賽夏族南群的主要分布區域，這個地區在地理上距離清代以來設定的「番界」——土牛線和三灣屯隘——不遠，自清代中葉以來，國家勢力、漢人移墾和山區資源開發衝擊等外部勢力逐步增強之下，可以作為我們觀察此一地區轉變的焦點。第二，隨著「界線」的區隔和移動所造成區域內複雜的人群流動過程，南庄地區的原住民社會內部也相對地呈現錯綜複雜的族群文化現象；其中，有關當地原住民——現今所稱「賽夏族」的分類界定、移動變遷、與漢人密切的往來關係、和族群意識表現等問題，正是反映區域獨特互動性的重要議題。

　　「賽夏族」的族群邊界（ethnic boundary）是什麼？這個問題的產生，與一般概念中認為「賽夏族」與周邊其他文化群體，在日常生活表現上沒有鮮明的區隔有關。許多文獻記錄經常提到「賽夏族」和鄰近的閩南人、客家人、或是泰雅族人，都保持相當密切和友好的關係。歷史材料中看到南庄原住民的時候，也總是提到他們的漢化程度很深，除了可以看到他們使用漢式姓名、與漢人通婚、同時也有收養子和義子的習慣。因此，從血緣的角度看來，似乎很難有所謂「純粹」的賽夏人。尤其，文獻記載南庄地區原住民部落，從清末劉銘傳開山撫番的時期，就有國家力量影響部落頭目的選充；記錄中出現的幾個南庄地區頭目，幾乎都是被收養的漢人。這樣的現象讓人不禁想要問：「賽夏族」究竟是不是一個「族」？如果是，賽夏的「族群邊界」是以什麼樣的機制（institution）維持？而清末以來，逐漸增強的外來行政或軍事力量又帶給原住民本身什麼樣的影響？由於這些問題正好是人類學與歷史研究者共同感興趣的課題，因此以下將以南庄地區的歷史文化變遷作為具體課題，在對歷史材料進行反芻及對文化行為的觀察之間，開始我們「對話」的嘗試。

三、文字材料與南庄地區「開發史」

雖然我們的問題焦點在於維持「賽夏族」族群邊界的機制為何？但「賽夏族」及其他諸多原住民族的名稱，就臺灣的原住民研究而言，不過是近一世紀來的產物。雖然如此，我們仍用後溯方便的看法稱之為「賽夏」，他們出現在歷史文獻中的場合，大多與進入「賽夏族」分布區域的漢人活動有關係。此一現象主要是因為，與賽夏族相關的文獻，除了日本時代以後才出現的直接針對「賽夏族」進行觀察的人類學民族誌及田野記錄外，主要皆分散在各方志、清代中期以來的官府行政記錄，以及地契之類的古文書之中。

對於南庄地區歷史的研究，本文使用的史料主要是官方的檔案，包括《淡新檔案》、地方志、實錄、日本時代的調查報告；在民間文書方面，則主要以契字古文書為主。這些資料的性質主要為地方官府的治理記錄及漢人開墾的土地交易資料，利用這些材料所建構出來的南庄地區原住民的歷史圖像，其實是「外人」眼中看到的原住民。這種歷史研究的視野基本上強調的是文字資料中所見到的原住民社會在外力衝擊下的改變，這和人類學家直接對沒有文字的原住民作調查研究，強調原住民社會本身由內部反應外來的影響，兩者所看到的東西是不同的。這類性質的歷史材料對於建構賽夏族的主體性，或者賽夏族社會的整體性，具有相當程度的困難。但是，不同族群之間的互動，或許正是促使「賽夏」人的群體意識和族群邊界逐漸固定下來的原因之一。因此，要了解南庄地區賽夏族社會的背景及轉變，不得不以漢人開發南庄地區所留下的歷史記錄開始談起。

南庄地區的「開發」，和其所屬流域中港溪的發展具有十分密切的關係。南庄位在中港溪上游，中港溪沿途向西流經田美、三灣、珊珠湖、斗換坪、頭份、竹南等地出海，地形則由沿海平地向東方山區逐漸緩升，在南庄的高度約莫 400 餘公尺左右。再往中港溪上游的大東河及南河上游走，則可高達海拔

1000 公尺以上。南庄則位在中港溪兩條支流南河及東河的交叉口，也可以說
是出入南庄內山地區的門戶所在。沿著中港溪上游的大東河、南河，及南河支
流小東河的河谷，則有零星的平坦地帶可供農作。現今南庄對外的交通，主要
依賴公路運輸，最簡單的方式是沿著中港溪沿岸出入，此外，也可以從獅潭越
過仙山沿南河到八卦力及蓬萊的方式，或從新竹五峰翻越山嶺從六隘寮一帶進
入。對於早期慣於行走山路的原住民而言，因不受公路建設的限制而有更多山
徑道路可供選擇。從地圖上可見，南庄是進出廣大東南山區與西部緩丘平原的
交匯點。（參見圖 1）

　　由於南庄的交通路線和中港溪有密切的關係，漢人的開墾也因此大多循著
中港溪向內山方面前進。最早勉強與中港溪周邊有關的記錄，大概是 18 世紀
初江日昇的《臺灣外記》（1704）中曾提到在永曆 16 年（1662），鄭成功實

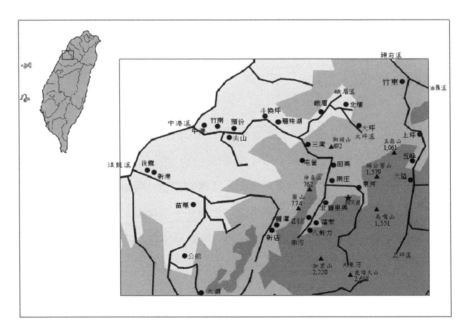

圖 1：南庄地區示意圖

施「撫番」，各社置通事，徵收社餉；後龍、新港、竹塹等社受撫。永曆 36 年（1682；康熙 21 年），為了防止清人犯臺，鄭克塽徵用「番力」輸送軍需，各社不論男女老幼均為差役，致使耕種失時，引起反叛騷亂，竹塹、新港等社亦參與。鄭氏令陳絳督兵撫剿反叛「土番」；受撫者回原社居住，抗拒者則率領族人遁入山地。（江日昇 1704：398）這則記錄在後來的方志中一再沿用，而且成為中港、新港等社人潛入三灣，竹塹附近各社敗退至北埔、峨眉等地說法的緣起。雖然到目前為止沒有可靠且直接的證據足以支持這樣的說法，但是地緣關係來看，可以合理地懷疑賽夏族和西部沿海平埔部落之間可能有一些關聯性。

　　清代番界政策的開始，主要是在康熙末年朱一貴事件之後。康熙 61 年（1722）清政府在全臺近山地區設立番界（黃叔璥 1957：167-168）。番界政策的實施立意在於分隔漢番，企圖阻絕可能發生的糾紛，尤其是漢人對原住民土地的侵墾。當時臺灣北部仍隸屬於彰化縣，北臺灣最早正式設立地方行政機構是雍正元年（1723）設立淡水廳，雍正 9 年（1731）淡水廳海防捕盜同知才正式駐紮在竹塹（即新竹）（鄭用錫 1834）。在地方行政確立之前，番界的設立對於北臺灣的影響或許有限，但一些材料還是顯露出當時清朝政府在中港溪流域的活動。例如番界中的一塊界石在「合歡路頭」，據施添福教授的考證，應位在中港溪下游的頭份尖山一帶（施添福 1990：62 註 11）。此外，乾隆 53 年（1788）的「嚴禁差役藉端擾累碑記」也提到中港一帶番田，係在雍正年間墾闢，碑記中記載的眾番佃庄包括中港、田蔘庄、三座屋、流水潭、海口庄、東興庄及香山庄（何培夫 1998：40-41）。可見至少在乾隆末年之前，中港溪下游一帶平原已經墾闢，但往東走的頭份近山一帶當時是否已經開墾，目前為止無法斷言。但是，番界界石的設立可以證實早在康熙末年之前，中港溪下游的頭份一帶便被認為是漢番出入的重要據點。

　　再往中港溪中游的珊珠湖和三灣一帶前進，到了乾隆55年（1790）年設立屯制、分撥埔地時，便有「苧蕉灣、內灣埔地及三灣埔埔地」，共59甲餘，分為新港社屯丁的養贍埔地。[1]內灣到康熙61年（1722）立的番界界石所在頭份尖山的直線距離約只有7、8公里左右，從內灣再向三灣走，也不過5公里；這些地方被選作屯地，應該與其地理位置具有控制山區的出入應有重要的關係。番屯制度的設立（1790），雖是為了因應林爽文事件而進行的，但其實相當程度地繼承了乾隆49年以來（1784）閩浙總督富綱下令進行的土地清丈事業；此次清查界外埔地的主要原因在於霄裡社武陵及馬陵埔一帶（現龍潭附近）的漢墾番業糾紛，清丈事業後來是否到達中港溪流域一帶並不清楚（臺案彙錄甲集：1；明清史料戊編：223a-225b）。但是，劃撥屯地及分撥埔地給熟番屯丁的地點，也可以作為顯示當時土地開發程度的重要指標。在分撥給新港社屯丁的界外埔地中，內灣和三灣埔地是「未墾荒埔」，而苧蕉灣埔地是「無碍荒埔」，內灣、三灣都在中港溪中游，而苧蕉灣疑似在現在苗栗縣通霄鎮朝陽村，文中所提「無碍」指的是對什麼無碍，目前並不清楚，也或許可以解釋成沒有爭議的土地。雖然目前沒有記錄顯示新港社的原住民曾經在獲撥養贍埔地後，親自開墾中港溪中游內灣、三灣一帶；但這些用語顯示至少在這段期間內，番界以東不遠處可能已經有漢人的墾拓痕跡。

　　到了嘉慶21年（1816），中港社通事、番差、土目、甲首等人招漢佃承墾山豬湖一帶（即今珊珠湖一帶），同年也有漢佃向中港社通事（即前述人等），以及向新港社番屯丁首等承墾二灣、三灣、平潭、南北埔等地；此時

---

1 出自番業主蕭瑞雲抄錄編輯（1896），《屯番魚鱗冊》，頁19及28；本文件採自中央研究院古文契書資料庫，編號f01-1-14；頁碼為資料庫所給影像編號。新港社屯丁五十二名，配有苧蕉灣埔地二十八甲二分、內灣埔地二十二甲三分六厘及三灣埔地八甲八分三厘二毛，共五十九甲餘；而中港社屯丁三十三名，則分配到塩水港埔地七十甲餘。

期與新港社養贍埔地相關的契字有些留存至今（清代臺灣大租調查書 1963：405-407、783-787）。其中一件與前述開墾珊珠湖相關的記錄出現在《淡新檔案》第一三二〇四案第一件，中港珊珠湖庄墾戶饒應惠（即饒榮光），於光緒8年（1882）稟請新竹知縣准予出示勘丈陞科、完納課賦，文件中提到嘉慶25年（1820）其父向中港社社番給墾珊珠湖老崎青山地方。雖然在時間上有些出入，但大體上可以顯示在三灣到田尾一帶河谷，亦即中港溪由南向北流經田美後向左轉折，到三灣再向右（即朝北方向）轉折的兩個大轉彎之間的地帶，至少在 19 世紀初期的嘉慶年間已有漢人陸續開墾。不過，至此時期為止，文獻中出現的原住民大體上都還是西部平原的原住民（「熟番」）。

至於在更上游南庄地區的開墾，則不得不提到黃祈英家族的發展。據說黃祈英在嘉慶 10 餘年（1805 後）進入斗換坪，除了擔任「番割」進行與原住民之間的物品交換貿易外，還和原住民頭目樟加禮結交，並娶其女，還擁有一個番名「斗阿乃」，所以亦名「黃斗乃」。據黃祈英的曾孫黃錬石的描述，南庄地區開發之始，乃黃祈英邀他的朋友張大滿、張細滿（即張有淮之曾祖，張有[幼]淮是清末南庄著名土目之一）一同進入南庄田美一帶開墾。[2] 黃祈英的故事鮮明地說明漢人和原住民之間的可能互動景象。而這裡提到的原住民，便是今日賽夏族的祖先。

黃祈英的事業後來因為捲入道光 6 年（1826）4、5 月間發生在彰化的分類械鬥而一蹶不振。黃祈英等「內山著名番割」被指控窩藏在淡水廳內的匪徒，

---

2 黃錬石為黃祈英曾孫，曾於 1899 年獲頒紳章，最高曾任新竹辨務署第二十二區街長。本文件確實書寫年代不詳，但據其自署名為田尾南庄村長來看，應在 1896 年後。引自黃煉（錬）石著、伊能嘉矩抄錄，〈奉查南庄開關緣由序〉，收於臺灣大學藏伊能文庫「臺灣地理資料：新竹、苗栗、臺中、彰化、嘉義、臺南、鳳山、恆春」，微捲編號 T0021/58。黃錬石履歷則參考鷹取田一郎執筆，《臺灣烈紳傳》（臺北：臺灣總督府，1916 年），頁 146-147。

而且「率令生番出山助鬥」，因此在清軍指揮下籠絡通番語的蔡小滿，給發賞格，讓他傳諭「番眾」將「內山匪徒縛獻」，因此有消息通報黃祈英等十餘人當時藏匿在都立口（即都壢口，接近田尾）。黃祈英等被逮捕之後處以凌遲梟斬之刑（孫爾準 1987：688、699-700）。《宣宗實錄》中記載清政府處置這次事件的方式，主要是派撥 60 名熟番屯丁駐紮大北埔（位於三灣東南方，今小北埔東），設立屯弁防守。該地的民墾荒埔，則酌科租穀撥充屯丁口糧，黃斗乃開墾的五甲埔地亦充歸屯弁耕種，其他各犯開墾之番地則還歸番有，另外選定正副通事、土目負責在隘口進行漢番之間的交易（清宣宗實錄選輯 1964：53-54；孫爾準 1987：708）。另外在中港溪中游增設汛防，將鎮標左營調撥外委一員及步戰兵四十名移駐斗換坪，歸北路右營遊擊管轄（孫爾準 1987：377）。

　　三灣屯的設立，是閩浙總督孫爾準為處置黃祈英事件決定的善後措施之一，其目的主要在於徹底地控制中港溪上下游之間的交通、及原住民和漢人之間的貿易。此次事件除了充分顯露出清廷對易於窩藏盜匪的「內山」地區的顧慮，尤其對介於漢人和生番之間的「番割」不信任，其考量或許如其所宣稱乃顧慮此類人等將會成為擾亂番社秩序的禍源；又或成為漢人源源不絕進入山區的仲介；更甚者，他們可能提供番社違禁武器，一旦原住民和邊區開墾的漢人發生衝突時，可能造成嚴重的後果。尤其在番割往往擁有生番奧援的狀況下，番割可能是實際開墾邊區地帶的領袖之一，不但影響開墾勢力分布，更對清政府控制邊區造成威脅。但是，在全臺設屯近 40 年後，孫爾準仍然想要藉由設屯的方式，控制漢番交界隘口的秩序；雖然將番界的位置由頭份移向上游三灣一帶，卻仍然只是墨守成規。現今三灣地區仍留有「屯營」的地名，在三灣以南約兩公里處；回顧前述嘉慶 21 年（1816）漢佃向新港社及中港社番請墾三灣以東番地及養贍埔地的開墾歷史，可知三灣屯的設置，只是在已經不甚穩固

的乾隆 55 年（1790）番屯制基礎上，試圖稍微補強而已。據同治 10 年（1871）
《淡水廳志》的記載，在道光 6 年以後三灣設有一隘，此時的記錄顯示隘丁有
四十二名，屯把總仍然照舊（淡水廳志 1963：47-48）。可見至少在 1870 年
代之前，三灣屯的經營僅剩一名把總，實際上則轉變成墾隘，後來成為漢人開
墾，尤其是清廷亟欲禁絕的黃家勢力進入山區的管道之一。

　　在竹塹城方面，當地士紳在道光 6 年倡議捐建石城，以及後來金廣福的成
立，主要的考慮之一也是為了整頓竹塹城東南方面的安全。這些事件，應該
和道光 6 年的閩粵械鬥有一定的關係。[3] 道光 6 年時清政府對黃祈英事件的處
置，主要希望藉由設立屯兵駐守，控制漢番之間私下進行物品及土地租贌、胎
典等交易。但是黃祈英家族在南庄的勢力卻沒有因此而完全被掃除，主要是因
為他的兩個兒子允明和允連，藉著充當三灣屯社丁的方式在道光 12 年（1832）
得以繼續往南庄開墾。前述閩浙總督孫爾準的奏摺中提到黃祈英「所娶番婦已
身故，無子、亦無財產，其私開荒埔係在界外，毋庸斷給死者之家」（孫爾準
1987：706）；顯然係黃祈英家屬用計逃過了此一生死劫難，陳運棟先生用黃
家公廳祖公牌位及相關史料等排出黃家系譜，充分顯示出黃祈英的兒子們不僅
安好，而且在不久之後便展開他們的土地開墾事業（陳運棟 1997）。

　　黃允明、黃允連用墾底銀一百元的代價，在當地墾戶張肇基的建議之下，
以承充「社丁」之名，向竹日武三屯把總向仁鎰取得開墾都壢口沿河一帶的「永

---

3 據道光 6 年（1826）11 月來臺處理械鬥善後事宜的閩浙總督孫爾準奏摺云，除臺灣
（即現在臺南）及嘉義舊有磚城之外，道光 4 年（1824）巡臺之際便曾親勘驗收彰化
磚城及噶瑪蘭土城竹圍，而次年 7 月鳳山縣的石城也開始興工，惟有淡水廳僅係原有
土城，奏摺中提到：「現據該處紳士林平候、林萬生等呈請照鳳山縣之例捐資建造磚
城，並捐番銀三萬圓，以為眾倡，臣查淡水塹城庫藏監獄皆在其內，自應建築磚城以
資保障」。淡水廳石城的建設在當時全臺各城中是最晚的，若非道光六年械鬥案的發
生，以及淡水廳士紳的倡捐，或許淡水廳石城的建築本不在清朝政府的興修名單之
列。孫爾準，《孫文靖公奏牘稿本》（約成書於 1831），（北京：天津古籍出版社，
1987），頁 287-289。

給墾批」權，據該契的描述，開墾的範圍北至獅頭山、南到西（獅）里興一帶，可說在 1830 年代便把南庄地區的主要部分，即獅頭山－田美－南庄－獅里興此一沿河地帶歸入其墾拓範圍內了（三田裕次 1988：54）。這個時代其實也是整個新竹地區的墾隘大量設立的時期；但在三灣，他們不用設隘為名，而是以道光 6 年以來設立的三灣屯的名義來取得開墾權利。到了光緒 14 年（1888）該契投稅時，契尾中記載「業戶黃允明、黃允連買向仁鎰埔地一所」。黃家的勢力不僅在這半世紀中在南庄地區落地生根，更可見證屯墾制度的式微過程。進入道光朝之後，歷史記載中南庄地區的開發便與當地生番有所接觸，但大多還只是模糊地提及「內山生番」等。但黃祈英的故事具體地說明早在官府及屯墾勢力介入之前，原住民和漢人之間早已有貿易、通婚等行為。

四、清末「開山撫番」與樟腦事業的影響

接下來一波漢人向南庄的開墾，是在清末臺灣進行「開山撫番」的時期。進入光緒朝（1875-1895）之後，一方面由於臺灣在清朝整體國防地位的轉變，清政府為積極宣示番地主權及爭取番地資源來支援臺灣防務經費，而進行全臺的「開山撫番」，另一方面也由於內山出產的樟腦資源，吸引了更多漢人以「招撫生番」之名，進入番地開墾製腦。因為開山撫番而進入南庄地區的清政府相關人員的數目，或許可以參考伊能嘉矩提供的一項數據。伊能在明治 30 年（1897）訪問南庄，並前往南庄撫墾署蒐集資料，提到南庄在清末（光緒 18 年 [1892]3 月 20 日）設有南庄撫墾分局，由史德寬擔任委員，另外還有兩名吏員及百名勇丁。相較他於 5 年後，在 1897 年當時調查的南庄人口數 323 人、戶數 91，便占有三分之一強，不可謂不多（伊能嘉矩 1996：101-102）。以上所提還只是清政府派駐南庄地區的兵勇數目，如果再加上進入開墾與製腦的漢人，可以想見對清末南庄地區當地原住民社會的衝擊必然十分巨大。

　　《淡新檔案》中有幾件與南庄地區相關的案件，可以用來說明在開山撫番時期當地原住民社會、地方官府、開山撫番軍隊以及製腦開墾的漢人之間的關係。[4] 其中一件案子提到陳禎祥（即金將興，後壠網絃仔莊人，具軍功六品）於光緒 7 年（1881）向新竹縣知縣稟告，早在光緒元年（1875）即曾「招得西里興等社拾餘社及番目拾餘人等到城薙髮歸化在案」（淡新檔案：17322.1）。陳禎祥的目的在於開墾該地荒埔，隨後附稟貼有一張光緒 6 年（1880）獅里興社及獅頭驛社番目等交付陳禎祥開墾該社埔地的地契為據，以及一紙竹塹城舖戶的保結狀（淡新檔案：17322.4, 5）。然而，在訴訟進行的當時（光緒 8 年 1882），新竹縣知縣提到社番給陳禎祥所墾獅里興等社荒埔，在某前任淡水廳同知任內便有金成福及金萬成（黃南球）兩墾號爭控西潭底山埔之舊案；此一舊案亦牽控陳禎祥，當時的淡水同知便以此為由並未核准，而當任知縣亦以慎重起見，不想「招番為名、啟爭墾地之實」；尤其「獅里興荒埔，雖與西潭底地名互異，寔則界址毗連，誠恐一波未平，又起一波，不可先為之防，只好從緩再辦」；因而駁回陳禎祥以「招番為名」准其開墾的訴求（淡新檔案 17322.6、7）。

　　由前述案例可見，南庄番地的開墾，大約早在同治 13 年（1874）牡丹社事件發生後，以欽差之銜來臺督辦防務的沈葆楨開始進行「開山撫番」之時，便有以「招撫生番」為名義在番地進行開墾之實。此處所謂光緒元年招撫的源頭，羅大春的《臺灣海防並開山日記》中提供了線索，羅大春是在沈葆楨來臺進行整頓防務時，在臺灣北部及東部進行開山撫番的主要負責人，在沈葆楨招民開墾以助邊防的政策下，他提到同治 13 年（1874）9 月 13 日淡水紳士李清

---

4 《淡新檔案》是清代淡水廳及新竹縣的公文檔案，涵蓋的年代自 1812 至 1895 年間，共有 1,143 案。見吳善祖，〈清代「淡新檔案」：臺大圖書館的新特藏〉，《中國圖書館學會會報》第 40 期，1987 年 6 月。

琳稟以桶後六社生番歸化，14 日，「曾捷春復以淡水西潭底、下樓等社男女番四百餘人名籍來，余以鞭長莫及，飭歸淡水廳受而遣之。」（羅大春 1972 [1874–1875]：27）。這裡所提的雖然是西潭（即苗栗獅潭）一帶，但和南庄內山獅里興地區其實只有一山之隔，如光緒 8 年新竹知縣所說，兩者地名或有異，但關係著實密切。羅大春所描述的語氣充分傳達當地士紳看似「熱烈響應」的複雜反應。

　　簡而言之，上述《淡新檔案》一案，是目前可見的文獻記錄中，首次出現南庄地區的生番社──「獅里興」及「獅頭驛」等社名；前面所提到的契約，也是首次以南庄地區原住民為主體和漢人簽訂的契約。而契約中出現的原住民名字──馬祿頭、鞋底、踏尾、猫合、蛙哨、色溫、加礼──此時還是以漢字音譯表示。漢人和南庄地區生番社之間的關係，因為開山撫番後開墾的加速進行而更形緊張，在一件光緒 11 年底至 12 年初（1886）的案件中，新竹總墾戶黃南球屢次向新竹知縣稟報獅（西）里興（英）生番在獅潭一帶殺害佃人的事件。黃南球提到獅潭等處乃其備資承墾、設隘防番，但在撫番為重的政策下，奉諭不准殺番，遂稟請新竹知縣下令禁止地方民人接濟生番刀銃鉛藥等（淡新檔案：17107 案）。除了可以側面觀察當時在原住民番社之間火藥、武器的流通狀況外，對獅里興社生番而言，他們和漢人之間的關係，既有合作、也有拮抗，或許也可以說明在面對漢人開墾勢力時，不見得是毫無選擇餘地的。

　　另外一個案件，則始於光緒 13 年（1887）8 月，魏慶燾代其父魏啟陞（後龍釐金局職員）向新竹縣衙門控告陳禎祥走私樟腦、偷漏釐金，並勾帶生番強擄魏啟陞的案件。次月，南庄獅里興社的土目日阿拐、絲有眉等人反向負責開山撫番的統領臺北隘勇營都司鄭有勤投訴魏啟陞強擄二名化番，鄭有勤遂移文給新竹縣知縣，要求其查辦魏啟陞是否擄番。日阿拐等人陳訴他們和陳禎祥合煎樟栳三十五擔，交給陳禎祥赴臺北發售，所得經費作為社番口糧，卻被魏

啟陞等人藉偷漏為題搶掠一空。此案演變成雙方人馬互告的局面。次年（1888年）10月陳禎祥被逮捕後，案情便宣告終結（淡新檔案：32611案）。但是，案件中許多問題仍然懸而未決，被擄化番一案並查無實情，陳禎祥也並未認罪。在當時以開山撫番為重的氣氛下，番人社會的和平成為考量的最高標準。這一個案子雖主要是因樟腦糾紛而生，卻可以看出除了原住民本身也參加樟腦的生產，與原住民勢力合作的漢人，往往藉「招撫生番」的名義，不但得以進入生番地界開墾與採製樟腦，也在開山撫番的運動之下，獲得了合法性。而南庄地區的原住民在清末這一波開墾及樟腦製造的風潮中，其實也有所獲益。前述日阿拐即以向漢人製腦者收取以腦灶數支給的「山工銀」致富，同時雇有漢佃數十名開墾水田（理蕃誌稿 1989 [1918]：175-176）。另外，也有大嵙崁撫墾總局在光緒18年（1892）給發墾單的諭示中，提到獅里興社土目絲大尾：「查該土目歸化有年，能諳耕作，督率番丁開有成田，深堪嘉尚」（臺灣私法物權編：191）。這些記錄挑戰了向來認定原住民在漢人侵墾的壓迫下必然是弱勢貧乏、無法自給更生的論述。此外，值得一提的是，在這幾個案件中，出現的南庄地區原住民已經開始使用漢式的姓名，像日阿拐、絲有眉、絲大尾等。漢式姓名的使用，在與漢人及地方官府接觸更為頻繁時，次數明顯大幅增加。從光緒6年到13年（1880-1887）的8年之間，原住民名字的變化，不但突顯出這段期間的關鍵性，更說明在原住民與漢人及清官府在接觸之後可能產生的社會內部轉變。即使不是社會本質的質變，至少也代表該地區原住民在面對外來衝擊時傳達出某種「服膺王化」的意象。

這些原住民之中，據史料記載，日阿拐生於道光20年（1840），父母原是閩南人，被賣給熟番日有來為子，後來成為南獅里興社的土目。光緒13年（1887年），經由前述之統帶臺北隘勇等營都司鄭有勤的居中引介，日阿拐被封為「社長」（每月領有口糧，需至地方衙門述職），具有合法的番社領導

權，還領有六品軍功。（三臺雜誌社採訪組 1994：56）他的發跡或許可以說是和開山撫番勢力合作之下的產物。日阿拐在光緒 18 年（1892）便向大嵙崁撫墾總局領有墾照，他的墾區稱為「聯興庄」（波越重之 1985 [1907]：187）。

　　清末北臺山區的開墾，目的主要是為了取得樟腦資源。明治 30 年 6 月 12 日（1897），伊能嘉矩從竹東往北埔大南坑方向視察的時候，看到在蕃地內設立的漢人腦寮，他描述腦寮的數量極多並和蕃社相望。而其中十之六、七是未經官署許可而私設的。伊能還特別注意到當地的非法濫伐，使得腦寮附近的山嶺都已禿濯，不只樟樹被砍伐，連其他木材也被砍作薪材，伊能認為對於將來的林業經營將造成極大的傷害（伊能 1996：86）。6 月 24 日他到南庄地區時，也到獅里興社（Sairihen 社）去訪問並參觀頭目 Tavoi 的家，他記錄到頭目平時務農，也兼做製腦工作；頭目家的規模很大，屋內已有掛鐘及洋式油燈照明，另外還張貼有漢人的「守符」。[5] 次日，伊能再到獅頭驛參觀頭目 Yuwai（有淮）的家，他記錄頭目雖然留著蕃式散髮，但身上穿著漢衫，操流利漢語，從事製腦業，並雇有一名漢人書記協助他的事業（伊能 1996：102-103）。根據這項描述，南庄地區蕃社的頭目的勢力、財富、生活方式等都和《淡新檔案》及其他文獻資料中得到的結論相符。

　　到了日本統治時代，位於蕃界內的樟腦製造業者，對於土地的使用權和所有權的疑義，或許是造成南庄事件的原因。「南庄事件」發生於明治 35 年（1902）7 月，就是以日阿拐為首，率領附近地區原住民抗日的事件。主要原因是日阿拐不滿在山場開墾的製腦者怠付山工銀，因此聯合原住民攻擊南庄支廳（理蕃誌稿 1989 [1918]：175-176）。製腦業者之所以不再向原住民繳納山

---

5 伊能所記的獅里興社頭目 Tavoi，從名字發音可以推測應該就是當時北獅里興社著名的頭名絲大尾（tapoeh'）。

工銀，亦即依據所熬樟腦灶數所給的和蕃權利金，可能是認為在日本統治態勢穩固後，製腦者已經不需要向賽夏族人取得開墾蕃地，即「國有地」的承諾了（林欣宜 1999：130-131）。南庄事件後，隨著隘勇線的前進，及因南庄事件後廢耕的田園復耕，日阿拐原有八十八甲既墾地被沒收，於明治 37 年（1904）1 月編入普通行政區，2 月時，再依臺灣總督府指示，把竹南一保北獅里興社、獅頭驛社等地，以遺漏的「舊普通行政區」名義追補編入，編入地籍時不再以「社」、而改以普通行政的「街庄」為單位（理蕃誌稿 1898 [1918]：333-336）。

　　從以上清代以來南庄地區的開發歷史來觀察，可以見到原本原住民的土地利用形態，在經過漢人開墾、製腦的勢力及國家軍隊進入後，隨著蕃地屬性的界定，以及國家勢力對蕃地的逐步掌握，因此也相對地使得原本原住民的土地使用權利或所有權利的概念，產生了極大的衝擊。這個過程隨著清末開山撫番到日本殖民政府開發蕃地延續地發展，也更加強化。在此區生活的原住民，也隨之不斷面臨新的競爭挑戰和資源條件的變化。

五、「賽夏」分類定名與群體意識的變化

　　目前所界定的賽夏族，主要聚落分布在新竹縣五峰鄉、苗栗縣南庄鄉和獅潭鄉一帶淺山地區。[6] 這一群原住民，1906 年日本總督府進行戶口統計時，人口不到 800 人，僅占當時原住民人口比例的 0.65%；至 2001 年，據行政院原住民委員會統計，賽夏人口約 4,761 人，也僅占原住民總人口的 1.1%。[7] 雖然，

---

6 目前賽夏大約還有半數人口居住在這個區域；另外估計有半數遷移到外縣市，或是鄰近的城鎮中居住；參考林修澈 2000：308。

7 原住民人口，又僅占全臺灣人口比例的 1.2%。參考原民會網頁 http://www.apc.gov.tw。

在近一百年來的資料記錄中，賽夏族一直是人數很少的小群體；不過，他們的語言、社會組織、宗教祭儀、和神話傳說等，卻一直保有可與周邊其他族群相互區辨的獨特性。這樣的現象，對比 19 世紀以來南庄地區複雜發展變化的政治經濟情境，促使賽夏人很早開始與主流社會密切互動而不斷改變生活形態，如擔任隘丁、經營樟腦事業、種稻種茶、開採煤礦、林場伐木、經濟作物生產、和近年的民宿觀光經營等，顯得相當特殊。尤其自日本時代起，基於山地開發、管理等原因，賽夏聚落分布範圍就被國家勢力切割為二半，分別劃在「平地普通行政區」或「山地特別行政區」二類不同的行政版圖中。五峰一帶屬於山地區，南庄、獅潭一帶屬於平地區；而二區的賽夏人在官方戶口登記中，也隨著居住地點的不同，而被曖昧地夾在「生番」／「熟番」、「山地山胞」／「平地山胞」、或「山地原住民」／「平地原住民」二類之間。雖然，對應於這條外來的行政分割線，賽夏社群內部也有「南」、「北」二群的區辨概念：南庄、獅潭一帶是「南群」；五峰一帶是「北群」；但是，南北二群的語言和文化特性卻沒有明顯的差異；二群間仍然密切互動往來，不同姓氏家族間相互通婚、共同參與或舉行儀式；同時，彼此相互認定同屬一個群體，也都認同使用「賽夏」（「saissiat」）一詞作為共有的族群集合名稱。[8]

　　不過，在歷史文獻材料和早期民族學研究者的分類概念中，南庄地區賽夏族群分類定位和命名的問題，卻相當混淆而有爭議性。例如，1895 年起到臺灣進行臺灣原住民調查研究的先驅者，如伊能嘉矩、鳥居龍藏、和森丑之助等人，都未將這一群體視為原住民分類中的一個獨立部族。可能受到清代文獻材料，尤其最早在江日昇 1704 年記錄的影響，南庄四周山區居住的這一小群原

---

8 相對於這個名稱，他們稱呼泰雅族人為「saipapas」、客家人為「moto」、閩南人為「kamsiulang」、外省人為「babui」等。

住民被認為是「未漢化」的平埔族，屬於西海岸道卡斯群（Taokas）的一支。
雖然研究者也注意到這一群原住民的文化習俗與平埔族有所不同；不過他們提
出的解釋，有時認為是與深山地區「泰雅族」同化的結果，有時則說是保留
過去未漢化前平埔族一些固有「土俗」的現象（伊能、粟野 1900：101；伊能
1904：136）。

　　早期文獻材料主要使用「南庄化番」一詞指涉現今界定的「賽夏族」。在
《淡新檔案》材料中，可以見到不少有關南庄化番的社名和姓名記錄。這種記
錄方式，到日本統治初期也類似；如最早於 1896 年到南庄調查林況的總督府
技師西田又二和伊能嘉矩等，都在記錄中使用「南庄化番」作為指稱名詞。[9]
除此之外，「合番」也是史料記錄中曾用來指稱賽夏族的名詞。例如，《新竹
縣采訪冊》（1894）提到「在縣東南一路竹塹堡五指山一帶各社，並延及竹南
堡獅裏興一帶各社，番共有十餘姓，……，皆同一種類，俗皆統名謂之『合番
子』，話皆相同」（陳朝龍 1999[1894]：403）。日本時代新竹支廳調查（新
竹地方看察報告抄錄，收入伊能文庫）也提到南庄地區左側，獅潭附近的馬陵、
坑頭、崩山下三社被稱為「合番」。[10]「合番」一詞與現在「賽夏族」分布範
圍的關係，從 1722 年設立番界時提到的「合歡路頭」（現頭份鎮尖山里附近）
也可以推測；由於「合歡路頭」的位置具有控制中港溪下游出入內山的地位，
此地很有可能便是指「合番」（閩南語發音）出入移動的隘口。[11]

---

9 技師西田又二，〈新竹縣南庄地方林況〉，收入《臺灣總督府民政局殖產部報文》第
　一卷第二冊（東京：臺灣總督府民政局殖產部，1986 年）。

10 不著撰人，〈熟蕃　合番〉，收入臺大「伊能文庫」中「臺灣地理資料：新竹、苗栗、
　臺中、彰化、嘉義、臺南、鳳山、恆春」。

11 2002 年 12 月在本計畫座談會口頭報告時，受到中央研究院臺灣史研究所施添福教
　授提醒。參考施添福，〈清代臺灣竹塹地區的土牛溝和區域發展〉，《臺灣風物》
　第 40 卷第 4 期，1990 年 12 月。

　　日本時代開始引入民族學方法有系統地調查原住民，但伊能嘉矩等人最初提出臺灣原住民分類命名系統時，並未採用「saissiat」（賽夏）一詞作為族群名稱。伊能嘉矩在不同時期的記錄中，對南庄四周山地這一群原住民變換過三種不同稱呼：（1）1897 年的踏查日記中，伊能稱他們為「Sumiyal」（森口雄稔編 1992：22、楊南郡譯 1996：96）。（2）1899 年和 1900 年的資料則記載這一小群人自稱「Amutoura」[12]（伊能 1899 年；伊能、粟野 1900：101）。（3）1904 年伊能在《臺灣蕃政志》中，卻突然開始大量使用現今大家熟悉的「Siasiett」（「賽夏」）一詞稱呼「南庄化番」，並提到「Siasiett」是此部族的「自稱」（伊能 1904：310）。不過，對於為何一再改變此部族的名稱，伊能卻從未加以解釋。[13]

　　總之，「Saisiett」（賽夏）一詞，在 1911 年總督府出版的 *Report on the Control of the Aborigines in Formosa* 中，才正式被官方公布為臺灣原住民九族之一，自此之後便以這個名稱或相近的音譯名稱（如獅設族）在記錄資料中出現並沿用迄今。不過，有關賽夏族群是否是平埔族道卡斯部族一支的爭議並未中斷，直到 1935 年移川子之藏、宮本延人、馬淵東一等出版《臺灣高砂族系統所屬の研究》，進行語言、系譜、遷移傳說、社會組織、和祭儀特性等實地調查材料的綜合分析比較之後，分布在新竹、苗栗交界淺山地區的「賽夏族」（Saisiett），作為獨立一族的說法才不再有異議。

---

12 「Sumiyal」一詞的意涵來源不確定。但「Amotoura」一詞，根據土田滋先生從語言學的語詞分析，可能是「將要變成客家人了」的那群人；「moto」是賽夏人對「客家人」的稱呼，字首和字尾是變化詞。這個說法有幾點十分值得注意的地方，首先是很明顯地指出這群人「客家化」的現象十分嚴重，其次，似乎隱含當時的受訪者區分自己和那群「快要客家化的人」為不同的一群人。

13 本書中，伊能仍然認為臺灣原住民在人類學上的分類，分為八族：Taiyal（泰雅）、Vonum（布農）、Tso'o（鄒）、Tsarisen（查利先）、Paiwan（排灣）、Pyuma（卑南）、Amis（阿美）、Peipo（平埔）；伊能 1904：2）。其中，Saiseitt（賽夏）屬於平埔的一支。另外，紅頭嶼的原住民因為在臺灣島之外，所以未被放入。

　　「Saisiett」固定成為官方分類體系中原住民的族名，雖然是日本學者展開民族學調查研究的結果；但「Saisiett」這個名詞的使用，卻不是伊能嘉矩的創造和發明。清末時期 1894 年刊印的《新竹縣采訪冊》中，已採錄了當時新竹縣境內「合番子番話」，有關日月星辰、身體部位和姓氏名稱等詞彙，這些詞彙以閩南話發音漢字書寫，許多都與現今賽夏語詞彙相吻合；其中一段「人物稱謂類」提到：「後山番自謂番曰西絲臘，後山謂淺山番曰謂謂欲，淺山番為後山番曰一打孳」。[14]「西絲臘」應該就是後來羅馬拼音記錄的「Saisiett」。這本采訪冊雖然不是有系統的民族學記錄，目前也無法理解當時資料採集者所界定的「淺山番」與「後山番」界線為何；但至少從中可知「西絲臘」早已是「合番子番話」中某一群人的自稱；同時，也反映出清代「番界線」之外的原住民部落間也有其共同認知的群體意識存在，只是這樣的群體意識或界線隨著時間環境變化而流動或延伸，並非截然固定的。

　　有趣的是，「Saisiett」一詞首次被伊能嘉矩採用作為南庄地區的部族自稱，是在 1904 年；其時間脈絡與特殊事件的發生有巧合性的關聯。前面提到 1902 年 7 月南庄地區南獅里興社日阿拐（Akuai a Yumao）因為樟腦糾紛與日本統治者發生衝突（即前述「南庄事件」），一直延續至同年 12 月才大致平定。[15] 伊能曾在 1902 年 12 月到苗栗協調山地事務；1904 年 8 月陪同民政長官後藤新平和參事官持地六三郎等官員巡視山地，又再進入南庄山區。[16] 雖然一反常態地，伊能對這二次旅行的目的和過程沒有留下任何文字記錄；我們無法得知為何「Saisiett」這個名稱突然在此時被伊能辨識出來作為部族名稱。不過，時間的巧合，隱約顯露出「Saisiett」族群意識的凸顯強化，可能與這一段

---

14 參考陳朝龍著、林文龍點校 1999：404。
15 參考陳金田譯 1997：200。
16 參見江田明彥編 1998：96；陳金田譯 1997：306。

期間外在政治經濟情勢的激烈變化有關。尤其 1902 年南庄日阿拐衝突事件發生不久後，1907 年又發生新竹五指山附近賽夏大隘社頭目 Taro a Umao（趙明政）率眾與日本警察衝突事件（文獻記錄中稱為「北埔事件」）。雖然對於這二次事件，賽夏人不同版本的回憶論述，都不認為這是族群刻意聯合與統治者對抗的行動；但其結果確實引發了統治當局對當地的攻擊，也牽連造成不少賽夏人的傷亡。因此，是否在一連串與官方激烈衝突和妥協過程中，一方面促使外界對南庄地方原住民社群瞭解和區辨能力增加？或者，另一方面，此地原住民本身也因為一連串外來的糾紛和壓力，而更清晰、具體地凝聚和表現出其群體意識？這些都是值得再深入考慮的問題。總之，這二次衝突，不但是歷史文獻材料中記錄的重點，同時也是賽夏長老們對日本時代回憶的焦點話題之一。

六、人群流動模式與聚落性質

人群和聚落的移動，無疑是造成族群邊界變動最直接和最重要的影響因素。在口語傳說中，賽夏人的遷移歷史和居住地域曾歷經大規模異動變化。賽夏起源傳說不但描述賽夏人從起源地「oppeoh-na-boon」山頂往平地擴散遷移的經歷，也賦予了賽夏「sinrayho」（姓氏）起始的神聖定位。[17] 不過，對於可追憶的祖先遷移過程，現今大多以各姓氏家族為單位，分別追溯從西部海岸

---

17 賽夏洪水起源傳說中，描述古代洪水氾濫世界變為汪洋一片，倖存的二兄妹者躲進織布機的經卷裡，漂到 oppenhen-a-boon 山頂。妹妹不久死去，哥哥將屍體切成肉塊，到水中就化成人，哥哥將肉塊變成的人拉到岸上，一一給他們不同的姓，共得到豆、風、鐘、士、高、蟹、錢、夏等姓；見佐山融吉、大西吉壽 1923：179-180。另外，還有類似情節的故事，提到將人切成小塊丟進水裡後；肉變成賽夏族，骨變成泰雅族，內臟變成漢人；相關記錄見伊能嘉矩 1908：219-224；小島由道 1917；移川子之藏 1936：100-102。筆者進行田野調查期間，仍經常聽見老人家，講述不同版本，但類似情節的賽夏姓氏起源故事。

邊向東遷移進入山區現居地的不同路線。雖然記憶中人群或聚落移動的確切時間和地點，隨著不同描述者的記憶力和重點的差異而有出入；但「遷移」確實是賽夏人對於過去家族歷史描述時的一項重要主題。然而，究竟哪些不同動力或因素促使遷移？或是，這些人以何種形式進行移動？遷移的方式是否可以反映出賽夏聚落特性，或造成聚落性質的變化？這些議題卻還有待更細膩、更多跨時性資料的綜合分析比較和討論。

就目前狀況而言，賽夏聚落分布範圍主要包括三大區域：（1）新竹頭前溪上游上坪溪流域，現今新竹縣五峰鄉大隘村和花園等地，屬於「北群」聚落；（2）苗栗中港溪上游東河（又稱大東河）與南河（又稱小東河）流域，現今苗栗縣南庄鄉東河村、南江村、東村、西村和蓬萊村等地；（3）苗栗後龍溪上游獅潭川（又稱紙湖溪）流域，現今苗栗縣獅潭鄉百壽村和永興村等地；後二區屬於「南群」聚居地（參見圖1）。目前這些聚落大多由不同姓氏的賽夏族人共同聚居；一個聚落少者居住有一、二個不同姓氏，如十八兒、比來、向天湖、長崎、百壽等地；多者則有九、十個不同姓氏，如五峰、東河、南江、大屋坑、紅毛館、八卦力等地。此外，聚落中普遍有客家人、泰雅人或其他族群夾雜居住；即使在賽夏人口最多、最密集的南庄鄉東河與蓬萊等地，賽夏人口的比例也僅超過 50% 而已。[18]

現今賽夏聚落的分布範圍，根據賽夏口語傳說，大約是三百多年前左右開始陸續遷移至此定居。此領域範圍，自日本時代進行族群聚落調查和區域地圖繪製起，變動並不太大。不過，若是對照比較不同階段本區原住民的聚落資料記錄，可以發現不同時期記錄者對原住民的認知觀點、以及賽夏「社」名和聚落性質的一些變化訊息。目前可知日本統治臺灣後最早提到有關南庄地區「蕃

---

18 陳淑萍 1999：20。

社」的記錄，應該是日本技師西田又二的調查報告（1896）。他在報告中列出南庄地方原住民有八社，其中「化蕃」有七社，而「語言習俗不同」的「高山番」則有一社。對於這二類原住民的聚落，記錄中的社名形式也有差別：「化蕃」聚落主要是以地名加上社長（或族長）的漢式姓名組合而成，如「獅里興小東河尾日阿拐社」、「獅里興絲大尾社」、「大東河鵝公髻山下樟阿斗社」等；而「高山番」的社名則是僅以地名表示，如「鹿場口蕃社」（西田 1896：325-26）（見表 1）。換言之，「化番」的社名附加有姓名標示，而「高山番」社名則無姓名標示。

　　20 世紀初始，伊能與粟野在《臺灣蕃人事情》（1900 年）中較詳細地記載當時「南庄附近未漢化族群」（化番）共有九社：獅里興社、獅里興口社、獅頭驛社、番婆石社、鵝公髻山腳社、加禮山腳社、五分八後社、梅子坪社、[19]新店坪社等（見表一）。同時，他提到這九社實際上是由 24 個小社組成，總計人口約有 881 人。在記錄中，伊能和粟野雖然以地名作為社名；不過他們特別強調其中許多「社」，如獅里興社、獅里興口社、獅頭驛社等，實際上涵蓋了許多個分散的小社；每一小社平均人口約 36.7 人、平均戶數 6.3 戶；每一戶平均 6.7 人（伊能、粟野 1900：102、103）。

　　小島由道 1917 年的《番族慣習調查報告書第三卷—賽夏族》中，明確地以「賽夏族」為調查對象，描述其分布和種族沿革。[20] 書中提到賽夏族由十一社構成：Sipazi：（十八兒社）、pilay（比來社）、大隘社、橫屏背社、大東河社、獅頭驛社、南獅里興社、北獅里興社、崩山下社、馬陵社、和坑頭社；

---

19 這個社所指究竟何處，目前還無法確定。

20 本書是「臨時臺灣舊慣調查會蕃族科」以官方力量大規模分族進行調查的結果。是最早試圖涵蓋全面性社會文化項目記錄的賽夏民族誌。參考中央研究院歷史語言研究所編譯，1998。

人口總數約為 1,265 人。這些社基於共同舉行 paS-ta'ai（矮靈祭）祭祀和共同流域防禦等原因，聯合為北賽夏（前三社）和南賽夏（後八社）二群（中央研究院民族學研究所 1998：5-7）。小島的記錄更清晰地反映出當時賽夏聚落的一些基本性質：（1）許多「社」由數個分散的小聚落組成；如「大隘社」由加里山（'isa'sa'）、四十二份（baboLsan）、籐坪（'ilmok）、一百端（rakeS）、和（煉）簝坪（ray'in）等五個部落形成；「大東河社」由 siwazay 和 'a'owi 二個部落形成；「橫屏背社」由 'amisi' 和 morok 二個部落形成；獅頭驛社由 garawan、raromowan 和 wazwaz 三個小聚落形成。（2）記錄中以漢式地名標示的社名經常是集合名詞，而不是實際居住的自然聚落；實際居住自然聚落戶數很少超過十戶，而且都有賽夏語名稱，許多小聚落甚至沒有漢名，因而只能以拼音方式記錄。（3）北賽夏聚落有較多不同姓氏共居；而南賽夏聚落還是一或二個姓氏集居於一個小聚落。除了戶數很少的姓氏之外，通常各姓在不同部落都有自己的族長（中央研究院民族學研究所 1998：135-137）。[21]

表 1：不同時代記錄中的賽夏相關聚落

西田又二 （1896）	伊能、粟野 （1900）	小島由道 （1917）	移川等 （1935）	現今聚落對照 （2002）
獅里興小東河 尾日阿拐社	獅里興社： 6 小社， 273 人	南獅里興社： （250 人） • Bihi:an • Pangasan	Sai-raiyen： • Parngasan • Pakwari	苗栗南庄蓬萊村部落： 蓬萊（rayin） 二坪（batbato'an） 大坪（mamaongan） 大湳（tamayong） 八卦力（kakahoe'an）

---

21 例如，北賽夏的加里山部落（'isa'sa）住有夏、朱、錢三姓；四十二份部落（baboLsan）住有夏、狸（胡）、錢、蟬（詹）、豆五姓；一百端部落（rakeS）住有夏、朱、高、豆四姓。

表 1：不同時代記錄中的賽夏相關聚落（續）

西田又二 （1896）	伊能、粟野 （1900）	小島由道 （1917）	移川等 （1935）	現今聚落對照 （2002）
獅里興 絲大尾社	獅里興口社： 7 小社， 147 人	北獅里興社： （123 人） Ririyan		苗栗南庄東、西、南江村部落： 小東河（kakabaos） 里金館（ririyan） 大屋坑（raihaba） 馬果坪（mahahabun）
大東河獅頭驛 張有淮社	獅頭驛社： 5 小社， 133 人	獅頭驛社： （158 人） • Garawan • Raromowan • Wazwaz	Sai-waro： • Garawan （獅頭驛社） • Raromogan	苗栗南庄東河村部落： 加拉灣（garawan） 向天湖（raromoan） 中加拉灣（lalai） 三角湖（haboe'）
蕃婆石 藩太龍社	番婆石社： 1 小社，51 人			
		橫屏背社： • 'amis' • Morok	Waro （大東社）	東河（waro） 鵝公髻（horork） 大竹圍（sewazai）
大東河尾鵝公 髻山下 樟阿斗社	鵝公鵠山腳 社： 1 小社，81 人	大東河社 Sai waro： （38 人） • Siwazay • 'a'owi		
鹿場外 高買草社				
鹿場口蕃社 （不同語言習俗者）				
	新店坪社： 1 小社，70 人	紙湖： （112 人） • 馬陵 • 崩山下 • 坑頭	Invayus （Marin） Karehabasun （Pensansha）	苗栗獅潭百壽村部落： 百壽、三洽坑、永興、 （marin、pensansha、hanteu）
			Invawan （Hanteu）	

表 1：不同時代記錄中的賽夏相關聚落（續）

西田又二 （1896）	伊能、粟野 （1900）	小島由道 （1917）	移川等 （1935）	現今聚落對照 （2002）
加里山下豆流民社	加禮山腳社 1 小社，58 人	大坪 Sai rawaS： 大隘社 • 'isa'sa 　加里山 • baboLsan 　四十二份 • ;ilmok 籐坪 • rakeS 　一百瑞 • ray'in 　煉簝坪	Sai-Yaghoru： 大隘（Raks） Siigao	新竹五峰大隘村部落： 五峰 上大隘
	梅子坪社 （？） 1 小社，47 人	上坪 Sai KirapaL： （107 人） • Pi:lay • Sipazi	Sipaji Mailawan	新竹五峰花園村部落： 比來（pirai） 十八兒（sipaji）

　　由日本時代以來的不同記錄，我們可以看見賽夏聚落持續地消長和變化。許多小聚落因遷移而消失，有時社名相同，但內在構成聚落卻完全改變；例如早期組成大隘社的加里山（'isa'sa'）、四十二份（baboLsan）、籐坪（'ilmok）、一百端（rakeS）、和（煉）簝坪（ray'in）等聚落，皆在日本時代中期以後遷離散盡；現今的大隘社主要是指上大隘、高峰一帶。此外，也有的如橫屏背社，在日本時期為開發山地移動「隘勇線」，全社被強制遷移他處，原社名也不再使用而逐漸消失。光復後還有許多山區交通不便的小聚落，因居住者逐漸移向附近交通較便利的聚落，造成許多舊聚落荒廢無人居住。[22] 不過，大體而言，

---

22 最近十年來，隨著臺灣社會地方文化觀光和原住民意識的高漲，不少人又開始返回舊社整理棄屋，或種植作物。

一百年來賽夏聚落的移動變化大致還在同樣區域內，並未造成分布範圍的大幅變動。

　　近代賽夏相關人群和聚落比較明顯的區域範圍移動變化，應該是在清末，尤其是劉銘傳「開山撫番」時期。從一份清末繪製的「臺灣番地圖」（見圖2），可以看出當時三灣、南庄、大隘附近「番社」的一些狀況。[23] 其中由咸菜甕撫墾局至大湖撫墾局之間標示有許多番社，由社名可以辨識出的賽夏相關聚落大致涵蓋幾個區域範圍：（1）三灣以西往南中港溪至獅潭溪之間象山、大河底山附近四社：樟加利社、豆憶德社、周加利社、風帶英社；（2）三灣附近中港溪右側的下樓社；（3）南庄附近東河溪往南至汶水河頭之間八社：解淮集社、周加利社、絲打尾社、米阿祿社、潘阿斗社、日阿拐社、高打祿社、樟根哇社；[24]（4）五指山下至峨眉溪一帶則包括煤簑社、大隘社、十八兒社等社；（5）東河頭至獅頭驛山一帶的樟社和風社；（6）內山地區司馬限和盡尾附近的樟阿祿社。

---

23 本圖現由魏德文先生收藏，原為日軍收藏地圖，購自日本。南庄部分區域圖已經在2001年於謝世忠編著的《臺灣原住民影像民族史：賽夏族》一書中；參見謝世忠編著2001：30。

24 其中「周加利社」和「米阿祿社」二社，並非現今使用的賽夏姓；從賽夏襲祖名和圖中聚落分布地點推測，這二個很可能是「風加利社」和「朱阿祿社」的誤印。筆者從南庄地區的田野調查得知，「加利」（kale）和「阿祿」（aro），分別是當地「風」姓和「朱」姓男子傳承的主要名字之一。

圖 2：清末「臺灣番地圖」南庄周邊各社（原圖為魏德文先生收藏）

　　這張地圖的卷首附有「自光緒十二年（1886）撫番施行以來，歸化番社超
過一百二十社；新舊歸化番社人數十四萬八千四百七十九人」等說明。其中訊
息與劉銘傳在光緒 15 年（1889）2 月 13 日上奏「全臺生番歸化匪首就擒請獎
官紳摺」中所載的「將新舊歸化番社人數、地址、詳細繪圖，續行呈送軍機
處」（劉銘傳 1958：229-234）；以及伊能嘉矩在《臺灣文化志》提及「光緒
19 年間之臺灣番地圖載撫墾總局之實查稱「光緒 12 年以後之歸化生番社，男

婦大小丁口合計一十四萬八千四百七十九人」（伊能 1928：547）相當吻合。
因此，可以推知此圖應該是劉銘傳開山撫番之後上報的番社地圖。雖然全圖原
本涵蓋臺灣全島，可看出「開山撫番」時期對全臺「番界線」外之「番地」和
「番社」情報知識的掌握狀況；不過，本文僅擷取南庄附近部分，將觀看焦點
集中在開山撫番時官方對南庄附近原住民聚落的區辨能力、繪圖表現方式，以
及其中所見的「賽夏」族群文化訊息。

　　從圖 2 標示的社名，可以看見賽夏相關的聚落大致可以分為二類：（1）
以「漢式地名」符號標示的社，如在三灣或南庄開發史料、地契中提到但後來
已消失的下樓社（下撈社）、田尾、都瀝口，以及日本時代或至今仍持續使用
的大隘社、（煉）簝社、大坪社等。這些聚落大多是漢人移民進入較早，開發
歷史較早的地點；使用漢式地名，也顯現出聚落由不同姓氏混居的可能性。（2）
另一種則是以「賽夏漢式姓名」符號標示的社，如樟加利社、豆憶德社、風帶
英社等。這一類社名大致涵蓋了樟、豆、風、解、絲、朱、潘、日、高、根等
10 個賽夏姓；其社名也暗示了聚落的姓氏屬性和關聯性。相對於周圍許多奇
怪難讀、以漢字音譯原住民語的社名，如「民都郁社」、「馬凹社」等泰雅族
各社，圖中社名標示的區別現象，似乎也表示了當時撫墾局官員們，對於周邊
地區活動的原住民其實已有基本的區辨能力，能夠區分不同「番社」間的特性，
同時也採用不同的方法來標示。

　　從清末這張「番地圖」賽夏相關社名分布的地點，可以看出後來一些移動
變化的重點：（1）賽夏聚落分布領域明顯縮小；清末「番社圖」中三灣周邊、
大河底山附近、汶水河頭、以及司馬盡和盡尾一帶都還有賽夏聚落分布，但日
本時代以後這些地方卻都不再是賽夏聚落的領域範圍。（2）開山撫番時期，
三灣外圍還有賽夏聚落。圖上顯示三灣之外四社的位置，非常接近乾隆 55 年
（1790）所劃番屯界線的邊緣；[25] 這些聚落在日本統治初期就已消失，其移動

應該與番屯界線的推移有最直接的關係。（3）單姓小聚落逐漸匯集聚居成多姓聚落。圖中「賽夏漢式姓名」各社，主要以併列散居的方式分布在數個平行的山脈區域之間；但這些社名後來除了西田又二提到的日阿拐社和絲大尾社外，其他大都消失蹤影。如果將圖中這些賽夏姓名聚落與賽夏各姓相關的遷移傳說對照，可以看出許多姓氏小聚落逐漸向山區幾個重要交匯點遷移聚集，這些地點就是後來記錄中所載的幾個集合性社名，如獅里興社、獅頭驛社、大東河社、橫屏背社、大隘社等。

七、賽夏「姓氏」符號與集群動力

　　由早期賽夏聚落標示的名稱，我們可以看出姓氏名對於傳達賽夏意象的重要性。因此，重新思考「姓氏」的賽夏社會文化意義，也是理解賽夏族群形塑力量的重要關鍵之一。過去在史料記錄中，賽夏「姓氏」大多被解讀為清朝政府對原住民賜姓的結果，因此是外來的要素，也是代表其漢化程度的證據之一。但是，對於進行實地田野調查的民族學研究者而言，賽夏「姓氏」（賽夏語稱「sinrayho」）的獨特名稱和制度，無疑是最核心的文化符碼、社群分類的基礎、和實際行動衍生的機制，對於賽夏族群認同意識具有重要影響。然而，究竟賽夏姓氏是漢化的結果、或是文化認同的機制？二種解讀看似對立矛盾，卻反映出賽夏歷史接觸互動過程的特殊性。

　　五指山和南庄地區原住民的特殊「番姓」，在清末文獻中已開始受到注意。不過最初只有漢姓記錄，例如在前述1889年左右「臺灣番社地圖」南庄附近番社的社名標示中，出現與賽夏有關的「樟、豆、風、解、絲、朱、潘、日、高、根」等10姓。目前所知最先開始對照比較漢姓和賽夏語名稱的是1894年的《新

---

25 參考施添福 1990。

竹州采訪冊》，其中記載「合番子番姓」包含「錢、豆、朱、夏、高、日、絲、樟、嬋、蛇」等 10 姓，每一姓並附有完整的賽夏語漢字音譯資料（見表 2）。

　　對於賽夏「漢姓」的賜姓過程，以及「姓氏」的文化意義，最早提出歷史性解釋的應該是伊能嘉矩。他在《臺灣蕃政志》（1904）與《臺灣文化志》（1928）二書的陳述如下：

> 道光六年淡水廳下南庄地方一帶開疆設隘，以其土番即 Saiziett 的部族為隘丁，使其防禦其他未化山番時，亦給予漢字之姓稱呼之。原來此部族有一定之表家名，當時乃概意譯之（有一二例外），而以適當之漢字為姓，蓋亦為賜姓之一新例。　　　　（伊能 1904：558）
>
> 道光六年淡水廳下淡南一帶番界有番匪滋事，原計畫於該方面擴進防隘，以其土番之一部（自稱 Saisiett）以充番丁時，亦普令其稱漢式之姓。乃概對該部族之固有各家名，特配予一姓（多以家名之原意配以漢譯之文字），以融合其血緣集團之舊慣，自創為賜姓之一新例。　　　　（伊能 1928：662）

　　二則記錄都提到清朝對南庄地區原住民「賜姓」的歷史，但也強調這些姓氏與固有文化習俗的一些關聯：（1）這些部族原來中就有「家名」；（2）19世紀初期起，這些人開始擔任清政府的隘丁防守其他「山番」，為了方便稱呼因而採用他們原有的家名，按照原意以漢字翻譯成為漢姓；（3）這種賜姓方式是融合部族血緣集團舊有慣習而創出的新例。伊能當時共採集了 11 種賽夏「固有家名」和「漢姓」的對照名稱。[26]

---

26 伊能列出了：Kaivauvao 高、Taotaowarai 豆、Tevutevuon 朱、Sarawan 錢和潘、Hayawan 夏、

　　小島由道 1917 年的調查報告則記錄了 16 個不同的賽夏姓，其中有二姓已
幾乎滅絕。[27] 他提到賽夏「sinraho:」與漢姓的關係是：「從同一祖先傳下的血
親用同一記號表示，稱爲『sinraho:』。因其性質與支那的姓完全相同，故在
此譯爲姓」。此外，他也記載賽夏姓氏的基本原則，通常子從父姓，婦女結婚
入夫家仍沿用娘家之姓，不從夫姓；被他姓收養者，則改稱養父之姓（中央研
究院民族學研究所編譯 1998：78、79）。小島之後，大部分調查研究者記錄
中都提到還持續的賽夏 14 個姓氏名稱。這 14 個「sinrayho」名稱可說是賽夏
社會中傳承使用的重要文化遺產；不過，各姓人數多寡目前差異很大，例如人
數最多的如「titiyon」（朱姓）約有 119 戶，人數最少的「kamlala:i'」（詹姓）
僅有 1 戶（林修澈 2000：248）。雖然賽夏「sinrayho」在不同時代採用過漢譯、
日譯、羅馬拼音等多種不同文字表達方式，在書寫和視覺呈現上有不少變化；
但是透過賽夏語言表達的聲音符號卻一直重複而沒有改變（見表 2）。[28]

　　對於賽夏族獨特的姓氏組織，衛惠林（1956）曾試著賦予理論性的解釋，
認為是圖騰氏族的殘存現象。他認為賽夏族姓氏組織是以共同父系祖先形成血
緣團體，同時配合一套嚴密的「姓氏」（sinrayho）符號，將全族分成為十幾
個姓氏氏族。由於這些「姓氏」的賽夏語原意，大多與自然界動物、植物、
天文或生理現象有關；而且許多姓氏又有特定祭儀主持權，以及與祭儀相關的
神聖起源傳說。因此，他認為賽夏姓氏應該是圖騰制度殘存的跡象；同時，

　　Varuvai 風、Menrakesi 樟、Kamurarai 蟬、Karakaran 蟹、Toritarishe 絲、Tanihera 日。
　　其中，1928 年的資料，訂正了 1904 年資料中對潘姓和蟬姓原有家名記載的錯誤。

27 小島記錄中較伊能資料多加了 kaSa:mes 根、Sayna'aSe 九芎、botbotol 狸、kaSramo'
　　血、Saytibora'an 獅等五姓；其中根姓（kaSa:mes）是由潘姓（Sa:wan）分出，而最
　　後二姓當時已經瀕臨滅絕或已經滅絕。

28 自 2001 年左右起，國家政策開始提倡原住民母語教師認證制度和羅馬拼音教學，促
　　使許多賽夏人興起學習羅馬拼音，也開使用拼音來表現原有賽夏姓氏。

賽夏父系氏族可說是臺灣僅存的圖騰氏族例證。[29] 這大概是針對賽夏「姓氏」
（sinrayho），將父系血緣、氏族組織、和宗教神聖意涵，擴大連結到最高程
度的一種說法。

　　暫且不論賽夏姓氏制度與圖騰制度的關聯，「姓氏」確實是賽夏人思考和
認知人群分類的重要指標，也是賽夏社會關係建構的基本原則。「同姓」成員
（「aehae sinrayho」）是最基本的外婚單位，不得通婚。祭儀的主祭傳承權利
也以特定「姓氏」為範疇，不同氏族負責不同祭儀的主持；例如目前主要歲時
祭典中，「Titijun」（朱姓）為矮靈祭（paS-ta'ai）主祭、「Sawan」（潘姓）
是祈天祭（a'uwal）主祭、「Tautauwazai」（趙／豆姓）是帝那豆祭（tinato）
主祭、「Kayawan」（夏姓）為龍神祭（baki'solo）主祭等。祭儀中也強調主
祭「同姓者」（「sapan」）與其他姓氏者（「aʔuma」）的區別，彼此有不同
的權利義務關係。此外，各部落內每一個同姓群體每年定期舉行二次祖靈祭
（pas-bake），藉此反覆強化對自己家族祖先的記憶和傳承概念。更重要地，
不同姓氏間更透過跨姓氏、跨部落的大型祭儀，展現和實踐群體整合意識；
尤其在規模最盛大、儀節最繁複、聲色最動人、對外包容性最強烈的矮靈祭
（paS-ta'ai）中，所有不同姓氏成員共同聚集、分工、敬畏謹慎地依序進行儀
式，也成為賽夏精神呈現最重要的場域。

表 2：不同時代記錄中的賽夏相關姓氏名

賽夏 Sinrayho 漢姓	新竹州 采訪冊 （1894）	伊能嘉矩 （1904、 1928）	小島由道 （1917）	衛惠林 （1964）	賽夏 母語課本 （2002）
錢	薩老宛	Sarawan （錢潘）	Sa:wan （錢潘）	Sharawan	Sawan （錢潘根）

---

29 參見衛惠林 1956：1-2。

表 2：不同時代記錄中的賽夏相關姓氏名（續）

賽夏 Sinrayho 漢姓	新竹州 采訪冊 （1894）	伊能嘉矩 （1904、 1928）	小島由道 （1917）	衛惠林 （1964）	賽夏 母語課本 （2002）
潘					
根			kaSa:mes	Kasames	
豆（趙）	豆豆亞來	Taotaowarai	Tawtawazay	Tautauwaza	Tawtawazay （豆趙）
朱	知知倫	Tevutevuon	Titiyon	Titjun	Titiyon
夏	夏殀灣	Hayawan	Haeyawan	Hayawan	Hayawan
高	皆買茅	Kaivauvao	Kaybaybaw	Kaibaibao	Kaybaybaw
嬋（蟬詹）	敢喇喇姨	Kamurarai （蟬）	Kamlala:I' （蟬）	Kamrarai	Kamlalaai （詹）
日	噠呢奚喇	Tanihera	Tanohila:	Tanohila	Tanohila
絲	噠噠裏西	Toritarishe	TataySi'	Tataisi	Tataysi'
樟（章）	民六（餜）	Menrakesi	MinrakeS	Minrakes	MinrakeS （樟章）
風 （楓酆東）		Varuvai	Ba:ba:I'	Babai	babaai' （風楓酆東）
解（蟹）		Karakaran （蟹）	Karkarang	Karkarang	Karkarang （解）
艻			Sayna'aSe （九艻）	Saina'ase	Sayna'aseo'
胡（狸狐）			Botbotol （狸）	Bubutol	Botbotol （胡）
蛇（獅）[30]	知武喇唵		Saytibora'an （獅）		
血			KaSramo'		
合計	10 姓	11 姓	16 姓	14 姓	13 姓

　　整體而言，賽夏姓氏是穩定性很高的文化符碼。即使早在 19 世紀初期開始就已使用漢姓，但這些以漢字表達賽夏「sinrayho」的漢姓，大多保存了賽夏語原意或特殊語音，而且使用少見的漢姓字彙；因此賽夏漢姓仍然具有族群區辨的特質。[31] 去年（2002 年）賽夏人新近自行編纂的賽夏語羅馬拼音教材，姓氏「sinrayho」的賽夏語名稱也是其中最基本的一課。從上表可見不同時期的賽夏姓氏數量記載有增減變化；其中可能反映了資料採集來源的問題，或者有些姓氏因人口滅絕而消失；有時也反映了區辨觀點的差異。例如，賽夏自訂母語教材中界定十三個姓，而平日生活和稱謂中使用十四個姓；其中未被列入的是「kaSa:mes」（根姓）。

　　雖然在小島的記錄中就已經出現，而賽夏人也認定「kaSa:mes」（根姓）是最近百年間從「Sawan」（潘姓）分出的新「sinrayho」。[32] 但為何在教材中還是併入「Sawan」？根據報導人的說法是：「傳統姓氏」教學最重要的是要讓下一代賽夏人清楚記得祖先和遵守「同姓」不婚的祖先規矩；因此「kaSa:mes」的成員必須記得是「Sawan」的一支，不能和「Sawan」通婚；所以，還強調彼此是同一「sinrayho」成員。現代母語教學，仍然明顯地強調賽夏「姓氏」符號內在所蘊含的基本價值觀。

---

30 此姓現已滅絕；在 1917 年小島由道記錄中提到當時只剩一戶，因不知清國政府用什麼字來記此姓，暫且以「獅」字充當。但經筆者與 1894 年《新竹縣採訪冊》的記錄對照之後發現，該書提到一個現今並不存在的「蛇」姓，賽夏語為「知武喇唵」，其福佬話發音正好與小島所載的「獅」姓「Say tibora'an」發音相同。

31 在賽夏起源傳說中，認為賽夏人和泰雅人最大差別，就是泰雅人沒有「sinrayho」（姓氏）；陳春欽 1966：158-159。現今雖然賽夏人也使用漢字書寫漢譯姓氏，但因這些姓用字特殊，不是一般常見的漢姓，因此仍然是區辨賽夏人和漢人的重要標示。

32 賽夏人的解釋是：當「Sawan」（潘姓）要從獅潭附近向南庄遷移時，有一群人不願意移動而留在原地；這一群人表示要在當地生根，因此稱為「kaSa:mes」（根姓）。

如果將賽夏「姓氏」，回歸到伊能所提的「原有家名」概念來看，也許更能顯現其中地緣和血緣交錯的雙重性。至少在清末時，還有許多小型賽夏「sinrayho」集團，聚居形成一個聚落，共同進行開墾、築屋、組織獵隊等實際生活行動，也是共同祭祀的團體。這樣的「sinrayho」社群雖然具有血緣基礎，但血緣並不見得是絕對的條件，而具有更多生活實質分享的性質。總之，「家名／姓氏」符號的文字化，使得個人和「家族／姓氏」集團的關係更加固定，即使在流動遷移過程中，同源共祖的意識藉著「家名／姓氏」而更加強化。同時，隨著人群的遷移和聚落的重組，「家名／姓氏」可能成為更重要地社群互動和族群意象建立的文化符碼。

從這個角度來看，或許我們可以大膽地說，南庄周邊地區這一群人無論是否稱為「賽夏」，即使他們不斷因應南庄地區開發過程中帶來的政治經濟資源變化，而移動調整人群生活模式和聚落分布範疇，但藉由一些可以區辨且共同認知分享的獨特行為方式，而能建立和維持密切互動的社會關係。因此，這個群體雖然表現出高流動性、高合成性、和快速吸收運用外界資源要素等特質，但透過「家名／姓氏」的文化編碼機制，以及各種儀式操作過程的具體化，使得群體分類秩序和文化整合意識的溝通和表達具有實質意義。因此，雖然長期以來賽夏人的生活空間中環繞著人數更多、更強勢的「異族」，他們也頻繁地與異族通婚和收異族養子或義子，但卻沒有破壞或「污染」賽夏的集體意識，甚至還成為內化外來成員和增強社會聯盟關係的基礎。也因此，即使前面提到的幾個歷史上著名的南庄地區頭目，如日阿拐、絲大尾等人，雖然就血緣而言，都是被賽夏人收養的漢人，但由於他們都具有賽夏「家名」或「姓氏」，也持續在區域生活中以賽夏人的行為模式與他人進行社會互動，因此也是大家所認同的「賽夏人」。

換言之，賽夏族群邊界的形塑，或許本質上就具有滲透性和附加性。而「家

名／姓氏」是最具體的符號和動力；不同來源的人，可以透過婚姻和收養等方式取得賽夏特有的「家名／姓氏」，而成為賽夏的一員。甚至，在特殊狀況下，是否也可能有其他遷移至此的新社群，藉著帶入新「家名／姓氏」的方式併合進賽夏的「家名／姓氏」之中？從過去歷史記載中所稱的「合番」概念，或是矮靈祭歌中呈顯的疊影效果，[33] 似乎也隱約地呼應了一些可能性。

八、結論：姓氏、聚落與族群

　　總之，現今的賽夏族群意象，是歷經不同時空架構，內外多重要素持續互動交織對話的結果；同時，族群邊界，也不是靜態穩固的，而是隨著歷史發展過程而變化。不過，在時間流動變化中，卻又凸顯出一些文化核心符碼或機制，是族群意象再現和具體化的關鍵動力。這種動態變化的過程，正是外界環境刺激與文化基本架構不斷地碰撞和相互運作的結果，促使文化觀念不斷在過去、現在與未來的考慮選擇中重新調整和再結構，這種現象至今還持續反覆進行中。從 2002 年南庄地區賽夏族人進行的一次傳統領域調查，也可以看見不同程度古今和內外對話的過程。這項調查計畫主要目的是希望讓原住民以在地人的觀點，展開自己部落傳統領域的調查和繪製，並藉此召喚部落成員對傳統生活空間知識的回憶；賽夏當地的文化工作者也參與了計畫工作。[34]

　　以南庄地區蓬萊部落的地圖繪製為例，部落內進行了長老訪談、實地踏查

---

33 參見胡台麗 1997。

34 這項計畫由行政院原住民族委員會委託，臺大地理環境資源學系執行；計畫時間由 2002 年 1 月至 6 月，共有 11 族 30 個部落參加；其中賽夏有新竹五峰鄉大隘和苗栗南庄鄉蓬萊二個部落參與。各部落的地圖主要由部落成員自行決定呈現方式和繪製；最後再交由地理專家運用現代科技加以數值圖和立體模型化處理；參見國立臺灣大學地理環境資源學系 2002。

和社區座談；另外也參閱了外界出版的文獻記錄和區域地圖。[35] 最後完成的二張手繪地圖，融合吸收了外來的材料，但卻仍然具有「原住民的歷史文化經驗」再現的效果。其中一張「蓬萊部落傳統領域地圖」，輾轉反映出賽夏「部落」的一些基本性質（圖 3 左）。[36] 這張圖繪製的蓬萊部落範圍，正是前述歷史材料中提到的「南獅里興社」、「日阿拐社」、或「巴卡散社」（Parkasan）。圖中繪製賽夏人記憶中曾在此區居住過的地點；其中呈現的聚落分布方式，若與記錄賽夏聚落的歷史材料配合來看，大致可以看出二個現象：（1）歷史材料中所記載的「社」，讓人假想為一個有組織有邊界的聚居村落；但此地並沒有一個大型聚居村落，也沒有明確的村落組織和界線；而是由多個零散小聚落構成的活動區域。所謂的「社」或「部落」範圍，主要是一些小聚落中居民的日常活動範圍，大致以四周圍環繞的高山稜線作為自然邊界。（2）蓬萊部落雖然是歷史記載中賽夏著名土目日阿拐擁有或控制的範圍，但是現今部落意象的再現，卻並未提到日阿拐；圖中繪出的記憶中賽夏人居住地點，如 kalopotoehan、ray batoki、ray hio、rayin、anmohwan、kas kasahwan、ray tinawbon、batbato'an、mamaongan、tamayong、say kinbow'an 等，都是以當地地形或日常活動的特性命名。

另外一張地圖，原先希望繪製「部落遷移歷史地圖」，但最後卻轉換以「賽夏族遷移史」地圖的方式呈現（見圖 3）。這樣的轉換也顯現出部落的特性與遷移模式；由於現今的部落，並不是一個整體集團性遷移形成的聚落，而是由多個不同姓氏小團體，在不同時間、由不同地點輾轉遷移來到此地交匯聚集。

---

35 主要參與人員是蓬萊部落的 Tanohila（日）姓和 Sawan（錢）姓，其他協助提供資料的人還包括 Babaai'（楓）姓、Titiyon（朱）姓、Kaybaybaw（高）姓、MinarkeS（章）姓、Sawan（潘）等姓。

36 這一張地圖經過數值化處理後，已放在計畫報告中出版；國立臺灣大學地理環境資源學系 2002：13、14。

因此，追溯一個部落的遷移歷史，就是追溯匯集到此處不同姓氏集團的遷移歷史，而各姓氏集團的遷移歷史與族群遷移的歷史根本無法切割。因此，繪製此圖必須處理現存許多記錄資料的差異和各姓氏遷移記憶的分歧；能夠具體化成為一張地圖，不但包括對歷史材料和經驗記憶的蒐集，更涉及對材料和記憶說詞的選擇和再現。這張地圖，最後描繪賽夏族從玉山開始、經臺中豐原、北上到桃園大溪、再南下至日月潭、轉大霸尖山、之後遷到竹北和後龍、再由後龍轉至南庄和五峰一帶（圖3右）。這個遷移路線將賽夏遷移歷史分為七段：「卜翁」（oppeoh na boon）、「雷神」（biwa）、「織女」（waen）、「達愛」（ta'ai）、「舒魯」（sorou）；主要交織再現了賽夏各姓氏主持的重要儀式和傳說中的「先靈」（taitinii）們，並且吸收一些外界研究者對於賽夏族與「道卡斯」和「巴宰」關係的論述。總之，藉由這個管道再度凸顯出，族群遷移與姓氏之間、姓氏與儀式之間密不可分的關係，是不可忽略的賽夏記憶焦點。同時，由於各姓氏甚至個人對於遷移記憶的分歧，最後地圖定調的過程，也運用了賽夏社會對於分歧議題協調處理的習慣傾向和原則——各姓氏間的平等性、儀式相關特定「姓氏」的權威性、以及強烈意見表達者的較高考慮性。[37]

　　透過「賽夏」二百年來發展與接觸變遷的例子，我們可以看見在歷史過程中族群概念的具體化和強化，是受到新竹苗栗交界山區的人群接觸、交易、移墾、殖民、軍事和行政區劃等各種政治經濟活動的影響；不過，文化核心觀念和結構原則，也持續地與現實生活中不斷變化的要素交錯複雜地對話。從這個

---

37 關於神話中傳說的賽夏各姓氏起源的「oppeoh na boon」（卜翁）究竟是住在哪一座高山？目前大多數賽夏人的說法認為是大霸尖山，但本圖中所繪的是玉山。繪圖者的解釋為：大部分人都只是猜測性的意見，但提到玉山是起源點的長老則非常堅持他的意見；而且「oppeoh na boon」祭儀是屬於「Babai」（風姓）的儀式，堅持玉山說法的長老屬於風姓，所以最後以他的意見為繪圖根據。其中也借用了一些文獻中轉借而來的名詞概念和歷史關係論述，如道卡斯（Taokas）和巴宰（Bazahe）等。

角度來看，過去從靜態、固定的血緣、地緣或文化的要素來定義族群，顯然是不足的；賽夏族群邊界是隨著歷史發展過程中社會生活環境的改變而流動。但是，外來刺激雖然是重要的影響因素，文化架構中的內在驅動力也不容忽視；因此，透過歷史的動態變化過程，反而又凸顯出一些特定的變化方向或原則；例如，「開山撫番」以後聚落遷移和賽夏聚落性質的反映，以及賽夏「家名」至「姓氏」的轉換。不過，文化中的價值結構無法自動延續和維持，也不是一成不變的；而是人在具體的社會行動中，透過反覆再現的一些文化符碼刺激，持續轉化形成生活經驗；同時也不斷地在生活中整合認知意識而共同行動。總而言之，細密地檢視族群歷史文化脈絡中多元動態的關係運作網絡，不僅是討論賽夏族群邊界的重要基礎，也是理解實際社會生活中，當代與過去、內部文化價值觀與外在刺激，如何持續互動的關鍵。當然，這些問題需要更深入的討論與發展，也有待歷史學者和人類學者更進一步的思考與密切對話。

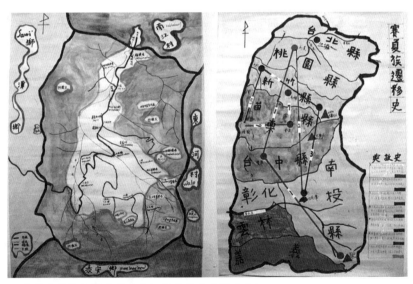

圖3：賽夏族蓬萊部落地圖（左）與遷移史地圖（右）
（武茂・叭細・撒萬繪製）

參考文獻

小島由道、安原信三，1917，《「臨時臺灣舊慣調查會」第一部番族慣習調查報告書第三卷：賽夏族》。臺北：臺灣總督府臨時臺灣舊慣調查會。

小川尚義、淺井惠倫，1935，《原語による臺灣高砂族傳說集》。臺北：臺北帝國大學言語學研究室。

三田裕次收藏、張炎憲編，1988，《臺灣古文書集》。臺北：南天書局。

不著撰人，1962（1894），《新竹縣采訪冊》，臺灣文獻叢刊第 145 種。臺北：臺灣銀行。

_____，〈熟蕃卜合蕃〉，收入臺大「伊能文庫」中「臺灣地理資料：新竹、苗栗、臺中、彰化、嘉義、臺南、鳳山、恆春」。

中央研究院民族學研究所編譯，1998（1917），《「臺灣總督府臨時臺灣舊慣調查會」番族慣習調查報告書第三卷：賽夏族》。臺北：中央研究院民族學研究所。

江日昇，1960（1704），《臺灣外記》。臺北：臺灣銀行經濟研究室。

西田又二，1896，〈新竹縣南庄地方林況〉，《臺灣總督府民政局殖產部報文》第一卷第二冊。東京：臺灣總督府民政局殖產部。

伊能嘉矩，1898a，〈臺灣に於ける各蕃族分佈〉，「臺灣通信」第 22 回，《東京人類學會雜誌》146，1898/5。

_____，1899，〈臺灣於ケル「ベイポ」族ノ概察〉，「臺灣通信」第 28 回，《東京人類學會雜誌》154：126-136。

_____，1902，《臺灣志》（卷壹）、（卷貳）。東京：文學社。

_____，1904，《臺灣蕃政志》。臺北：臺灣總督府民政部殖產局。

_____，1928，《臺灣文化志》（下）。東京：刀江書院。

伊能嘉矩、粟野傳之丞，1900，《臺灣蕃人事情》。臺北：臺灣總督府民政局文書課。

伊能嘉矩著、楊南群譯註，1996，《伊能嘉矩踏查日記》。臺北：遠流出版社。

何培夫，1998，《臺灣地區現存碑碣圖誌・苗栗縣篇》。臺北：國立中央圖書館臺灣分館。

李光濤等編，1953，《明清史料戊編》（第三本）。臺北：中央研究院歷史語言研究所。

佐山融吉、大西吉壽，1923，《生蕃傳說集》。臺北：臺灣總督府蕃族調查會。

林欣宜，1999，《樟腦產業下的地方社會與國家：以南庄地區為例》。國立臺灣大學歷史系碩士論文。

林修澈，2000，《臺灣原住民史：賽夏族史篇》。南投：臺灣省文獻委員會。

波越重之，1985（1907），《新竹廳志》。臺北：成文書局復刻。

吳善祖，1987，〈清代「淡新檔案」：臺大圖書館的新特藏〉。《中國圖書館學會會報》，第 40 期，1987 年 6 月。

吳密察主編，1995，《國立臺灣大學藏伊能文庫目錄，臺灣史檔案、文書目錄（三）》。臺北：國立臺灣大學。

施添福，1990，〈清代臺灣竹塹地區的土牛溝和區域發展〉。《臺灣風物》40（4）：1-68。

胡台麗，1995，〈賽夏矮人祭歌舞祭儀的「疊影」現象〉。《中研院民族所集刊》79：1-27。

胡家瑜，2000，〈器物、視覺溝通與社會記憶：賽夏儀式器物初探〉。《臺大考古人類學刊》55：113-141。

孫爾準著、北京大學圖書館館藏稿本叢書編委會編輯，1987，《孫文靖公奏牘稿本（北京大學圖書館館藏稿本叢書 3）》。北京：天津古籍出版社。

移川子之藏、宮本延人、馬淵東一，1935，《臺灣高砂族系統所屬の研究》。東京：刀江書院。

番業主蕭瑞雲抄錄編輯，1896，《屯番魚鱗冊》，採自中央研究院古文契書資料庫，編號 f01-01-014。

森丑之助著、宋文薰編譯，1977（1915），《日據時代臺灣原住民生活圖譜》（臺灣蕃族圖譜）。臺北：求精出版社。

陳文玲，1999，《臺灣先住民族サイシャット（賽夏族）のエスニック・關する考察》。東京都立大學社會學研究科碩士論文。

陳培桂，1963（1871），《淡水廳志》，臺灣文獻叢刊第 172 種。臺北：臺灣銀行。

陳淑萍，1998，《南賽夏族的領域歸屬意識》。國立臺灣師範大學地理研究所碩士論文。

陳朝龍著、林文龍點校，1999（1894），《新竹縣采訪冊》（合校足本）。南投：臺灣省文獻委員會。

陳運棟、張瑞恭，1994，《賽夏史話矮靈祭》。桃園：華夏書坊。

陳運棟，1987，〈黃祈英事蹟探討〉，收入《臺灣史研究史料發掘研討會論文集》。高雄：中華民國臺灣史蹟研究中心研究組。

黃叔璥，1957（1736 序），《臺海使槎錄》，臺灣文獻叢刊第 4 種。臺北：臺灣銀行。

黃煉石著、伊能嘉矩抄錄，〈奉查南庄開闢緣由序〉，收於臺灣大學藏「伊能文庫」中「臺灣地理資料：新竹、苗栗、臺中、彰化、嘉義、臺南、鳳山、恆春」，微捲編號 T0021/58。

國立臺灣大學地理資源學系，2002，《原住民族傳統土地與傳統領域調查研究》。國立臺灣大學地理資源學系。

鄭依憶，1989，〈血緣、地緣與儀式：向天湖賽夏族三儀式之探討〉。《中研院民族所集刊》67：109-142。

潘秋榮，1999，《賽夏矮祈天祭的研究》。國立政治大學民族學研究所碩士論文。

臺灣大學圖書館特藏組藏，「淡新檔案」。

臺灣銀行經濟研究室編，1959，《臺案彙錄甲集》，臺灣文獻叢刊第 31 種。臺北：臺灣銀行。

＿＿＿＿，1963，《清代臺灣大租調查書》，臺灣文獻叢刊第 152 種。臺北：臺灣銀行。

＿＿＿＿，1964，《清宣宗實錄選輯》，臺灣文獻叢刊第 188 種。臺北：臺灣銀行。

臺灣總督府警察本署，1989（1918），《理蕃誌稿》。東京：青史社復刻版。

衛惠林，1956，〈賽夏族的氏族組織與地域社會〉。《臺灣文獻》7（3/4）：1-6。

＿＿＿＿，1964，《臺灣省通誌稿卷八：同胄志（賽夏族）》。臺中：臺灣省文獻會，139-159。

謝世忠編著，2002，《臺灣原住民影像民族史：賽夏族》。臺北：南天書局

劉銘傳，1958，《劉壯肅公奏議》，臺灣研究叢刊第 27 種。臺北：臺灣銀行。

羅大春，1972（1874-1875），《臺灣海防並開山日記》，臺灣研究叢刊第 308 種。臺北：臺灣銀行。

鷹取田一郎，1916，《臺灣烈紳傳》。臺北：臺灣總督府。

Bureau of Aboriginal Affairs, 1911, *Report on the Control of the Aborigines in Formosa*. Taihoku, Formosa: Bureau of Aboriginal Affairs.

Comaroff, John & Jean Comaroff, 1992, in John and Jean Comaroff, "Ethnography and the Historical Imagination", *Ethnography and the Historical Imagination*, pp. 3-48. Boulder, Colorado: Westview Press.

Gurevich, Aaron, 1992, *Historical Anthropological of the Middle Ages*. Cambridge: Polity Press.

Hoskins, Janet, 1993, *The Play of Time: Kodi Perspectives on Calendars, History, and Exchange*. Berkeley, Los Angeles & London: Univ. of California Press.

Levi-Strauss, C, 1963, *Structural Anthropology*. Translated by J. Russell, New York: Atheneum.

Sahlins, Marshall, 1985, *Islands of History*. Chicago & London: University of Chicago Press.

清代番地治理與族群地權關係：
以鳳山溪流域的竹塹社與客家佃戶為例 [*]

李翹宏

一、前言

　　清代鳳山溪流域的地域社會形成歷史有兩個交織的重要過程，其一是粵籍客家人以漢佃身分進入國家在邊區臺灣逐步設定的三層制族群政治架構，取得土地耕種經營的權利以安身立命；其二是從土地經營收益中析分出宗族蒸嘗或神明會的公共產業，以建立家族或跨家族的凝聚力，進而在番地的領域中形成具有客家特色的地域社會。第一個過程的研究，源於施添福 1989 年起陸續發表的數篇有關清代竹塹地區的文章（結集於氏著 2001），提出了以乾隆中葉和末葉劃定的兩條番界作為竹塹地域社會的三個人文地理區之分析架構（即漢墾區、熟番保留區、隘墾區）。乾隆中葉的番界（俗稱的土牛溝）與當時的隘番制關係密切，乾隆末葉的番界則與林爽文事件後推行的屯番制有關。番界並不僅僅是有形、無形的地理界線，更決定了土地拓墾的形態以及由此發展的社群性質與人文景觀。第二個過程的研究，至今已有相當多論文與專著，大都認為客家族群是以設立各種公共產業為主要的社群形式與認同機制。但過去的研

* 本文原刊登於《全球客家研究》，2014，2 期，頁 259-300。因收錄於本專書，略做增刪，謹此說明。作者李翹宏現任國立交通大學客家文化學院人文社會學系助理教授。

究者幾乎都是從個案研究出發，尚未有統整性的資料出現。

　　為了從地權的分化和公共產業的角度討論鳳山溪流域的地域社群關係，本文將利用日治初期的土地權利調查檔案：土地申告書，轉換為量化的統計資料，以了解並評估上述雙重社會過程到了清末呈現何種樣貌。土地申告書是日治初期成立的「臨時臺灣土地調查局」於明治38年（1905）完成的調查資料，這項調查是為了瞭解臺灣土地權利的歸屬情形以作為地稅改革和處分大租權的依據，可說是日本殖民統治現代化事業的一部分。現今保留下來的文件檔案只有臺灣北部桃竹苗地區的部分，尤其以新竹地區的最完整。我們以鳳山溪流域（現今包括了竹北、新埔、關西地區）的土地申告書為統計分析的對象，將文字資料予以數位化為資料庫，再擬定條件篩選統計相關的土地面積。本文主要篩選計算的是帶有「番租」的土地規模，以及附記「管理人」的土地規模。帶番租的土地申告書代表的是清代番地治理的結果，可以從中顯現該地區的熟番社群「竹塹社」所擁有的地權狀況；附記管理人的土地申告書則代表公共產業的土地，我們可以由此評估客家「嘗會」的分布（由於土地申告書並未載明地權所有者的族群屬性，我們這裡所稱的客家也包含了該地區可能已經受客家文化影響的「平埔客」或「福佬客」）。

　　以下先簡短介紹竹塹社的歷史和人群特質，以便第二部分說明清代國家如何用地權的分配作為番地治理的主要手段，進而成為地域社會的基本結構。第三部分則利用歷史文獻進一步分析番租對於地域社群關係的意義。第四部分用土地申告書資料庫的統計數字討論清末番租土地的規模與分布。第五部分則是統計嘗會與神明會公共產業的規模與分布，討論客家佃戶如何從番地地權的分化之中建立起自己的社群認同基礎。

　　鳳山溪流域的熟番地權所有者，係指現今被民族學界分類為道卡斯平埔族的竹塹社人。竹塹社之名原是康熙年間歸順皇朝後所立社號，早先該社族人生

活於今新竹沿海香山地區，後居址於舊名竹塹之地域。雍正年間因竹塹建城，由官府諭令遷於北門外（後稱為舊社），乾隆時再遷至鳳山溪與頭前溪交匯的沖積帶，稱為竹塹新社，建有公館，作為祭祀、公議之所，直到咸豐4年（1854）因天災、閩粵械鬥牽連而燬，光緒初才又重建（臺灣銀行經濟研究室編 1993：234-235）。[1] 據光緒時《新竹縣采訪冊》登載，土名新社的竹塹社屯丁94名，餘丁口390。其附考又說，舊時竹塹社丁口千餘，乾隆以來皆聚居新社，但自咸豐4年閩粵分類肆擾番社後，散居竹塹堡之番子陂、犁頭嘴及竹北堡之枋寮、新埔、鹹菜甕等，留居新社者不過三、四戶。清末方志的描述當然過於簡化，但也顯示竹塹社人已散處各庄，混雜於鬆散的人丁戶口登記中，甚至可能曾有數目不詳的社番遁入深山復為生番（臺灣銀行經濟研究室編 1993：99）。[2]

　　清初竹塹社歸化立社後即設有土官、通事、土目、甲頭，除了負責向朝廷納餉（後改為番丁銀）和提供差役，也漸習農事組織開墾，甚至學會開圳灌溉。但是乾隆中期以前社餉和差役繁重，迫使社番屢屢公議杜賣番地給漢人去立戶報墾陞科，形成漢業戶為主的拓墾區。乾隆中期以後，番餉和差役雖已減輕，並有此前禁墾護番的政策形成保留區給社番自耕，然而乾隆55年（1790）正式推行的屯番制，仍持續將番丁抽調離社，使其難以安居力農，最終導致番社空虛解體（部分隘番首領則在新形成的隘墾區中立業）（施添福 1990：67-92）。在這個過程的背後，是來自對岸的移民迅猛發展的農業拓墾大潮，從沿海平原向鳳山頭前兩溪中上游擴展到湖口、飛鳳丘陵，甚至進逼兩溪上游近山地帶，漸次形成地區性農業體系和商業網絡（林玉茹 2000：33-100）。與此

---

1 本文依循清代文獻所慣用「番」字用語以指稱今日正名為「原住民」之臺灣非漢族群。
2 另外，根據日人的資料，劉銘傳撫番時期和日治初期都有稍詳細些的平埔番戶口調查（張炎憲、王世慶、李季樺主編 1993：908、936-937）。

同時，則是國家與地方官員在應付邊區屢生的民變中一步步調整形成的三層制空間族群政治，先是企圖利用熟番監管新開發的地區，繼而為熟番武力籌集隘屯糧餉而允許漢人墾佃番地，進而逐漸演變成為農業移民結合熟番進墾內山生番地區的有效機制（柯志明 2001：255-274）。[3]

18 世紀末到 19 世紀末，在強勢文明與國家設定的政治架構影響下，竹塹社番不但被編入國家體制，社中通事、土目也難以抗拒其強勢「文明教化」的影響，至遲於乾隆末年已漸漸改用漢姓。起初因參與平定林爽文事件有功特封義勇，賜有錢、廖、衛、潘、三、金、黎七姓，嘉慶時在新社公館中已設有祖先牌位奉祀七姓祖先，每年以社課所收一部分番租為祭祀費用。咸豐年間新社公館毀於閩粵械鬥，至同治年間，金、黎兩姓已絕嗣，其餘五姓亦分散各庄。迨光緒時重建新社公館，五姓房長訂立合簿字規條，明定社務，包括頭目、屯目、五房長之辛勞穀，祭祀費用額度，也有鼓勵「進泮」生員、設立義塾的費用（王世慶、李季樺 1995：127-172；李季樺 2006：13-38、2007：21-69）。

我們由此可大略推想，在不斷捲入農業帝國的邊區擴張歷史中，竹塹社傳統社會組織先經歷了幾乎解體的過程，部落社會原本應有的氏族聯姻規則和權力結構，受到日益頻繁的漢番通婚和劇烈開展的移墾社會政經結構變化的衝擊而消解。然而，國家在邊區空間採行的特殊治理方式，遂使番地由原始經濟的形式轉變成由租佃關係分配的農業地權形態。從中衍生出複雜多樣的番租形式，讓番社在原本共享的原始山林經濟資源不斷流失到農業群體的情況下，到了日治初期仍有可觀的固定收益可以重整為另一種具有法人（corporation）性

---

3 三層制族群政治的原初設計固為阻絕漢人移墾，但在乾隆後期以降實際上已經演變為「因應」（accommodate）熟番結合漢佃開墾的多重地權分配模式。阻絕漢人開墾番地的政策實際上難以長久，逐步調整的政策所顯現出來的機制是透過空間規劃來整治多重地權的安排（授權番社通土、屯埔佃首與隘墾戶）藉此平衡熟番與墾佃者對農業利益的追求與分工，從而穩定邊區的發展並滿足日益增長的治理費用。

質的社群。即基本上模仿以粵籍客家移民為主體的漢人在這個區域逐漸廣泛建立的宗族社會模式，藉著在社務中增添類似「嘗會」的祭祀活動與組織內容來整合社群以維繫番社的存續。其間尚且經歷了劉銘傳整頓田畝租稅裁撤隘墾戶、日治初期實行大規模土地調查進而廢止大租的變化，雖然並不全然是針對番社而來，卻幾乎徹底剷除了番社最後的經濟基礎，竹塹社最後只能以日本殖民政府提供的大租補償金換購土地，轉型成以現代意義的財產為基礎的「采田福地」祭祀公業。

日本治臺政府於明治 34 年（1901）完成的土地申告登記，成為經歷兩百年演變的番租的最後紀錄。本文即以此難得的資料進行統計分析，試圖從數據資料來呈現 19 世紀末竹塹社所擁有番租土地的規模和分布。然而數字本身的意義須以近年來出現的相關歷史文獻研究為基礎，才能有妥適的解讀。因此本文首先要做的是，釐清番租土地的形成過程，其中主要有兩個歷史行動者（historic agents）的模式，其一是清代國家的臺地邊疆治理模式，該模式藉著土地拓墾權利的空間劃定，設定了番租地的形成條件。其二是竹塹社人及其承佃者的客家漢人作為地方群體的多種因應行動模式，包括集體的與個別世系領導者的努力，出現了各種建構番租地權的可能性。結合這兩個面向的分析，再進行土地申告書資料的分析和詮釋。最後結論的部分則進一步討論，番租與公共地權的建構和調變，實為客家地域社會形成的重要面向。

二、番地與番界：國家與地域格局的形成

番地的界定是臺灣自入清版圖後，作為邊疆社會治理的重要議題。清初從閩粵沿海往臺地春耕秋返「無家無室」的單身青壯移民（方志中所謂的客丁、客佃），入墾番地之後，往往成為地方官的隱憂。康熙 50 年（1711）臺灣縣級地方志即清楚反映了理臺文武官員及其僚屬對於「流移日多」漸過半線、大

肚溪以北而可能引發的嚴重社會動亂感到憂心（李文良 2003：141-168）。原因除了朝廷的地方建置趕不上被臺灣廣大「荒地」吸引來的移民潮流，更因為清初封禁或開發實邊兩種政策的取向爭議不定，既困擾地方官批發墾照的判斷，也可能導致大量隱匿漏報的私墾地主，在治外之地自組成豪強集團並演變成治安問題，而其中關鍵就在於番地與荒地的區辨，以及這樣的界分是否能有效的維持（柯志明 2001：79-84、127）。[4]

根據施添福〈清代竹塹地區的土牛溝和區域發展：一個歷史地理學的研究〉一文開創性的研究（施添福 1990：1-68），臺灣的番界劃定始於康熙 60年（1721）閩浙總督覺羅滿保於朱一貴事件平定後倡議，其後經雍正到乾隆初年，多次令地方官劃界立石，但多數以南臺灣為主，新竹地區只有零星界碑。嗣後歷任閩浙總督、布政使迭有釐訂番界之奏議，但直到乾隆 25 至 26 年（1761-1762）間，北臺灣才築成了一條明確的界線：土牛和土牛溝。在這段期間，清政府的政策主軸已經有了很大的改變，從消極封禁到鼓勵開墾再逐漸轉向積極的護番禁墾，而此時期之前竹塹地區的土牛溝以西至海濱的大片平原地帶草埔，已然由漢墾戶從竹塹社土官手中買得並報准陞科，建立了漢墾區（施添福 1989：33-69；柯志明 2001）（參見圖 1，如北莊、南莊、貓兒錠、萃豐庄皆初墾於乾隆朝以前，乾隆初年禁墾番地後，仍有土名霧崙毛毛埔後稱為東興庄的大片草地以番社名義報墾再轉賣漢人，可算是漢墾區最後一批流失的番地）。

---

4 雍正 4 年（1726）閩浙總督高其倬即在奏摺中指出田園界限不清的嚴重性，攸關依附其上的保甲難以落實。

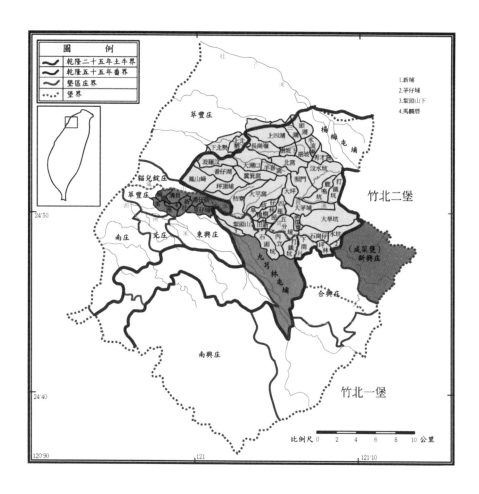

圖1：清代竹塹地區番界、熟番地分區與街庄對照圖[5]

番界的設立，從官方的用意來說，原本是為了禁止漢人不斷越界私墾形成
流民藏匿之處，防止因此激發的生番危害。而將土牛界以東作為熟番「以番制

---

5 本圖依據柯志明（2001：18、327）之圖重繪，柯圖之番界乃根據施添福「清代竹塹
　地區的三個人文地理區圖」改訂，此處依之。

番」的領地，則同時具有區隔內山地帶的生番與漢墾區漢民的作用，此即沿襲雍正皇帝的「劃清界線，令熟番、生番、百姓各安生理，不相互為侵擾」旨意（國學文獻館主編 1993：2879）。但實際上，不論是界碑或區區幾尺深丈餘寬的土溝土堆，何能禁絕粵藉客屬漢人追求開闢新的家園？乾隆中葉以後番界實際的作用其實是藉以釐訂不同區塊的地權和租稅形式的安排，讓不同族群得以建立租佃關係以合作開墾（陳秋坤早期關於中臺灣岸裡社的研究以「番產漢佃」稱之為基本格局，本文則認為北臺灣鳳山溪流域的情況可進一步特稱為「番產客佃」之例）（陳秋坤 1994：7-10），[6] 才能讓族群區隔政策有真實的社會基礎。John Shepherd 以臺北三峽地區的資料所建立的清代熟番地權演化理論，即相當肯定官方保護熟番地權的成效（Shepherd 1993）。但柯志明以施添福的研究為指引，詳細整理龐雜的清代官方史料和民間契約，同時運用日治初期的土地申告書（主要是新竹地區）、大租調查書、岸裡文書等檔案文獻進行經驗資料的驗證後，則主張直到清末仍然存在番租權利的熟番地，應視為在實現三層式族群政治的架構下，「重新配置」地權的結果，熟番的居住空間和生活方式在番界的一再重劃後已然劇烈改變。

柯志明在《番頭家》中詳細爬梳官方文獻告訴我們，土牛界開築之前的幾任乾隆朝的地方大員就一直在積極籌劃進行釐清番界的工作，背後其實包含一

---

6 晚近有關熟番地權的研究（主要是柯志明的一系列成果，也包括陳秋坤近年來的研究在內）已經精細區分出多種形式的番漢租佃關係，「番產漢佃」似已不再適合用來概括這些新的發現。然而如果把多種形態的番租創設和演變都看作前資本主義形式的番產，即不同於現代作為生產工具之獨占性私有財產觀念，那麼也許可以說，施添福等學者關心的番地流失現象，正是（日後演變為番產的）番租在清代臺灣歷史舞臺上得以出現的代價。民國 36 年竹塹社祭祀公業帳冊，開篇序文中即有言「前清年間邀集族內能力者出為開墾田畑，民間抽的大租組成竹塹社作為基本財產，以為崇奉始祖之公業」（底線筆者所加，中研院臺史所藏古文書，編號 T0128D0128-0001-005），該文句雖是竹塹社後代以今推古之說，亦即可謂番產的「近代化」，但更應看作一項民族誌學所謂土著觀點的披露。亦即「番產」意味著歷史上番社祖先開拓土地取得的權利，並以番租為維繫族眾之產業。

套逐漸形成並落實的族群空間政治思維。它不僅是一種政策精神，還是一套意圖強力施行的制度，企圖依照地理空間的分割設定不同的地權分配方式以打造新的社會形式。其中占核心地位的作為，是藉著更明確的罰則嚴禁越界贌墾、整肅漢人豪強的侵占與欺壓，以及重劃番界以解決民番田園糾紛。整體而言，這些作為顯然都是在強化番界的政治經濟意義，土牛界溝則可視為這個政治過程的階段性成就在地表空間的具現。與釐訂番界完竣同時出現的重要作為，則是撥派已然失去傳統生活空間而日漸貧困化的熟番丁在番界沿邊搭寮守隘（二者同時見於總督楊廷璋的〈臺屬沿邊番界清釐已竣，酌定章程〉奏文），即學界所謂的隘番制，可說是在番界上加上了區隔漢番的常備武裝力量，強化番界的邊防意義。[7]

三、從番地到番租：地權的形構

　　乾隆 26 年（1761）完成的土牛番界不僅重新定義了番地，也重新定義了番界內外不同的土地權利類型。與之相配套的制度設計為隘番制與後來因林爽文事件而進一步發展的屯番制，不僅把番丁武力正式納入國家體制，也從中創造了熟番新的經濟來源，從而在保留區內形成了受法令保障可以收取農業剩餘利益的「番租」，並且允許甚至鼓勵漢人以業主的角色經營這些番地而「永遠為業」，結果就是乾隆中期以後「番產漢佃」或「番業漢佃」模式在保留區內

---

7 總督楊廷璋奏文請參見柯志明《番頭家》附錄 386-388 頁。柯志明稱隘番制為一種族群結盟策略，然在強弱勢極為不對等且熟番無從抗拒的情況下，這樣定位似有溢美之嫌。

8 柯志明（2001）主要是使用「番業」的概念，這從該書頁 2 註 1 以及索引相關條目即可看出其主張。使用這個概念在臺灣史研究上的一個重大意義可能是他強調在雍正 8 年（1730）到乾隆 33 年（1768）「民番一例」時期向國家陞科納供的番業戶（納稅是國家承認業戶的一個關鍵條件）的存在，不應看作番租類型的變例（詳見該書第十章）。位於竹塹地區鳳山溪下游的貓兒錠、頭前鳳山兩溪中下游共同沖積的莘豐庄、

漸次形成並延續至清末（柯志明 2001）。[8]由於北臺灣早期移墾漢人以粵籍（今之「客家人」）居多數，以清代新竹鳳山溪流域的族群情況來說，則又可謂之「番地客佃」。

　　由於清中葉以前守隘工作主要倚靠熟番，隘丁領有性質類似軍餉的隘丁口糧，等於相當程度把竹塹社人羈限在番界附近，而隨著歷次番界的改訂和隘寮的建設而移動。乾隆 51 年（1786）林爽文事件後，朝廷更清楚意識到番界外難以嚴禁的大片私墾地區已經形成了難以控制的治外空間，於是一方面加緊清丈整頓，一方面籌設屯番制以控制這個夾心層的緩衝地帶。從隘番到屯番，熟番武力名義上已經歸入國家建制，隘丁口糧和屯租則是從番界外清理出來非法溢墾的田園徵收，或從「斷歸番管」的私墾地上收租抵充。乾隆 55 年（1790），隨著土牛界外已墾、未墾埔地的大規模清查完成，熟番田園與屯埔地劃定歸整成為保留區，正式實施番屯制。保留區東側沿著番社地與屯地的新的邊界也跟著出現，此即主事官員奏報朝廷設屯分撥埔地的稟文中所謂「歸屯為界」的綠

霧崙毛毛埔（東興庄）皆可能屬此類（詳見該書 120-122、145-148 頁）。然而由於番業戶實際經營土地有諸多的困難，多數還是由作為「番佃墾戶」的漢人經營，甚至在法令未嚴備的情況下過戶給漢人，於是番大租「退化」為早期漢墾區貼納社餉的類型，即漢業主同時代為繳納國家正供和番社課。此外，婆老粉番業戶的存在更是顯例，該番業戶於乾隆 22 年報墾陞科，直到同治 4 年仍繳納正供在案（見該書 200 頁），然而該地報陞後因熟番無力自耕而成荒埔，在朝廷籌措隘番口糧的情況下才再輔導招佃墾田供課以足番食。婆老粉給佃批見《清代臺灣大租調查書》頁 369。根據這張批單，婆老粉報陞初期因離社太遠「眾番無力」荒蕪多年，直到乾隆 41 年繼任通事丁老吻手上才招得墾佃。（熟番無力自墾自耕的原因，參見施添福，1990，〈清代臺灣「番黎不諳耕作」的緣由：以竹塹地區為例〉）。至於土牛界外保留區的竹塹社地、屯埔地，朝廷為了穩定隘番口糧和屯租來源而給以「免正供的番大租」權利，由番社通事（就其所管社地）或代理的佃首（就其所承攬的屯埔）發給墾批或佃批，實際開墾者仍然多數是漢人業主，亦即番社有給墾收取大租公用或分配口糧租的番地租管理權，而墾戶佃戶可以透過理番衙門認證的墾批或佃批取得田底經營權（即實質的業權，可再轉佃收取小租，實例見該書 302 頁）。由此而言，清中葉以後的保留區土地雖保留了番租但漸多已成客佃擁有永佃權的實質漢業。至於墾戶之中亦有番頭家收取小租性質的豐厚番租（尤其是隘墾制中的部分隘番口糧租），則在清末劉銘傳推行清賦乃及日治初的大租改革過程中予以「消滅」了（柯志明 2009：29-86）。

線（臺灣銀行經濟研究室 1959：46；柯志明 2001：266-269；戴炎輝 1979：467-530）（參見圖 1）。

　　保留區內番租土地的類別乃是源於清丈界外田園埔地後發現的不同情況屬性分別處置而來。根據柯志明的文獻整理（主要依據《臺案彙錄甲集》），朝廷委任地方官於乾隆 49 年（1784）清查勘丈，復於林爽文事件後為籌設屯務再次費時兩年於乾隆 55 年（1790）全臺清丈界外田園定案的結果，依其性質分類如下表 1。

表 1：乾隆 55 年（1790）保留區田園類別（全臺）[9]

大類	細類	甲數	說明
民耕田園	科田	8780	陞科納供並帶納番租的民業田園
	「番大租」田		招漢佃戶抽收大租的番業田園
	屯田	3735	「丈溢」歸屯後官為收租充作屯餉的民耕田園
	抄封田	3380	翁、楊案與林案叛產抄封田園，租額撥供臺灣駐軍加給
番耕田園	自耕番田	1961	熟番自耕的番社田園，墾成亦可招漢現耕佃人抽收番小租
	養贍田	5691	新、舊界間可墾荒埔分撥給熟番自墾自耕（後亦容許招漢佃戶開墾）

資料來源：（柯志明 2001：263）

---

9 「丈溢」指的是原報未實或丈後續墾的私墾地，歸屯後本應撥給屯番自耕，實際上卻因過於分散並不可行，基本上仍由官方透過佃首代為招佃徵租作為屯餉。

　　表1中第一項「民耕田園」包括科田與「番大租」田合計8780甲，個別數目不詳。所謂科田原係民人私向土牛界外番人佃地耕種，經查丈飭令報陞但仍待納番租的田園，但在設屯前的清釐期間於竹塹社保留區內似並未見此類已知案例。「番大租」田則是乾隆33年（1768）後，朝廷為了籌隘糧來源，又體認到番丁守隘差役繁忙難以自耕，便在保護番地不再流失的考量下，給與招漢佃開墾的番地免除正供的待遇，並明文強制比照臺灣一般大租的額度（田每甲八石，園每甲四石）。由於明令不得將番地陞科過戶，也就杜絕了漢人買斷「番大租」的途徑。

　　「番大租」田實際上多是由漢墾首（或稱佃首）經理，籌組開墾工本並招攬佃人，墾成後負責收取大租繳納番社。相較而言，自耕番田原則上是社番均分社地自力開墾，又稱為社番口糧田或私口糧田，墾成後可招現耕佃人繼續耕種抽收番小租，特稱為番口糧或簡稱口糧，租額通常較大租為高且租期較短。不過後代社番鬮分口糧田後仍可能將祖遺口糧田（的田底小租）杜賣給漢人（此乃清中葉以後竹塹地區商人投資土地的主要管道）而轉變成納「番大租」的土地（但租額低於一般的大租額）（柯志明 2001：280-303）。根據柯志明的分析，由於繳納「番大租」者屬於擁有田底永佃權的業主，其地位與繳納番口糧租的佃戶完全不同，這樣的分類乃是重要的民間習慣，所以儘管日治初期負責土地舊慣調查的日本學者不明其中區別，仍得以在日治初的土地調查登記用語中使用（柯志明 2001：297）。[10]

　　圖1竹塹地區屬竹塹社所有的兩塊社地主要是屬於這兩類性質的田園，一

---

10 柯志明有關岸裡社地權的進一步研究，更清楚說明了番口糧具有小租的性質，見氏著，2008，〈番小租的形成與演變：岸裡新社地域社番口糧田的租佃安排〉，《臺灣史研究》15（3）：57-137。竹塹社區域的番口糧情況是否相同則仍有待研究。

塊在土牛界內（故不包含在表一的數字內）原竹塹新社公館附近（今日竹北市
東區），包括竹北一堡的溝貝、溪州、馬麟厝、新社、番仔陂、蘋園、豆仔埔
等七庄。另一塊則是土牛界外保留區廣大的鳳山溪中上游河谷和丘陵地（今
日新埔全部，以及鄰接的湖口、關西和竹北一部分）。我們用土地申告書中大
租欄內的資料進行統計，將這兩個區塊內登記有「番租」或「番大租」的土地
作為一類加以合計，登記「口糧」或「番口糧」的另為一類合計。見表 2，清
末日治初，這兩塊竹塹社的範圍內仍有高達百分之五十以上的土地殘留有番租
（且絕大多數的大租戶從氏名判斷應為竹塹社番）。

表 2：清末竹塹地區的番租土地規模 [11]

區塊	土地申告書甲數（份數）	帶番大租土地甲數（份數）	比率 %	帶口糧租土地甲數（份數）	比率 %	合計比率
竹塹社地土牛界外	8816.1（10528）	1678.9（1712）	19.04	3001.4（1861）	34.04	52.92
竹塹社地土牛界內	1115.8（1084）	150.5（79）	13.49	525.2（467）	47.07	60.20
九芎林屯埔區	843.1（1067）	17.1（17）	2.03	181.5（147）	21.53	23.56
咸菜甕隘墾區	1125.8（1864）	94.5（31）	8.39	136.1（31）	12.09	20.48
合計	11900.8（14543）	1941.0（1839）	16.31	3844.2（2506）	32.30	48.45

資料來源：土地申告書，統計街庄範圍請參考圖 1 所示

---

11 我們選擇以土地大小來計算，而不是租額，因為租額有米粟土豆銀圓等難以折算的
　品種單位。要特別說明的是，由於有少量申告書內同時登錄有番租和口糧租（猜測
　或許曾有部分口糧租非全部遭典賣而轉成番租），故最右欄合計比率略小於二者相
　加。

　　透過國家對於番界的劃定，乾隆中葉以後竹塹社名義上擁有番地，其通事、土目有權代表社番給出墾批佃批，對承墾漢人收取番租。根據日人波越重之所撰《新竹廳志》，乾隆 14 年（1749），因舊社遭水患，竹塹社土目衛開業、衛福生，通事錢子白暨眾番會議後，始遷新社地區墾耕，人口有 400 餘人，約略同時期已有一部分社人遷往枋寮、吧哩嘓（今新埔田心仔）開墾。林爽文事件後，臺灣實施屯番制，竹塹設大屯，統竹塹、日北、武勝灣 3 小屯，共屯丁 400 人，竹塹社占 95 人，由竹塹社錢茂祖任大屯把總，社內土目通事亦皆編入屯番把守各隘寮（張炎憲、王世慶、李季樺 1995：864-876；新竹縣文獻委員會 1983：6）。[12]

　　按照朝廷官員（以福康安為首，會同臺邑地方督撫會兵部議奏）奏准的屯田規劃，番屯丁不給餉，而是以清丈番界外「流民」越墾埔地和未墾荒地，撥發以資養贍。然而實際撥給竹塹大屯把總、外委、屯丁的卻是距離遙遠的武陵埔 150 多甲荒埔（位於今桃園龍潭）。另外還有留存屯務公用之田，其中一塊在鳳山、頭前二溪流域範圍內，位於九芎林地區，有 35 甲多，交佃首姜勝智督佃開墾、按等科租以充屯務公用，所有大小租俱充屯餉，佃首經理租務可得辛勞穀年 60 石，九芎林原有隘丁 11 名，每名口糧穀 30 石，原係莊民業佃四六攤給，該地歸屯後則改由屯租內官為照給（可見性質從民隘轉為官隘）（臨時臺灣土地調查局編 1963：1046-1050）。

　　根據現存的竹塹社古文書來看，包含鳳山溪與頭前溪中段支流的九芎林地區，在乾隆 55 年（1790）屯制實施之前，原本已經有由竹塹社通事什班（錢

---

12 另外，王世慶編《臺灣公私藏古文書》第 3 輯第 69 號，一份嘉慶 13 年（1808）的水利契，也可證明吧哩嘓一帶很早就有番業主的存在，承繼者為衛福星（衛阿貴之子）。可能正因如此，土牛界在枋寮附近有特別折曲的現象。

子白）、土目斗限比抵同眾番等發出的給佃批數張，所給荒埔稱為「員山仔溪北犁頭山隘邊草地」，招漢佃自備牛隻工本前來認墾，給出犁份半張或一張（五甲）或「九芎林下山地基一所」，佃戶包括劉承豪（乾隆 50 年 [1790]）、林拱寰（乾隆 50 年 [1785]）、林體魁（乾隆 51[1786]、52 年 [1787]）、彭雲化（乾隆 51 年 [1786]）等，所納大租依每甲田八石、園四石通例運至社倉交納。而且這些竹塹社發出的佃批內聲明該處隘邊草地是「奏明委官勘丈劃入界內准番開墾」（張炎憲等編 1993：87-90）。可見得當時竹塹社番在土牛界沿邊設隘招佃開墾，逐漸從東興庄向頭前溪中游推展，系屬東興庄六張犁林家的林拱寰、林體魁（林先坤之子）已參與其中。

　　姜勝智擔任屯租經理後，則以九芎林庄佃首之名開出佃批，所納者為屯租，運至佃首倉口交納，仍依每甲八石之例。類此佃批之佃戶有楊帝佑（乾隆 56 年 [1791]）、李中英（乾隆 57 年 [1792]）、姜懷齊（乾隆 58 年 [1793]）、劉阿甲（乾隆 58 年 [1794]）等（張炎憲等編 1993：93-97）。可能是因為留存屯埔地範圍有限難免與竹塹社人爭墾，嘉慶年間曾有姜勝智超出範圍「混給佃批」經官清丈後劃歸竹塹社重新給出墾批的情況發生（吳學明 1998：34-36）。值得注意的是，重新給出的墾批並非以竹塹社通事土目眾番的名義，而是由特定的土目潘文起給立墾批，並且其大租也由潘文起收管。其原因是「此業係（潘文起）承祖父先年募丁堵禦生蕃墾闢，與別房社蕃等無涉」（張炎憲等編 1993：113、118）。由此事例，可見帶領設隘的土目對於其所護衛的墾佃有收取隘糧大租之權，但租額較一般大租為輕，而且經官方、竹塹社通事加印「知見」確認，可以由潘文起後嗣繼承，可說是從隘租轉變而來的番租類型，有可能出現在清末的土地申告書中。至於前述屯租，由佃首經理後交官（北路理番分府）統籌分配，且屯丁後嗣並無繼承權，雖然是屯番的重要收入，但已非番社所能支配，也不會在土地申告書中留下記錄。而姜勝智任佃首後，至嘉

慶 15 年（1810）為止，多次給出墾批與姜家子弟，更與林家的林國寶混給爭墾互控，侵犯了竹塹社土目潘文起家系在石壁潭、水坑一帶的番租權。由此可印證圖 1 中九芎林區並非全屬當年姜勝智所經管的屯埔地，也包含了竹塹社人從隘墾事業中得到的番租，這也解釋了為何該地區在土地申告書中仍有相當比率番租的存在（見表 2）。

　　番屯制雖然為竹塹社番增加收入，但是徵調屯番離社的情況，實際上也會對番社的公共利益帶來負面影響。嘉慶 11 年（1806），竹塹七房合議立下總墾批將保留區東側的一大片青埔給與通事茖萊湘江和土目衛福星招墾佃作為自己的租業，只因屯番隨軍出征時，留在社內的家眷生活日食要依靠兩位通事土目籌借費用照顧。該總墾批給承攬的漢佃相當優惠的條件，不僅開墾前 10 年不須繳納任何番租，嗣後每年每甲 6 石亦低於臺邑通例。該墾批部分文字如下：

　　　立給總墾批字 竹塹社通事茖萊湘江、土目衛福星 番差甲首耆番等，
　　　承祖父遺有樹林青埔壹處，東至上橫坑水爲界西至下橫坑西坑水爲
　　　界北至枋寮溪水爲界南至九芎林分水爲界，四址面踏分明坐落土名
　　　老古石，今因洋匪滋擾各憲調撥社番隨軍前往，各番眷日食係通
　　　土代借費用無徵，無奈同番耆甲首等商議願將老古石埔地給與漢人
　　　江顯爲、吳圓叔、林胡官等承墾……**此租業係眾社番公同合約願與**
　　　湘江、福星收租永爲己業……。批明眾番出給……與漢人開墾拾年
　　　爲期並無供納租谷丁丑年以外水田
　　　按甲供納每甲納租陸石永爲定例
　　　嘉慶十一年八月　　竹塹社七房眾番合結總墾批字（眾番名略）（張
　　　炎憲等編 1993：109-110；重點是加上的）[13]

　　這則總墾批出現了數十位番差甲首番耆等人的簽名畫押，可約略看出該片青埔原本作為公共社地的意義。一般的墾批由竹塹社通事土目代表番社用印立給即可，但這則墾批要這樣多番眾簽押，是因為日後所收大租將成為這兩位通事土目的私業，不再算做番社大租，所以要番眾們簽押以免未來糾紛。這是保留區竹塹社地轉化為番業主之租權的例子。然而目前我們無法知道類似這種情況的規模和範圍多大，只知道到了清末，竹塹社通事所掌理的公共收入只剩下枋寮庄、員山仔庄、蘋園庄、樟樹林庄（位置約略為新社到新埔街沿鳳山溪谷一帶）四庄的佃戶番租，以及萃豐庄、貓兒錠等處的四個漢業戶所繳納的社課，而且已經有嚴重的公私不分所衍生的糾紛現象（淡新檔案 17211-001 至 004）。[14]

　　此外，著名的竹塹社番衛阿貴在鳳山溪上游的隘墾事業則是在保留區外創造新的番租的例子。衛阿貴曾仜屯丁首，乾隆末年先有漢墾戶墾號連際盛立案取得保留區東側近山地帶墾權，由於地近生番，衛阿貴受僱為隘首協助設隘。不久連際盛放棄墾權，由衛阿貴接手續招客家漢佃開墾，至嘉慶年間已陸續拓墾鳳山溪上游大小支流河谷盆地，並建立大小隘寮十餘座（李明賢 1999：11-15）。土地申告書中一份衛奎秋（衛阿貴曾孫）所提理由書，以及明治 36 年（1903）謝金蘭編修的《咸菜硼地方沿革史》有詳細的記述（張炎憲等編

---

13 該契的另外兩個版本也出現在劉澤民編，2003，《關西坪林范家古文書集》。南投：臺灣文獻館，2003。為范家承買吳園叔土地的上手契，其中出現的番眾簽名多達七、八十位，且八成以上使用傳統族名，顯見是合社公議大事（李季樺 2007：25-26）。

14 竹塹社公產見淡新檔案，17211-001 至 004。該案為光緒 13 年（1888）新任通事衛紹基控告前任通事錢玉來結黨勒收佃戶租谷，理番分府示諭業佃戶計開應收社課租谷，所開列佃戶姓名清單分屬四個庄。從互控內容可知當時已有通事將社課當作私產致有侵吞黨收之嫌。此外，諭示名單中另有四個業戶：徐熙拱、曾國興、張克榮、王春塘，應是保留區外萃豐庄、貓兒錠等處舊墾民耕番業已陞科過戶給漢業主但仍帶納社課的情形（淡新檔案 17211-041、042）（亦收錄於張炎憲等編 1993：415、449）。

1993：806、911-918）。其中值得注意者，衛阿貴由隘首變成墾戶，取得租權，其子孫以衛壽宗為公號繼續招佃拓墾成為大墾戶，透過各號隘首收取大租，更曾與漢人合組墾號，經歷糾紛後取得口糧租。光緒14年（1889），劉銘傳將隘丁改為官設，廢止墾戶隘首的利益，擬直接由官府徵收租稅，衛魁秋雖以先祖功業為由屢次陳情但似乎沒有結果。

　　綜上所述，竹塹社番租地權的形成有幾種來源：其一，早於乾隆25年（1760）以前開墾成業或有陞科立戶的番業主，主要是錢子白開墾的湖口婆老粉一帶、衛阿貴開墾的新埔田新吧哩嘓一帶。其二，乾隆中葉到嘉慶年間，帶領設隘募丁開拓近山生番地帶建立隘墾地後取得的隘丁口糧或隘墾戶大租，目前所知主要是頭前溪中上游九芎林水坑、五股林一帶潘文起先祖設隘之處，以及鳳山溪上游咸菜甕一帶衛阿貴嗣系設隘成為墾戶之處（此外咸豐年間更有錢朝拔兄弟以類似模式隘墾於頭前溪上游金興庄，故而田寮坑、濫仔等處土地申告書亦有番租存在）。除此二類之外，主要能收取公私番租的土地還是保留區內外的竹塹社地，包括土牛界內乾隆14年（1749）起竹塹社人聚居合力開墾築圳的新社地區，以及土牛界外乾隆55年（1790）以後歸屯為界形成的保留區社地。在朝廷禁令保護下，本應屬於社眾共同管理的這兩塊社地，部分圖分給社番開墾自耕或招佃收取口糧租，部分則由通事土目以照顧屯番眷口食之名取得招墾收取番租永為己業的權利。到了光緒13年（1888）劉銘傳推行清賦政策之前夕，竹塹社通事的社課來源只剩下四庄若干佃戶與四個漢業戶的番租了。

四、土地申告書所呈現的清末竹塹社番租土地分布

　　為了更進一步評估竹塹社的公私番租地，我們採用較新進且功能完整的專業資料庫軟體（FileMaker Pro）設計了一個能同時處理文字資料與數字資料的

資料庫，將土地申告書資料輸入然後加以統整計算。前節表2是根據施添福（後經柯志明略微修正）所繪竹塹地區三個人文地理區的劃分，對照臺灣堡圖的街庄區劃來做的基礎總數統計。這是因為土地申告書編冊的基本單位正是後來繪成的堡圖之依據（施添福 1996）。這樣的統計方式當然可能與清代的街庄聚落範圍不盡一致，但以整體區塊而言應相去不遠。

　　竹塹社土牛界外保留區，列入統計的有：大平窩庄、內立庄、打鐵坑庄、四座屋庄、田新庄、旱坑仔庄、枋藔庄、犁頭山庄、鹿鳴坑庄、新埔街、汶水坑庄、大坪庄、大茅埔庄、五份埔庄、打鐵坑庄、石頭坑庄、照門庄、樟樹林庄（以上18庄屬今新埔鎮）、下南片庄、坪林庄、大旱坑庄、水坑庄、石岡仔庄、老焿藔庄、茅仔埔庄（以上7庄屬今關西鎮）、上北勢、下北勢、波羅汶、鳳山崎、長崗嶺、番仔湖、大湖口、崩坡下、北窩、羊喜窩、冀箕湖、坪頂埔（以上12庄屬今湖口鎮）、頭湖·三湖、上四湖、崩坡、水流東、秀才窩（以上6庄屬今楊梅鎮）、犁頭山下（屬今竹北）等44個街庄。

　　表3是依照竹塹社五姓分別統計其所擁有番大租權的土地規模，並挑出所占比例最多的大租戶，可謂該姓清末時期最重要的番租地權所有人。其中錢、衛姓所擁有的可收番大租土地皆在500甲左右，且相當程度集中在大租戶錢崑輝、錢振燕與衛奎秋手中（相對的其餘大租戶所占同姓大租土地比例皆在5%以下）。至於廖、三、潘姓的大租土地雖然較少，但也有明顯集中在特定大租戶的現象。

　　根據張炎憲與李季樺（1995：173-218）對於衛、錢兩姓的研究，錢姓在竹塹社中人丁最盛，房頭眾多，歷代以來多有任通事、屯把總者，咸豐年間也曾有錢朝拔以隘墾模式開拓金興庄（今竹東橫山地區），然而錢崑輝似乎並非出身這些主要派系，古文書中與其相關的資料很少。錢崑輝似為末代通事，土地申告書登記住所在新社庄，其大租土地主要在枋寮庄和樟樹林庄。由於這兩

庄是前述衛紹基控告錢玉來一案中列示的 4 個社課佃戶庄其中兩個，我們也許可以推測其所收大租應屬通事執掌的社課性質。衛奎秋是衛阿貴後裔，土地申告書登記住所在咸菜硼老街，其大租土地散布在許多庄頭，而以汶水坑、大茅埔、五份埔、田新、照門等庄為多（約占三分之二），這幾庄皆位於鳳山溪支流霄裡溪流域，可能與衛家早年在此的拓墾活動有關。

表 3：竹塹社（土牛界外保留區）各姓番大租土地[15]

大租戶 竹塹社姓	該姓番大租土地 甲數（份數）	首要 大租戶氏名	其名下 大租土地甲數 （份數）	占該姓 大租土地比率
錢	764.3 （617）	錢崑輝 錢振（阿）燕	156.6（119） 145.3（59）	20.49% 19.02%
衛	508.5 （635）	衛奎（魁）秋	296.1（338）	58.23%
廖	267.3 （347）	廖禮	69.8（90）	26.11%
三	103.2 （93）	三盛機（枝）	40.5（34）	39.24%
潘	22.1 （15）	潘廷鑾（蘭）	10.1（5）	45.70%

資料來源：土地申告書

---

15 部分登記為魏姓的大租戶，根據氏名可判斷為竹塹衛姓之誤植者，亦列入統計。氏名客語發音相近者，因其登記住所相同，似為同一人，因合計之。竹塹社七姓至清末只餘五姓，其中潘姓亦已人丁凋零。或有識者懷疑潘廷鑾是否屬於竹塹社番，或為新埔漢人望族潘庶賢派下？根據光緒 10 年的一份立典大租口糧契字（見張炎憲等編：379），竹塹社番潘廷鑾、衛李源將祖遺有大租口糧坐落南重埔苟力林的番租權以 10 大銀元典給佃戶姜紹基，該契知見為潘澄清（新埔潘家），契中並有兩位社番戳記。由此看來似乎竹塹社番潘廷鑾與新埔潘家有些淵源尚未可知。

　　表4則是統計番口糧的土地，同樣以五姓分別統計，並列出占該姓番口糧土地比例10%以上的租戶為主要租戶。相較於番大租集中於特定大租戶的現象，番口糧略為分散，但仍有明顯寡占的現象，如錢振燕、衛奎秋、廖禮仍為最大的番口糧所有者。但大租戶錢崑輝卻不是主要的番口糧戶，可印證其持有大租屬通事職司之推測。由於番口糧非屬社課租亦非墾戶大租，與錢崑輝的通事身分無關，此數字現象可間接印證前述推論。錢、衛、廖姓的番口糧土地數目相當多，廖姓的番口糧土地數額甚至比其番大租土地數額還高。至於三姓與潘姓由於人丁稀少，顯現出統計上的集中現象應不令人意外。此外，土地申告書的三姓番口糧租中，出現以三登元為管理人的「三公協記」公號，共有47份申告書126.7甲土地，超過該區三姓番口糧土地一半以上，可猜測三姓已經在清末發展出類似客家漢人的祭祀組織。

表4：竹塹社（土牛界外保留區）各姓番口糧土地[16]

口糧租戶竹塹社姓	該姓番口糧土地甲數（份數）	主要番口糧氏名	其名下口糧土地甲數（份數）	占該姓口糧土地比率
錢	1652.1（910）	錢振（進）燕錢振光	730.2（279）366.6（165）	44.20%22.19%
衛	292.0（269）	衛奎（魁）秋衛寬裕	145.5（133）101.6（69）	49.83%34.79%
廖	426.8（503）	廖禮廖榮貴	92.9（158）66.2（127）	21.77%15.51%
三	210.7（137）	三添丁（登）	32.3（26）	15.33%

---

16 所列主要番口糧戶以超過該姓百分之十以上為原則。氏名客語發音相近者，因其登記住所相同，似為同一人，因合計之。

表 4：竹塹社（土牛界外保留區）各姓番口糧土地（續）

口糧租戶 竹塹社姓	該姓番 口糧土地甲數 （份數）	主要番口糧 氏名	其名下 口糧土地甲數 （份數）	占該姓 口糧土地比率
潘	20.1 （23）	潘廷鑾	14.3（14）	71.14%

資料來源：土地申告書

　　表 5 統計的是竹塹社五姓自為業主的情況。按土地申告書以取消大租給與補償為目的的登記方式，業主欄登記的即是自耕地主，除非立會人處另有登記現耕佃人（屬小租之例）。我們發現竹塹五姓自為業主時，幾乎完全沒有大租的負擔，且多數都有附記為某某亡父繼承人，這是可理解的現象，代表申明其為實質擁有的番租土地。但是這類土地已經相當少了，衛姓、潘姓在此區內更幾乎完全沒有自耕田園。相較於番大租和番口糧的土地規模，落差極大。由此可知，竹塹社人在 19 世紀末在保留區內擁有自耕土地自食其力的情況已經不多了，多數人可能早已離散他處另謀生計。因此當日本殖民政府取消大租後，竹塹社幾個首要大租戶所受的打擊也最大。表 5 中錢振燕家族（錢茂祖嗣系）也許是較特殊的個案，他自為業主土地在旱坑仔與坪頂埔有 54.7 甲，與坪頂埔庄的羅才共同為業主則有 84.5 甲，其中許多登記為原野地與茶園，其中只有兩份帶有番口糧租，且租戶即為錢振燕本人。另外，鹿鳴坑的廖阿枝多數是以管理人身分為業主「廖盛記」登記立會，這些土地應該是屬於廖姓的祭祀組織所有。

表 5：竹塹社（土牛界外保留區）各姓自為業主土地[17]

自為業主 竹塹社姓	該姓業主 土地甲數（份數）	主要業主 戶名	其名下 土地甲數（份數）	占該姓業主 土地比率
錢	163.1（75）	錢振燕	139.3（21）	85.41%
衛	-	-	-	-
廖	34.1（88）	廖阿枝 廖榮貴	5.70（11） 4.14（10）	16.72% 12.14%
三	2.62（7）	三添登	2.62（7）	100%
潘	-	-	-	-

資料來源：土地申告書

　　另外我們也以竹塹新社這個土牛界內的傳統區塊來作統計。此區統計範圍包括溝貝庄、溪州庄、馬麟厝庄、新社庄、番仔陂庄、蔴園庄、豆仔埔庄等七庄。結果請見表 6，番大租土地仍以錢崑輝為最多，應同前述分析是屬於末代通事所管收的社課。番口糧的部分，按照五姓分別統計，可發現錢姓、衛姓仍為大姓，其數額甚至超過番大租地，但各姓分配約略與人口多寡相當。各姓內部也有寡占現象。如前所述，新社地區是竹塹社人傳統居住之地，早期即有作為祭祀公議場所的公館，雖然嘉慶以後竹塹社人隨拓墾潮流紛紛離散，咸豐年間更受閩粵械鬥波及受創，到了光緒年間還是重建了「采田福地」作為精神象徵。可說是竹塹社人進行文化復振，或者族群重整時的祖居地。我們從該地區的土地申告書中發現，登記為業主的竹塹五姓人，土地地目大多數是建物敷地而少有田園。這些產業的重要性應不在於經濟上的收益，更在於住屋所具有的文化精神價值。

---

17 所列主要業主以超過該姓百分之十以上為原則。衛姓僅有一筆墳墓地。

表 6：竹塹新社（土牛界內傳統社地）番租土地

番租類型	甲數（份數）	主要氏名	甲數（份數）	占該項土地比率
番大租	150.47（79）	錢崑輝	104.61（49）	69.52%
番口糧 錢姓	160.20（135）	錢崑輝 錢振光	80.06（59） 34.69（33）	49.98% 21.65%
番口糧 衛姓	156.60（125）	衛文鳳 衛火順	54.51（53） 41.66（25）	34.81% 26.60%
番口糧 廖姓	81.66（81）	廖元福	37.01（46）	45.32%
番口糧 三姓	61.33（38）	三添丁	26.62（23）	43.42%

資料來源：土地申告書

五、土地申告書中的公共產業規模與分布

　　為了以量化資料評估客家社會的公共產業規模，我們以鳳山溪流域的竹北、新埔、關西地區的土地申告書為統計分析的對象，將文字資料予以數位化為資料庫，然後根據業主欄位的註記來搜尋選取宗族嘗會或神明會的土地申告資料。

　　土地申告書的業主欄登記的即是殖民法制化以後所認定的地主氏名，業主欄上面有附記文字，通常是註明業主為某亡故父祖之繼承人，很多時候這樣註明其為繼承人的業主有兩或三人以上，可知該土地屬於兄弟或叔姪之共業。註記繼承人可能是為了將來分家時分配方式之依據。然而也有註明業主為管理人的情形，可知該筆土地屬於公業的性質，這種情況下的業主則登記為某公號、某嘗會。以多人登記為一筆土地共同業主的資料裡，其所附連名書中通常顯示了共同業主彼此也為同一家族的子孫，具有血緣關係，可能表示尚未分家的情況。少數土地共同登記業主為不同姓氏的個人，他們之間的關係尚有待探討。

有時會有同一筆土地申告書的登記人同時為多個宗族嘗會，這種情形可分為兩種，一種為同姓嘗會，另一種為異姓嘗會，通常後者極有可能是以宗族嘗會的名義集資而成神明會的形式。

竹北地區共 19 個庄 3759 筆土地申告書，面積 3196.51 甲（以土牛界內為範圍，舊屬貓兒錠、萃豐莊、東興莊等三個墾區庄以及竹塹新社），閩客籍較混雜，本區宗族蒸嘗有 280.01 甲地，占總申告土地面積 8.76%，神明會土地 62.85 甲，比例僅 1.97%，二者合計僅占全區土地的 10.73%。其中只有十興、安溪寮等庄無神明會，其他各庄以六張犁庄的神明會擁有土地比例最多，占全庄總土地的 10.94%。至於宗族嘗會，有三個庄沒有宗族嘗會，分別為白地粉、馬麟厝、隘口庄。我們將各庄的宗族嘗會與神明會資料整理成表 7、表 8，可以發現其中較大的嘗會是貓兒錠地區的曾家五個嘗會，以及六張犁地區林家的五個嘗會。神明會則以義民嘗與聖母祀的土地規模較大，主要分布在芒頭埔、隘口一帶。

表 7：竹北地區的神明會與宗族嘗會

	神明會	宗族嘗會
貓兒錠庄	玄天上帝、福德爺	曾廷、曾許、曾萬成、張永豐、曾雲祐、曾義美、郭朝遜、陳西、陳南朝、陳南裕、陳智、陳棟、陳萬菊、陳蒙正、曾人郁、曾瑞岱、曾赤石、顏番、吳振萬、郭奕華、張宅邊、曾昆和、馮文珍、蔡江、曾月、曾世才、曾呈象、曾返、曾肇珠、曾賜來、曾繼成
大眉庄	証真堂、福德祠、聖王公、福德爺	陳由、陳笑、陳南裕、曾月、曾呈象、曾義美、曾賜來
舊港庄	戴王爺	戴宙、戴茶、戴送、戴簡

表 7：竹北地區的神明會與宗族嘗會（續）

	神明會	宗族嘗會
白地粉庄	福德祠、福德爺	
新庄仔庄	天上聖母、竹蓮寺、保生大帝	林冬公、林同興、陳殿公
蔴園庄	福德祀	鄭穎記
溪州庄	聖王公	林同興
溝貝庄	（郭）廣澤尊王	鄭穎記
馬麟厝庄	三官大地	
新社庄	郭廣澤尊王、義民爺	周東興、郭堆、陳居公、國聖公、呂登水、郭堆
番仔陂庄	天上聖母、水仙尊王、義民爺	王槐山嘗、鄭成功、鄭貽記
豆仔埔庄	上帝公、大道公、六將爺、法主公、義民爺	王槐山嘗、真人公、鄭貽記
斗崙庄	國興社、福德爺、良心堂祀	謝水龍、李其嫂、張旺、蔡三福、蔡柳、梁文吉、陳柳
安溪藔庄		鄭恆利
十興庄		劉世章
隘口庄	福德爺、義民嘗、聖母祀、衡府大人	
芒頭埔庄	福德嘗、義民嘗、聖母祀、聖母嘗	林次聖公、朴厚公
鹿場庄	福德爺、義民爺、聖母祀、褒忠嘗、餘慶嘗、佛母娘	林九牧公、林次聖、萬福嘗、祖媽會

表7：竹北地區的神明會與宗族嘗會（續）

	神明會	宗族嘗會
六張犁庄	廣慶盛、土地公祀、義民嘗、廣和嘗	林五十九公、林次聖公嘗、林聘吾公、仁安公、百一祖、林大二公、林藔生、林先坤

資料來源：日治初竹北地區土地申告書

表8：竹北地區神明會、宗族嘗會土地申告甲數及比例

業主名	申告數	甲數	甲數比例	區域分布
曾義美（宗族嘗會）	19	37.1375	10.83%	大眉庄、貓兒錠庄
鄭恆利（宗族嘗會）	15	35.737	10.42%	安溪藔庄
林同興（宗族嘗會）	10	22.7875	6.65%	新庄仔庄、溪州庄
林五十九公（宗族嘗會）	6	15.6475	4.56%	六張犁庄
陳南裕（宗族嘗會）	5	12.621	3.68%	大眉庄、貓兒錠庄
吳振萬（宗族嘗會）	7	12.3675	3.61%	貓兒錠庄
曾呈象（宗族嘗會）	11	11.858	3.46%	大眉庄、貓兒錠庄
義民爺（神明會）	16	10.247	2.99%	新社庄、番仔陂庄、豆仔埔庄、鹿場庄
鄭穎記（宗族嘗會）	7	8.645	2.52%	溝貝庄、蔴園庄
曾廷、曾瑞岱（宗族嘗會）	1	7.606	2.22%	貓兒錠庄

表 8：竹北地區神明會、宗族嘗會土地申告甲數及比例（續）

業主名	申告數	甲數	甲數比例	區域分布
義民嘗 （神明會）	4	7.1465	2.08%	六張犁庄、芒頭埔庄、 隘口庄
聖母祀 （神明會）	7	6.4455	1.88%	芒頭埔庄、隘口庄、 鹿場庄
曾許 （宗族嘗會）	4	6.197	1.81%	貓兒錠庄
林聘吾公 （宗族嘗會）	5	5.221	1.52%	六張犁庄
林先坤 （宗族嘗會）	6	5.1975	1.52%	六張犁庄
林次聖公嘗 （宗族嘗會）	5	5.099	1.49%	六張犁庄
陳由、陳笑 （宗族嘗會）	2	4.9265	1.44%	大眉庄
曾赤石 （宗族嘗會）	4	4.6375	1.35%	貓兒錠庄
林次聖公 （宗族嘗會）	3	4.5055	1.31%	芒頭埔庄
林冬公 （宗族嘗會）	2	4.2475	1.24%	新庄仔庄
蔡三福 （宗族嘗會）	5	4.128	1.20%	斗崙庄
林端廉 （宗族嘗會）	3	4.0675	1.19%	六張犁庄
証真堂 （神明會）	3	3.8225	1.11%	大眉庄

表 8：竹北地區神明會、宗族嘗會土地申告甲數及比例（續）

業主名	申告數	甲數	甲數比例	區域分布
其他少於 1% 的神明會與宗族嘗會	205	102.5659	29.91%	竹北各庄
總計	355	342.8614	100%	

資料來源：日治初竹北地區土地申告書

　　新埔地區人口以粵籍客家人為主，共 17 個街庄 5513 筆土地申告書，土地面積有 2339.72 甲。新埔地區的宗族嘗會土地 447.38 甲，占總申告土地面積達 19.12%，神明會土地有 93.87 甲，比例為 4.01%，兩者合計約為 23.13%，明顯較竹北地區為高。我們將新埔各庄的宗族嘗會與神明會資料整理成表 9、表 10。

　　從新埔 17 個街庄的土地申告書和《新埔鎮誌》（1997）相關族譜資料來看，陳、蔡、潘、劉、張、朱、范、林等均為當地較有勢力的大家族，其中陳、劉、張、朱、范、林等姓在新埔地區還設有家廟祭祀祖先。這幾個當地客家家族裡，有多個宗族嘗會具有跨庄擁有土地的特色，如潘家的梅源嘗在石頭坑庄、旱坑仔庄及樟樹林庄均有土地登記。范家的范阿旺（嘗）亦在內立庄和石頭坑庄擁有土地。陳家的陳宗祠土地則分布於田新庄、五份埔庄、犁頭山庄、照門庄等地（見表 9）。這些大家族嘗會的土地亦往往比其他姓氏的嘗會來得多。以新埔地區嘗會土地的總申告數 1087 筆而言，共有 842 筆嘗會所申告的土地低於 1%（見表 10），剩下高於 1% 的 245 筆土地中除了義民嘗、沈賢文公朱珍公（兩者應是已合為神明會）、褒忠亭等神明會外，陳（陳慶昌嘗）、潘（梅源嘗）、張（張六昌）、范（范天佐、范阿旺）、林（林觀吾）、劉（劉萬長）等氏嘗會均位列當中，其中陳氏宗族的陳慶昌嘗（共 39 筆）擁有土地 30.9745

甲，占所有嘗會土地 5.72%，是所有嘗會土地最多者。由此可看出其家族固有的勢力與當地的空間分布關係。

表 9：新埔地區的神明會與宗族嘗會

街庄名	神明會	宗族嘗會
大平窩庄	管理人為傅萬福的義民嘗、管理人為林李富的義民嘗、龍天宮	張大和嘗、張裕盛、彭烈端嘗、鄭址記、興福嘗、謝章記、范天佐
內立庄	三元宮祀	建昌嘗、隆興嘗、范阿旺、高有增
四座屋庄	集義亭、媽祖慶興嘗、福德嘗	五福記、和勝嘗、林慶興嘗、致和嘗、景興嘗、曾宗公嘗、劉敦厚公、慶豐嘗、賴鳳義嘗、錫福嘗
田新庄	國王嘗、有誠福德爺、文昌宮、義民嘗、長興義民嘗、褒忠亭、福德嘗、注生娘、廣和國王嘗、福德祠、廣和嘗	慶豐嘗、明盛嘗、永興嘗、陳宗祠、毓秀嘗、培風嘗、履鰲嘗、誠應嘗、寧祖繼志嘗、劉榮公嘗、新興嘗、集福嘗、悠盛嘗、老文嘗、延齊嘗、鵝城嘗、五福嘗、延年嘗、長和嘗、繼和嘗、廣和嘗、粵昌嘗、劉丁子嘗、景公嘗、洪公嘗、總和嘗
旱坑仔庄		錫福嘗、慶德嘗、陳家祠、梅源嘗、修德嘗、柏隆嘗
坊藔庄	媽祖嘗、管理人為林礽英、劉文彬的義民嘗、管理人為傅萬福的義民嘗、褒忠亭、集福嘗、注生嘗、福德祠、廣和宮	百福嘗、和福嘗、林五九嘗、林次聖嘗、新興嘗、粵勝嘗、褒盛嘗、林拱寰嘗、敦慶嘗、廣盛嘗、林觀吾、劉萬長
鹿鳴坑	元聖嘗、忠義嘗、沈賢文公和朱珍公、朱福興和蔡林勝、集福嘗、聖母嘗	廖盛記

表9：新埔地區的神明會與宗族嘗會（續）

街庄名	神明會	宗族嘗會
新埔街	裔盛嘗、蔡景熙潘清漢曾如海公業、三界爺嘗、福德祠、廣和宮、義民嘗、集義亭、蓮燈嘗、萬善祠	張家祠、陳家祠、陳氏宗祠、慶興嘗、鵝城嘗、張繼志嘗、劉傳彩公、劉家祠、張雲龍、裔慶嘗
汶水坑庄	註生娘嘗、福慶嘗、義民嘗、三界爺、元聖宮、福德嘗	延盛嘗、廣福嘗、廣慶嘗、魏敦穆嘗
五份埔庄	三界嘗、文昌嘗、石爺嘗、祈保安、福德爺、廣和國王嘗、萬善祠、管理人為羅志鼎的義民嘗、福德嘗、管理人為彭進妹的義民嘗、聖母嘗	大興嘗、卯金嘗、垂裕嘗、明盛嘗、陳慶昌嘗、景雲嘗、賜福嘗、陳家祠、鼎能嘗、張六昌、詹佛助
大茅埔庄	三元宮、三界爺、集成嘗、文昌嘗、管理人為上飜史湖庄傅萬福的義民嘗、管理人為五份埔庄張錦珠的義民嘗	群有嘗、文興嘗、新興嘗、義慶嘗、曾端樂
照門庄	國王嘗、廣和嘗	陳宗祠、睦和嘗、粵昌嘗、應福嘗
大坪庄		林瑞昆
犁頭山庄	萬善祠、義民嘗、蓮華寺	李興嘗、陳宗祠、崇本嘗、黎恆吉
犁頭山下庄	蓮華寺、觀音宮	葉陽記

表9：新埔地區的神明會與宗族嘗會（續）

街庄名	神明會	宗族嘗會
樟樹林庄	福德嘗	范家祠、張家嘗、謝敦慶嘗、張裕盛、梅源嘗、錫福嘗、慶德嘗
石頭坑庄	大陽嘗、福德祠	永和嘗、里仁嘗、長安嘗、梅源嘗、范阿旺
打鐵坑庄	聖母祀、三界嘗、香訟堂	張陳嘗

資料來源：日治初新埔地區土地申告書

表10：新埔地區神明會、宗族嘗會土地申告甲數及比例

業主名	申告數	甲數	甲數比例	區域分布
陳慶昌嘗（宗族嘗會）	34	30.9745	5.51%	五份埔庄
義民嘗（神明會）	35	24.952	4.44%	大平窩庄、大茅埔庄、五份埔庄、田新庄、汶水坑庄、枋藔庄、犁頭山庄、新埔街
葉陽記（宗族嘗會）	3	20.5935	3.66%	犁頭山下庄
梅源嘗（宗族嘗會）	23	14.805	2.64%	石頭坑庄、旱坑仔庄、樟樹林庄
張六昌（宗族嘗會）	13	13.5525	2.41%	五份埔庄
高有增（宗族嘗會）	8	12.0465	2.14%	內立庄

表 10：新埔地區神明會、宗族嘗會土地申告甲數及比例（續）

業主名	申告數	甲數	甲數比例	區域分布
沈賢文公、朱珍公（神明會）	47	9.98	1.78%	鹿鳴坑庄
范天佐（宗族嘗會）	15	9.882	1.76%	大平窩庄
曾端樂（宗族嘗會）	10	8.4165	1.50%	大茅埔庄
范阿旺（宗族嘗會）	9	8.3675	1.49%	內立庄、石頭坑庄
林觀吾（宗族嘗會）	4	6.357	1.13%	枋藔庄
黎恆吉（宗族嘗會）	4	6.2915	1.12%	犁頭山庄
詹佛助（宗族嘗會）	8	6.0045	1.07%	五份埔庄
劉萬長（宗族嘗會）	4	5.908	1.05%	枋藔庄
謝章記（宗族嘗會）	19	5.681	1.01%	大平窩庄
褒忠亭（神明會）	4	5.648	1.01%	田新、枋藔庄
廖盛記（宗族嘗會）	8	5.453	0.97%	鹿鳴坑庄
其他少於 1% 的神明會與宗族嘗會	842	366.9295	65.31%	新埔各街庄
總計	1,087	561.8425	100%	

資料來源：日治時期新埔地區土地申告書

　　另一方面，家族勢力的延展，亦由家族子孫擔任各組織職務多寡及其能否跨越庄界發展來決定。新埔土地申告書的另一特色為一位管理人有時會同時擔任不同街庄的不同神明會及不同宗族嘗會的管理人的現象。常見的管理人有潘成鑑、潘成元、陳朝綱、蔡緝光、劉世梯等人，如表11所見。在同時擔任多個組織的管理人職務之時，他們在當地政治、經濟、教育和宗教上亦積極參與，如清末時陳朝綱買官顯耀家族、日治時期潘成元、潘成鑑任新埔地區總理、蔡緝光任街庄長、商會管理者、或者是出錢出力捐地建廟或助人就學等，他們不只展現家族財力，也是讓家族勢力向庄外拓展的關鍵人物，證明了地方社會的發展與當地主要家族有著一定程度的關聯性。

表11：新埔地區兼任多個嘗會的管理人

潘成鑑潘成元	大陽嘗、文昌祠、永興嘗、有誠福德爺、福德祠、建昌嘗、注生娘、長安嘗、長興義民嘗、凌雲社、梅源嘗、集福嘗、新興嘗、粵昌嘗、誠應嘗、廣和宮、廣和嘗、慶豐嘗、賜福嘗
陳朝綱	文昌祠、文興嘗、明盛嘗、祈保安、修德嘗、枱隆嘗、陳氏宗祠、陳慶昌嘗、萬善祠、鼎能嘗、廣和國王嘗、賜福嘗
蔡緝光	三界爺、五福記、文昌祠、長勝號、致和嘗、景興嘗、集義亭、福德嘗、蓮燈嘗、蔡景熙 潘清漢 曾如海公業
劉世梯	文明社、卯金嘗、垂裕嘗、凌雲社、隆興嘗、景雲嘗、義民嘗、劉丁子嘗

資料來源：日治時期新埔地區土地申告書

　　關西地區有24個街庄，共有4776筆土地申告書總面積2857.83甲。神明會土地僅38.743甲，占全區1.36%，宗族嘗會也只有82.929甲，占全區2.9%，

二者合計 4.26%。本區多數是位於山區屬於隘墾區的新興庄（咸菜甕）與合興庄，較接近新埔的部分則屬於熟番保留區，包括大旱坑庄、老焿藔庄、石崗仔庄、下南片庄、水坑庄、茅仔埔庄、坪林庄。參見表 12、表 13，這些原屬保留區的庄顯然有較多的嘗會土地，而隘墾區各庄只有咸菜硼街和毗鄰的店仔崗庄有較多嘗會，其餘皆較稀少。

表 12：關西地區神明會與宗族嘗會名稱

街庄名	神明會	宗族嘗會
大旱坑庄	福德嘗	陳家祠、劉廷章、世昌嘗正遵嘗、永德嘗、公號朱昆泰、公號許朝順、呂鼎嘗、成庚公、公號彭四和
老焿藔庄	三官嘗、永福嘗、公業主詹阿良、公號福德壇	公號謝義和、陳偉和嘗、公號謝合源、家獻嘗、許國珍
石崗仔庄	三山國王、孔聖嘗、文昌嘗、石爺嘗、有應祠、萬善嘗、福德正神、義民嘗	公號呂秀達、公號張益和、公號黃廣恆昌、公號劉恭和、公號嚴永興、呂阿教公、呂章才公、隆慶嘗、黃發伯、新義公、新應嘗、劉元振、德和嘗、德興嘗、慶讚嘗、興盛嘗、應福嘗、雙福嘗、嚴江海、嚴添福。
下南片庄	伯公祀、伯公祠、媽祖嘗、聖母嘗	公號阮成國、公號曾發源、永成嘗、秀章公、周二貴、周娘德、宗聖公、黎有記
水坑庄	無	公號王五美、公號周源發郎、公號陳順發、公號彭三和、徐種福嘗
茅仔埔庄	福德嘗、義昌嘗、褒忠亭、義民嘗	復興嘗
坪林庄		公號范盛記、范嘉鴻

表 12：關西地區神明會與宗族嘗會名稱（續）

街庄名	神明會	宗族嘗會
上橫坑庄	萬善嘗、義民嘗	公號曾發源
下橫坑庄	天上聖母祀、萬善嘗、義民嘗	公號方協記、吳宣祖嘗
十藔庄	金同盛	
十六張庄	福德嘗	
咸菜硼街	三官大帝、大和宮、文昌祠、華陀仙師	十三郎、公號陳裕亭、卯金嘗、永盛嘗、江李氏、宋道安、徐炳拔、張阿呌、黃謝嘗、蒼盛嘗、德山嘗、麟劉氏保
店仔崗庄	萬善廟、福德祀、福德爺、福德嘗、聖母嘗、萬善爺	金鑑嘗、陳千一、新興嘗羅豫三公、公號彭廣福、李泰宏、楊五福、羅奕盛嘗
上南片庄		杜子玉、杜良祿、杜李氏桂、范善承、孫天賜
新城庄	土地公、福德爺	張五和
三墩庄	義民嘗	無
牛欄河庄	香訛堂	陳阿石
湳湖庄		
拱仔溝庄		公業主劉名登
燥坑庄	萬善嘗	公業名羅俊千
芎仔園庄		熙任公嘗
老社藔庄		
湖肚庄	福德爺	
石門庄		和昌嘗

資料來源：日治時期關西地區土地申告書

表 13：關西地區神明會、宗族嘗會土地申告甲數及比例

業主名	申告數	甲數	甲數比例	區域分布
劉廷章（宗族嘗會）	5	4.0510	9.75%	大旱坑庄
義民嘗（神明會）	3	2.7170	6.54%	三墩庄
正遵嘗（宗族嘗會）	3	2.6690	6.43%	大旱坑
范善承（宗族嘗會）	2	2.4625	5.93%	上南片庄
福德嘗（神明會）	5	2.0455	4.93%	十六張庄、店仔崗庄、大旱坑
公號金同盛（神明會）	14	2.0335	4.90%	十藔庄
三官大帝（神明會）	4	1.6315	3.93%	咸菜硼街
羅亦盛嘗（宗族嘗會）	2	1.5555	3.75%	店仔崗庄
公業主劉名登（宗族嘗會）	7	1.4180	3.41%	拱仔溝庄
復興嘗（宗族嘗會）	2	1.2680	3.05%	茅仔埔庄
公號朱昆泰（宗族嘗會）	4	1.1965	2.88%	大旱坑
和昌嘗（宗族嘗會）	1	1.1565	2.78%	石門庄
杜子玉嘗（宗族嘗會）	3	1.0800	2.60%	上南片庄
萬善嘗（神明會）	3	1.0265	2.47%	燥坑庄

表 13：關西地區神明會、宗族嘗會土地申告甲數及比例（續）

業主名	申告數	甲數	甲數比例	區域分布
蒼盛嘗 （宗族嘗會）	1	0.9960	2.40%	咸菜硼街
李泰宏嘗 （宗族嘗會）	2	0.9715	2.34%	店仔崗庄
德山嘗 （宗族嘗會）	2	0.9540	2.30%	咸菜硼街
十三郎 （宗族嘗會）	2	0.9060	2.18%	咸菜硼街
萬善爺 （神明會）	1	0.8890	2.14%	店仔崗庄
華陀仙師 （神明會）	2	0.8465	2.04%	咸菜硼街
香訟堂 （神明會）	2	0.7810	1.88%	牛欄河庄
公業主成庚公 （宗族嘗會）	1	0.7640	1.84%	大旱坑
聖母嘗 （神明會）	1	0.6505	1.57%	店仔崗庄
公業主詹阿良 （神明會）	1	0.6215	1.50%	老焿藔庄
新興嘗 （宗族嘗會）	2	0.6095	1.47%	店仔崗庄
張五和 （宗族嘗會）	2	0.5900	1.42%	新城庄
福德祀 （神明會）	1	0.5445	1.31%	店仔崗庄
公號陳裕亭 （宗族嘗會）	4	0.5415	1.30%	咸菜硼街

表 13：關西地區神明會、宗族嘗會土地申告甲數及比例（續）

業主名	申告數	甲數	甲數比例	區域分布
應福嘗 （宗族嘗會）	1	0.4585	1.10%	石崗仔庄
陳家祠 （宗族嘗會）	1	0.4420	1.06%	大旱坑
福德爺 （神明會）	3	0.4410	1.06%	店仔崗庄、新城庄、 湖肚庄
公業名羅俊千 （宗族嘗會）	1	0.4235	1.02%	燥坑庄
其他少於 1% 的神明會與宗 族嘗會	30	2.787	6.71%	關西各庄
總計	118	41.5285	100%	

資料來源：日治時期關西地區土地申告書

　　綜合上述三個地區來比較，在宗族嘗會所擁有的土地中，只有隘墾區各庄以及較偏山區的鹿鳴坑庄、汶水坑庄、大坪庄、照門庄、樟樹林庄的宗族嘗會所擁有的土地低於 10%。而大平窩、旱坑仔庄、五份埔庄的宗族嘗會土地則高於 30%，其中犁頭山下和五份埔庄宗族嘗會的土地更高達 48.57% 與 44.39%，為全區宗族嘗會擁有最多比例土地的兩個聚落。由此我們發現嘗會土地比例在各庄有相當大的差異，把其中高於 15% 的庄列於表 14。對照地圖來看，這些嘗會土地比例較高的庄大致是沿著鳳山溪中游至下游河谷，尤其犁頭山下庄是位在鳳山溪與頭前溪交匯地帶，五份埔庄則是位於霄裡溪匯入鳳山溪的地帶，都有較多的肥沃可耕地，也成了嘗會較集中的地區。

表 14：鳳山溪流域嘗會土地比例較高的庄

庄名	神明會 土地甲數／ 比例	宗族嘗會 土地甲數／ 比例	二項合計 甲數／比例	番租 土地甲數／ 比例	各街庄 總甲數
大眉	5.518 （3.88%）	46.035 （32.33%）	51.553 （36.21%）	39.6065 （27.82%）	142.385
六張犁	11.437 （10.94%）	42.009 （40.18%）	53.446 （51.12%）	0 （0%）	104.548
枋寮	23.473 （7.22%）	76.007 （23.37%）	99.48 （30.59%）	240.307 （73.88%）	325.249
大平窩	3.0575 （1.53%）	60.385 （30.21%）	63.4425 （31.74%）	123.003 （61.53%）	199.908
旱坑仔	0（0%）	25.899 （30.18%）	25.899 （30.18%）	65.6385 （76.5%）	85.8065
犁頭山	4.259 （5.75%）	17.365 （23.44%）	24.624 （28.19%）	61.0095 （82.35%）	74.087
犁頭山下	0.269 （0.63%）	20.5935 （48.57%）	20.8625 （49.2%）	25.0015 （58.96%）	42.4035
田新	6.7425 （7.18%）	23.2455 （24.74%）	29.988 （31.92%）	86.0075 （91.54%）	93.956
石頭坑	0.469 （0.73%）	14.6255 （22.64%）	15.0945 （23.37%）	37.7785 （58.48%）	64.5995
四座屋	2.6655 （2.01%）	21.415 （16.13%）	24.0805 （18.14%）	91.073 （68.6%）	132.7535
五分埔	7.1485 （3.55%）	89.3225 （44.39%）	96.471 （47.94%）	138.5835 （68.87%）	201.2235
內立	1.113 （0.82%）	31.2025 （22.92%）	32.3155 （23.74%）	72.6187 （53.35%）	136.1301
打鐵坑	7.1735 （5.86%）	12.3935 （10.13%）	19.567 （15.99%）	61.071 （49.91%）	122.352

表 14：鳳山溪流域嘗會土地比例較高的庄（續）

庄名	神明會土地甲數／比例	宗族嘗會土地甲數／比例	二項合計甲數／比例	番租土地甲數／比例	各街庄總甲數
石崗仔	5.444（3.62%）	18.9985（12.64%）	24.4425（16.26%）	111.3963（74.09%）	150.3603

資料來源：日治時期竹北、新埔地區土地申告書

　　最後我們試著用兩條番界所區隔的三個人文地理區來進行比較，即依番界的劃分來合計該區街庄的嘗會土地面積，請參考圖 1，分成以新埔為中心的鳳山溪中游竹塹社地（包含湖口、楊梅地區的相鄰街庄）、位於頭前溪中游的九芎林屯埔區、關西咸菜甕隘墾區，以及竹北原屬竹塹社平埔族社地的新社地區。結果發現仍以新埔為中心的保留區的嘗會土地比例最高，而以隘墾區為最低。

表 15：鳳山溪流域人文地理區嘗會土地比例之比較

人文地理區	總土地甲數	嘗會土地甲數	比例
鳳山溪竹塹社地（44 街庄）	9126.3	857.1	9.39%
九芎林屯埔區（12 街庄）	1059.2	84.5	7.98%
竹塹社竹北新社（7 街庄）	1115.8	59.1	5.30%
關西咸菜甕隘墾區（10 街庄）	1125.8	25.4	2.26%

六、結論

　　明治 34 年（1901）土地申告書的登記，基本意義是為了向殖民統治者登記業權以轉換為私有產權，然而其中的大租項目卻被當作附加的負擔而將要被取消，因此我們從土地申告書大租欄目中所見，乃是 19 世紀末竹塹社番租土地的最後狀況。本文根據近年來臺灣史學界發掘整理的相關知識，探討番租地在清代國家邊疆族群政治架構中的形成，以理解和分析土地申告書在 19 世紀末所呈現的番租土地分布情形，同時也從客家公共產業的分布與規模來綜觀該地區的客家社會。

　　土地作為一種主要的產業，對於農業帝國而言，一方面是編戶齊民、穩定保甲的基礎，一方面是定耕農業之人民向周邊游耕狩獵族群區域擴張領域的根據。我們不只應關注身處其中的熟番生存領地的流失與剝奪問題，更應從漢番之間不同生產模式的對抗與拉鋸來理解熟番地權的問題。在「歸化」成為清帝國的「熟番」以前，竹塹社人曾以獵鹿（透過贌商）售與荷蘭商人為重要生計方式，是皮毛貿易網絡的生產者。竹塹社人的祭祖儀式中以鹿肉饗祀、以善跑為尚（其俗謂之「走田」），可見其文化精神內涵迥異於定耕農業族群（王世慶、李季樺 1995：127-172）。這樣的生產模式中會被關切的土地與物權問題，應是狩獵領地與皮毛肉脯交換的價值，其部落內的權力關係應是以通事或土目在交換和分配方面的能力為重，而非以長期穩定支配土地產權為基礎。

　　以番社名號進入清代國家體制以後，多了一種番社可以共同分配的財物，即運至社倉搹鼓交納的社課租谷，其代價是將那些已漸無鹿可獵的領地一塊塊化為一紙墾批中的籠統四至。對農業生產模式來說，原野荒地須投入大量初期工本開墾後，始有收益可言。新墾之地需陞科繳納國稅，或者向番社繳納社課，才成為合法產業。這兩種生產模式的接合，讓國家煩惱不已的番界問題有了物質基礎可以發展成治理工具。邊疆界範不清所產生的流民擾攘隱憂也從這種制

度設計中找到了解決之道。然而這是從農業國家的官員習慣的思維方式中衍生的，實際上番界所定義的番地性質一開始並不等同於漢業主認知的土地產業，熟番自耕力農的可能性很難實現。其中固然有國家差役和屯番調撥的問題，同樣重要的還有熟番之間如何分配番租的問題。我們從歷史文獻和古文書中看到，在缺乏相應的文化機制情況下，部分才能卓著的番社頭目可以自行在保留區內招佃開墾取得番租權，通事土目也可以藉著番眾因應付國家徵役而導致番社老小生活短缺的機會，將新立墾批中的大租權據為己有。從相關古文書的字裡行間，我們不難想見竹塹社的土目、通事在乾隆嘉慶年間藉著開出墾批佃批競相謀取番租利益的情況。清代中葉以後可墾之地漸漸消失，接著出現的杜賣典契反映的則是嚴重的土地兼併趨勢，而其中漢人豪強和宗族勢力當然扮演了主要角色。而這也提供我們理解客家公共產業形成的背景之一。

　　番租土地分配問題既然持續惡化，番眾之間很可能早已離心離德、各自發展。尤其那些能夠憑著勇氣、經驗和智慧前進鳳山溪、頭前溪上游承擔險隘首重責保護佃戶的熟番強人，更可以在保留區外圍開創新的番租地，並且與漢佃緊密結合，或者以其資力與其他的漢墾戶合作進墾更險惡的內山。而竹塹社的通事土目到了光緒年間，既已無土地可再立墾批取得更多番租，便開始相互爭奪既有的番租權益，演變成前後通事糾結豪佃強占社課進而互控的局面，甚至連官府都難以處置。

　　從古文書中看見番租地的形成、番租分配的歷史問題，我們應思考竹塹社人在生產模式的轉變過程中，如何在社群內逐步形成新的財產關係，並成為番社會轉型的基礎。登記在土地申告書中的大租欄位的，其實包含了多種性質歧異的番租，一種是通事執掌的番租，除了支應社務辦公祭祀，也可能變成附屬於職務上的私人權利，成為社務紛爭之源。另一種番大租則是早年以先占方式開墾而取得的祖遺番地收益，借用漢人嗣系排外性的財產繼承觀念，限屬於該

嗣系所有。這兩種番租雖然很難從土地申告書中區辨，卻可發現明顯呈現寡占現象。至於登記為番口糧者，也許是源於社眾鬮分社地，寡占現象較輕微（但也受到土地兼併趨勢帶來的影響）。這些番租所蘊含的財產關係和觀念，深刻影響了清末竹塹社人的社群性質向漢人的父系繼嗣形式轉變。

另一方面，漢佃所建立的客家嘗會在鳳山溪流域則相當普遍的出現。這些公共產業的比例究竟算不算多？從表 15 的統計數字來說恐怕令人失望，但是我們似乎不該有數字迷思。首先，鳳山溪流域的上中下游地理環境呈現相當大的差異，可耕的土地並非在各庄都平均分布，因此自然地理因素可能還是影響最大的。其次，鳳山溪流域包含了三個人文地理區，大多數都在番地範圍內，亦即客家社群的地權主要並不是從漢大租戶那裡取得的，而是更多的從竹塹社地保留區中形成。由此可見，清代北臺灣的番地政策和地權演變深刻影響了客家地主與公共產業的形成途徑，深入的分析必須要能夠結合這些複雜的地權形式的發生過程才可能有說服力。不要忘了，土地申告書是這個社會過程的「結果」，而不是這個過程的紀錄，逆向的研究總是較困難的。

然而從土地申告書的資料，至少我們可以發現如表 14 中所列的幾個庄，有些甚至有著超過四成比例的嘗會土地，儘管仍不及屏東客家庄的六成以上（陳秋坤 2004；Cohen 1999）。嘗會土地的比例多寡，就地域社會的觀點來看，其重要性也許不如嘗會的數量以及其對更大的社會網絡的嵌入的情形，這是本文用土地申告書中所見的嘗會名稱與管理人資料要觀察的一個側面。尤其表 11 這些身兼許多嘗會管理人的地方商紳或仕紳，足可想像其社會網絡的綿密。

以鳳山溪流域土地申告書所顯現的情況而言，更進一步需要思考的問題是，像嘗會這樣的公共產業，如何在神明與祖先的祭祀活動中，與相關管理人們的商業活動以及拓墾活動轉換，以建立「文化權力網絡」（是否類似 Duara [1988] 所描述的華北農村）？各種嘗會管理人在區域社會的地權關係中如何協

商、競爭？以及，如表 14 中的統計對比發現，有著較高嘗會比例的各庄，往往也有著高比例的番租土地。這個統計現象涉及的問題是，性質各異的公共產業之間的地權關係，很可能連結著不同族群與社群之間的社會關係，特別是客家漢人以之建立社群關係的蒸嘗與神明會公業，可能包含了典賣或入股的番租。這種複雜交錯的地權關係應是討論平埔人（當代已多數轉變成平埔客）與客家人共同形構地域社會之歷史過程的重要線索。

參考文獻

〈土地申告書〉（1901 年臨時臺灣土地調查局製作的地籍普查資料）竹北一堡、竹北二堡各冊。南投：國史館臺灣文獻館藏。

〈中研院臺史所藏古文書〉，「民國 36~75 年竹塹社七姓公采田福地祭祀公業帳冊」，編號 T0128D0128-0001-005。

王世慶編，1978，《臺灣公私藏古文書影本》第三輯。臺北：中央研究院歷史語言研究所傅斯年圖書館藏。

王世慶、李季樺，1995，〈竹塹社七姓公祭祀公業與采田福地〉。頁 127-172，收於潘英海、詹素娟主編，《平埔研究論文集》。臺北：中央研究院臺灣史研究所籌備處。

李文良，2003，〈清初臺灣方志的「客家」書寫與社會相〉。《臺大歷史學報》31：141-168。

李季樺，2006，〈王朝道德與族群慣習之間：試論清代臺灣竹塹社「異姓宗族」的形成（上）〉。《臺灣風物》56（4）：13-38。

_____，2007，〈王朝道德與族群慣習之間：試論清代臺灣竹塹社「異姓宗族」的形成（下）〉。《臺灣風物》57（1）：21-69。

李明賢，1999，《咸菜甕鄉街的空間演變》。新竹：新竹縣立文化中心。

吳學明，1998，《頭前溪中上游開墾史暨史料彙編》。新竹：新竹縣立文化中心。

林玉茹，2000，《清代竹塹地區的在地商人及其活動網絡》。臺北：聯經出版事業公司。

施添福，1989，〈清代竹塹地區的「墾區莊」：萃豐莊的設立和演變〉。《臺灣風物》39（4）：33-69。

_____，1990，〈清代臺灣「番黎不諳耕作」的緣由：以竹塹地區為例〉。《中研院民族所集刊》69：67-92。

_____，1990，〈清代竹塹地區的土牛溝和區域發展：一個歷史地理學的研究〉。《臺灣風物》40（4）：1-68。

_____，1996，〈導讀〉，《臺灣堡圖》（臺灣總督府臨時臺灣土地調查局調製）。臺北：遠流出版社。

_____，2001，《清代臺灣的地域社會：竹塹地區的歷史地理研究》。新竹：新竹縣文化局。

柯志明，2001，《番頭家：清代臺灣族群政治與熟番地權》。臺北：中研院社會所。

_____，2008，〈番小租的形成與演變：岸裡新社地域社番口糧田的租佃安排〉。《臺灣史研究》15（3）：57-137。

_____，2009，〈熟番地權的「消滅」：岸裡社平埔族大小租業的流失與結束〉。《臺灣史研究》16（1）：29-86。

陳秋坤，1984，《清代臺灣土著地權：官僚、漢佃與岸裡社人的土地變遷，1700-1895》。臺北：中研院近代史研究所。

_____，2004，〈清代臺灣地權分配與客家產業：以屏東平原為例（1700-1900）〉。歷史人類學刊2（2）：1-26。

張炎憲、王世慶、李季樺編，1993，《臺灣平埔族文獻資料選集：竹塹社》。臺北：中央研究院臺灣史田野研究室。

張炎憲、李季樺，1995，〈竹塹社勢力衰退之探討：以衛姓和錢姓為例〉。頁173-218，收於潘英海、詹素娟主編，《平埔研究論文集》。臺北：中研院臺灣史研究所籌備處。

國學文獻館編，1993，《臺灣研究資料彙編》。臺北：聯經出版社。

新竹縣文獻委員會編，1983，《新竹文獻會通訊》第九號（1953年12月）。臺北：成文出版社。

臺灣銀行經濟研究室編，1959，《臺案彙錄甲集》，臺灣文獻叢刊第 31 種。
　　臺北：臺灣銀行經濟研究室。

_____，1993，《新竹縣采訪冊》，臺灣文獻叢刊第 145 種。南投：臺灣省文
　　獻委員會。

劉澤民編，2003，《關西坪林范家古文書集》。南投：臺灣文獻館。

臨時臺灣土地調查局編，1963，《清代臺灣大租調查書》，臺灣文獻叢刊第
　　152 種。臺北：臺灣銀行經濟研究室。

戴炎輝，1979，《清代臺灣之鄉治》。臺北：聯經出版社。

Cohen, Myron, 1999, "Minong's Corporation: Religion, Economy and Local Culture
　　in 18th and 19th Century Taiwan". 頁 244-45，收於徐正光編，《人類學在臺
　　灣的發展 ：經驗研究篇》。臺北：中研院民族所。

Duara, Prasenjit, 1988, *Culture, Power and the State: Rural North China 1900~1942*.
　　Stanford: Stanford University Press.

Shepherd, John R., 1993, *Statecraft and Political Economy on the Taiwan Frontier,
　　1600-1800*. Stanford: Stanford University Press.

臺灣南部六堆「界限」的再思考：
一個人類學觀點的分析 [*]

洪馨蘭

一、引言：從美濃姻親選擇範圍開始的思考

　　美濃位於臺灣南部屏東平原客裔社群傳統生活領域的最北端，曾於清代六堆組織中擔任右堆之統御中心。歷經兩百多年，至今雖經歷走入城鎮化、人口大量外移，加上「現代化」很大程度改變既有家庭模式與家庭農場生計型態，當地居民還是常常這樣描繪著城鎮裡的人群關係——「行來行去全全親戚，牽來牽去攏有關係。」此俗諺即突顯了當地社會親屬網絡的綿密特質。

　　除了俗諺保留著親屬網絡無處不在的地方文化，美濃至今仍盛行一組鑲嵌於婚禮儀俗的走訪姻親活動，稱為「敬外祖」。所謂敬外祖即成年男子於結婚[1]前一日，由父執輩統籌一支隊伍，備妥祭祖牲醴與各類菓品，在彩旗與八音團引導下，熱鬧且慎重地前往村庄公廟及鄰近伯公壇（福德正神）一一敬拜，之後持續在八音吹打聲中，新郎坐轎分別前往曾祖母娘家、祖母娘家與母親娘家的

---

* 本文原刊登於《高雄師大學報－人文與藝術類》，2013，35 期，頁 1-20。因收錄於本專書，略做增刪，謹此說明。作者洪馨蘭現任國立高雄師範大學客家文化研究所副教授兼所長。

1 如無特別說明，本文指的結婚均是指稱「大婚」，即非童養媳婚、招贅婚、冥婚等其它形式的結婚。

祖堂，對方將燃炮迎接隊伍抵達，隨後由姻親長輩領頭，雙方共同以子孫之禮點燭燃香在祖堂內向祖先敬拜，並在燒化金銀紙錢後，再次鳴放鞭炮表示儀式結束，準新郎歡喜地將牲禮作為禮物留予姻親家族分享，也會隆重地再次親自邀請姻親家族於隔日中午務必蒞臨喜宴。以上即為盛行於六堆的「敬外祖」，較少在六堆傳統生活地域之外，聽到相關儀式或大範圍採行的例子。作為一種鑲嵌於婚禮中的六堆民俗特徵，提供研究者重新思考六堆這個社群其特質以及其與他者（others）之間界限（boundary）的性質，而這個視角是過去其它學者可能較少觸及的部分。

　　從美濃切入的重要原因，除了其至今仍盛行「敬外祖」婚俗外，也正因為它擁有較為豐富關於婚域的民族誌研究。在此要先針對本文所稱的美濃（或美濃人）進行操作型定義。以下論及之「美濃」並不包括今高雄市美濃區南隆地區，後者居民多為日治時期南遷的北客群。本文所說的「美濃」，主要指稱今美濃區內涵蓋北方平原與東方平原、在清乾隆年間（1730 年代）形成的客裔三大聚落群－瀰濃、龍肚（龍莊）、竹頭角（廣興），與腹地小村庄成為認同社群及婚姻圈。這個文化社群甚至擁有社官信仰的共同特性，三大舊聚落各自擁有臺灣罕見之露天墓塚制「里社真官壇」。[2]20 世紀初，這個文化社群由「美濃庄」這個地理行政新名詞涵蓋，同屬荖濃溪（今高屏溪上游）北岸由北客新墾之溪埔地南隆地區也在其中。然而本文使用的「美濃」，在概念上指稱的是 19 世紀前的文化社群概念，但因該二字目前較為眾人所知且作為當代六堆的代表性地名之一，為便利讀者閱讀，本文以下仍採用「美濃」二字。

　　美籍人類學者孔邁隆（Myron L. Cohen）與巴博敦（Burton Pasternak），約莫同期於南臺灣進行村落民族誌研究，兩位日後出版於 1976 及 1983 年的專

---

2 洪馨蘭（2013.6）。〈「社官」信仰在廣東蕉嶺與臺灣美濃的比較研究〉，《民俗曲藝》，180，83-130。

書，曾分別採用村落民族誌與歷史人口學方法，探討美濃的龍肚地區在日本時期與 20 世紀中葉之婚域結構——孔邁隆以實地參與觀察記錄 1960 年代末至 70 年代初當地家族經濟與分合，[3] 而巴博敦則以人口統計數據分析 [4] 呈現他心目中龍肚的家族與婚姻。巴博敦因先前曾於同屬客籍之打鐵村（今屏東縣新埤鄉境內，屬「左堆」）進行村落民族誌調查，[5] 將左堆打鐵村與右堆龍肚莊進行比較，指出在經過清代分類械鬥的社會環境之後，南臺灣的兩個客籍村庄呈現某些突出的相似點，表現在婚姻關係、家族關係、跨村際、跨宗族聯合上的活躍。[6] 巴博敦的比較對象還包括在臺南六甲的閩莊，因此這個重要的觀察，不僅提供了思考南部臺灣客閩人群組織特性的比較材料，也提供了將美濃婚域結構特性擴大於理解六堆的延展研究基礎。

　　因為巴博敦的研究對本文有重要的啟發，以下將先針對他在婚域結構的研究成果扼要進行說明。巴博敦在他的美濃龍肚地區人口研究中，以日治時期人

---

3 Myron L. Cohen（1976）. *House United, House Divided: The Chinese Family in Taiwan*. New York: Columbia University Press.

4 巴博敦在 *Guest in the Dragon: Social Demography of a Chinese District 1895-1946* 一書中，為自己何以採用官方統計而不是訪談取得資料，提出辯解。他認為因為報導人各人詮釋的不同，會使得研究「（反而）得出讓人困惑的結論」。見 Burton Pasternak（1983）. Guest in the Dragon: Social Demography of a Chinese District 1895-1946, 167-168. New York: Columbia University Press. 選擇以人口統計作為一種研究取徑，並無不妥，雖然一定也有風險。臺灣文史學者也一再叮嚀，日治時期制訂戶籍制度時，由於採行一夫一妻制、嫡長子繼承制，也不承認「一夫多妻」及「媳婦仔」或「婢女」存在的事實，制度本身充滿種族歧視，對臺灣的傳統家族禮制、家族稱謂與子女（養子女）身分造成極大影響，甚至在「養子」、「養女」的登錄問題上出現多重問題，因此實際上採用戶籍資料研究婚姻與家族時，若沒有田野資料的配合，也是會「得出讓人困惑的結論」。以上觀點參見黃卓權（2008）。《進出客鄉：鄉土史田野與研究》，225。臺北：南天書局。本文在此並不就巴博敦這個研究的方法論進行辯證，主要是要參引其關於地方社會姻親關係的結論。

5 Burton Pasternak（1972）. Kinship and Community in Two Chinese Villages. Stanford: Stanford University Press.

6 Burton Pasternak, *Guest in the Dragon: Social Demography of a Chinese District 1895-1946*, 160.

口普查資料做出以下結論，他認為從數據上來看龍肚居民似乎因為常常處於械鬥狀態，所以婚姻選擇傾向具備增加結盟力量的對象。他的論文提及，數據上當地採行大婚比例極高，童養媳婚與招贅婚十分稀少，再婚女性亦不多見，他認為該婚姻模式似乎十分貼近中國社會對婚姻的理想型（ideal type）。巴博敦進一步認為：若讓龍肚人在「家庭和諧」與「對外聯合」中作決定的話，龍肚人傾向強調後者，所以既然大婚較具村際聯合的效果，它就比較被偏好。[7] 事實上因村內或近村的通婚，妻子較易得到娘家的支援，所以容易產生矛盾：正面來說提供家族壯大的外援力量，但另一方面卻也可能對夥房內的父系權威產生程度不等的威脅。然而，巴博敦認為，即便有著這種不穩定的威脅，但那仍舊沒有比進行「對外聯合」來得重要，他指出地方社會長期處於必須一致對外的情境（in fighting），大婚不僅可以強化跨族聯合（cross-kin association），在姻親強化的同時也擴大地域合作。[8]

關於在械鬥型社會底下客裔內部聯合，由於美濃之外六堆其它地區除了前述巴博敦曾於左堆的新埤打鐵庄得到觀察結論外，暫無其它民族誌成果可資參酌，因此下文將繼續以右堆美濃的材料，與巴博敦的右堆美濃龍肚研究一起思考。接下來說明的是孔邁隆的研究。在他的民族誌資料中，客裔區域內締結婚姻關係也同樣存在，但我們要注意的是孔邁隆因其觀察點是 1960 年代末，美濃正是進入專賣保障契作菸草種植的高峰，所以關於婚域結構的討論，孔邁隆認為單純用同為客屬做解釋已經不夠，也就是說，他認為雖同樣是有著同族裔內婚的情感偏好，但該偏好不應只是依賴同一族裔（同方言）這項元素，還同時受到環境地理、經濟地理與人文地理的交互牽制所影響。孔邁隆指出：

7 Ibid: 160-161.
8 Ibid: 161.

〔大崎下〕人表示反對客家人與非客家人通婚，他們並列舉這類婚
姻的少見，證實了他們的情感偏好決定了婚姻的型態。然而大崎下
人與非來自美濃地區的客家人通婚之例，和與非客家人通婚差不多
是同般少見，這個事實說明婚姻型態並非獨獨依據族群因素。[9]

　　在此我們必須理解，孔邁隆所進行田野觀察的龍肚大崎下，是一個盛行種
植專賣原料菸葉的聚落，菸草種植所需的高勞動力，曾使得家族長在決定延遲
分家上取得一定的權威。[10]孔邁隆認為，龍肚大崎下之婚域之所以大部分局限
在美濃，是由於地域性的血緣關係對於受縛於農業生產或其他活動的家庭來說
相當重要；這些活動不僅使他們扎根於美濃，也必須仰賴於地方上的社會關係。
因此，孔邁隆觀察到，美濃人因此對於婚姻締結（對象）顯出一種謹慎態度，
特別介意姻親的地緣關係，[11]而雖然傳統上「嘗會」（祭祀公業）原本即已具
備同宗人群跨地域的組織功能，甚至細可涉及社會生活中最隱私的層面，但孔
邁隆指出，他認為美濃最重要的單位是地域化的夥房家族，而建立新關係是為
了「使親戚雙方能夠在未來的生活裡互相來往」，[12]因而有將聯姻選擇局限於
較小範圍的傾向。孔邁隆認為，就美濃社會整體來看，親緣關係因而深具意義：
從龍肚大崎下為中心來看，美濃本身即為一個社會範疇，即使不是大部分人，
仍有許多居民都能以或近或遠的親屬關係作為基礎，建立彼此的關係。
　　從本文的思考主題來說，上述「將聯姻選擇局限於較小範圍」的傾向，恰
恰是讓敬外祖婚俗得以實踐的必要條件；換句話說，若不是這種選擇傾向，是

---

9 Myron L. Cohen, House United, House Divided: The Chinese Family in Taiwan, 41-42.（筆
　者中譯）
10 Ibid: 218-219.
11 Ibid: 42.
12 Ibid: 46.（筆者中譯）

無法支撐當代所見敬外祖。此牽涉「敬外祖」婚俗在實踐上有幾項存在條件，其中任何一個條件離開可接受範圍，儀俗中斷機會即增大。以下為筆者針對敬外祖儀式進行田野調查之後，所歸納的幾點特徵：[13]

（一）敬外祖跨越不了大山大海。由於敬外祖其日程通常限定於婚禮前一日的下午，因此越過大山（甚至大海）的姻親關係，都不可能順利地在依約定俗成完成至姻親家敬祖的耗時往返。也就是說，盛行二至三代敬外祖的社群，因行程更加複雜緊湊，通常較少無法負擔敬外祖的大跨距婚域對象。

（二）敬外祖跨越不了「半日腳程」以外。人類學通常將半日腳程作為婚域的基本範圍。就敬外祖婚俗來說，既使沒有大山大海的阻隔，同樣來自日程的限制，特殊原因締結距離較遠的他庄姻親關係，也是相當不利於敬外祖的實踐。尤其敬外祖當天尚有其它必須在同一日完成的路程，而且據村子裡的老人家提供筆者的口述材料，早期沒有發達的交通工具時，敬外祖隊伍除準新郎可坐轎外其餘人皆採步行。因此一個適合多代敬外祖盛行的婚域，甚至應比「半日腳程」還要來得更小。

（三）敬外祖必然是一個異姓家族關係的再確認。客裔社群嚴行同姓不婚，因此姻親關係的締結必然是兩個不同姓氏家族的結盟。而且習慣上已經在二或三代前締結過的姻親家庭，會採取迴避再迅速重複締結姻親的原則。就人類學分析角度來看，一旦婚域範圍相對較小，可選擇的家族也相對較少，當地居民在習俗上在婚姻對象的安排上，會迴避父輩去敬外祖的姻親家族女性後裔。儀式的進行可以

---

13 關於敬外祖儀式之細節操作，與相關之詮釋與象徵，筆者將另文發表。本文限於篇幅，在此僅就其功能與特色做重點歸納。

讓綿密的親屬網絡，更清晰且迅速地區分出可締結與不可締結的家族。換句話說，敬外祖可說是一種在有限連結範圍內、又避免觸犯近親禁忌的文化設計。

（四）敬外祖建立的可能是村內或村際的異姓家族結盟。六堆客裔社群並非全然的村際通婚，有很多人選擇村內通婚。美濃人從建庄時就是一個典型的移民社會，是由十多個姓氏合建一個村莊，雜姓村使得村內通婚既不致觸及同姓不婚的禁忌，女性的夫家也常常可方便取得由外家提供的勞力換工支援。

（五）敬外祖是一個重要的姻親關係檢證與延續機制。由於涉及對方（姻親）家族長輩的回禮與引導祭祖儀式進行，因此不論是在執行上還是象徵上，敬外祖都代表了姻親雙方實質關係的品質。有時因關鍵人物（例如曾祖母或祖母）已不在世上，姻親關係因此減弱之例亦有，或曾與姻親家族產生糾紛或不快，或是單純已生疏不太往來，鄰居友人也往往從「不再前往敬外祖」嗅得蛛絲馬跡。所以姻親關係的緊密與否，敬外祖是一個重要的檢證機制，相對的也是透過敬外祖的操作，直接扮演了維繫代間姻親關係往來的功能。

（六）敬外祖在跨族群間通婚的第二代之後，非常容易中斷。前往姻親家祖堂去拜祖，此中涉及非在此文化圈裡的族群，是否會「讓」別的家族的人跑到自己家來拜祖的問題。非於敬外祖文化圈下的家族，除非願意接受引導，否則通常無法理解，也不知該如何主持，甚至無法妥善執行回禮。

（七）由於六堆客裔社群傾向同族聚居，因此在幾個大聚落的外圍，不是南島語族的蕃社，就是閩語或講潮州話的閩庄。有限的婚域範圍，即意謂客裔社群間的高度內婚。

　　以上我們看到「聯姻選擇的較小範圍傾向」不僅是指「較小的地理區域」（或有限的地理範圍），更包括「有限的（特定的）族裔社群」，與「有限的家族選擇」。因此，本文以為敬外祖的盛行，反映並展現即是六堆群性——人們高度傾向選擇在有限地理空間，與特定族裔及具合作目的家族締結姻親關係。透過敬外祖，已締結之姻親家族重複多次地經舅甥關係的再確認，強化著二至三代的跨地域跨姓氏合作聯盟，也提醒著族裔子孫迴避與特定家族，作為再締結姻親的選擇對象。反過來說，從「敬外祖盛行於六堆」這個事實，某種程度可合理推測六堆客裔社群曾盛行較小範圍、特定族裔、有限對象的區域內同族裔通婚。本文即是在此論證基礎上，進一步探究這種婚俗之盛行，如何幫助我們思考六堆社群與他者的界限性。

二、六堆：祖籍認同與地緣認同相互鑲嵌的軍事型結社

　　依據上文可看出，下淡水溪客裔社群傾向採取在較小範圍內選擇同族裔社群建立姻親結盟。「六堆」因此獲得一個在「地理區域」、「軍事組織」以外的新的詮釋——筆者認為「堆」同時即是姻親締結範圍的理想型。由小而大來說，數個庄頭透過範圍內姻親締結，形成小型地域合作聯盟；幾個小型地域合作聯盟，再結合為中型聯盟（例如以美濃為中心加上腹地形成「右堆」）。筆者以為，原本以軍事為目的集結臨時組織「六堆」，因應長期出丁參與維護地方治安的需要，開始由「地域化團體」透過出力出資進行武丁的平時練拳所需，各堆遂定著於幾個地區中心，並持固定稱號。其中，歷史過程中的重要關鍵即為「地域化團體」的出現。地域化團體並不等同於地方宗族，因為它並非單指某一家族在一個地區的壯大，「地域化團體」更可能是透過本文上述的「地域內婚偏好」，加上敬外祖的跨代聯結，每場婚姻在建立新的姻親之前，重新確認了舊有的二至三代姻親關係，這構成了相當厚實且跨代的姻親關係，形成地

域合作聯盟。筆者認為，對「六堆」新的認識，便是將它視為一個在中型地域姻親聯盟這種鑲嵌著綿密的親屬網絡，依戰時需要進行統合中型聯盟的「大聯盟」。

　　分析多位學者的看法，一般咸以為六堆之出現與延續，和其長期處於械鬥型社會有關，因此六堆本身即是一個因應此種社會的動員特性，以武力結盟為重要目的的軍事型結社。歷史學者陳寶良曾對傳統中國社會的人群結社進行分類，依其功能析為政治型、經濟型、軍事型、文化生活型四大類。關於軍事型結社的說明，陳寶良指出該類結社乃源於民間的鬥力尚武之俗，逢地方治安不穩時，或由官方組織團練、民團，或民間形成聯庄會，以地域為紐帶，出於防衛需要，將共同地域內的村庄連成一片，以達互相支持合作。[14] 六堆地方讀書人鍾壬壽即曾寫過──「六堆就是一個民團組織」。[15] 由於其軍事型結社的形象相當強烈，延伸自軍事型結社而視之必然出現的「團寨」，[16] 也就框架了人們認為六堆「應」有防禦性邊界的刻板印象。這個刻板印象明顯地呈現在當代的「六堆全圖」（詳見下節內容），然而，事實上六堆地區除了部分較有規模式宗祠的聚落群可能設有「柵門」外，在客裔社群整個傳統生活地域中，並沒有出現像是福建土樓、廣東大型土圍等同宗聯防宅地的建築形式，也未有挖溝壘石的防禦工事，即便仍有在械鬥社會底下必然存在的各個「械鬥戰場」傳說，往往也多是位於客庄與閩庄交界的荒埔或自然溝地，卻並未見在這些地點進一

---

14 陳寶良（1998）。《中國的社與會》，255-284。臺北：南天書局。

15 鍾壬壽主編（1973）。《六堆客家鄉土誌》，82。屏東：常青出版社。

16 參考陳寶良的研究。「以保護鄉里為職責的軍事性團體、結社的存在，如果缺乏必要的防禦工事，仍然無法起到護衛家園的效果。換言之，有了團練，必須以『團寨』與之匹配，才能起到相輔相成的作用。……（明末人盧象升）『凡居民近山險者立寨，多村落者聚團。……團必大村鎮，人力眾多，周圍挖深壕，布密菁，築牛馬牆，其近團路徑用荊棘、樹枝、木石壘斷，再張毒弩等項於內，使賊難近』。……（明嘉靖尹耕著有《鄉約》）『約鄉人為守禦事也』。」陳寶良，《中國的社與會》，274-275。

步設置各類防禦設施。因此，筆者認為，僅強調六堆作為一種對外防禦的組織社群，可能會有詮釋上的偏失。

過去學者以文獻材料為基礎的論述，[17] 因強調六堆之防禦目的，加上後來地圖繪製的推波助瀾，容易讓讀者產生六堆中的各堆有著明確領地（城池、地域區隔）印象。客家委員會客家文化發展中心所屬之「六堆客家文化園區」，在其所有文宣品與展示設計中，依慣例採用傳達明確疆界概念的「六堆全圖」，用不同顏色區塊繪製「六堆」，可見此種界域概念之深植人心。許多歷史學者已論述過六堆在形成最初，非一地理概念，而是人群組織，但筆者在此藉此文願不厭其煩再為推展此概念進一步說明，採用的是孔復禮（Philip Kuhn）的複合團，以及前文提及之敬外祖，為讀者說明六堆這個詞彙作為人群組織概念的性質。

歷史學者孔復禮在其著作《中華帝國晚期的叛亂及其敵人：1796-1864年的軍事化與社會結構》中，曾論及「擴大複合團」，我們可以扼要地以此作為理解六堆此軍事型結社的組織原則：

> 在生活的全部領域裡，包括武裝組織，中國社會都被結合進親屬關係網，這種關係網從村庄擴展到鄰近的村庄，擴展到市鎮，擴展到

17 例見石萬壽（1986），〈乾隆以前臺灣南部客家人的墾殖〉，《臺灣文獻》，37（4），81-82。施添福，〈國家與地域社會：以清代臺灣屏東平原為例〉，詹素娟、潘英海主編（2001），《平埔族群與臺灣歷史文化論文集》，33-112。臺北：中央研究院臺灣史研究所。陳秋坤（2009），〈帝國邊區的客庄聚落：以清代屏東平原為中心（1700-1890）〉，《臺灣史研究》，16（1），1-28。林正慧（2008），《六堆客家與清代屏東平原》。臺北：遠流、曹永和文教基金會。簡炯仁（2005），《高雄縣旗山地區的開發與族群關係》，294，326-329。高雄：高雄縣政府。蔡采秀（1997），〈高屏地區客家聚落的發展〉，《高雄歷史與文化（第四輯）》，213-249。高雄：高雄縣政府。陳麗華，〈忠義祠與聖火：從運動會看日治後期到戰後初期的六堆〉。莊英章、簡美玲編（2010）。《客家的形成與變遷（上）》，87-116。新竹：國立交通大學出版社。

縣城，以及更遠的地方。這種親屬關係表現為一定的傳統形式，其名稱在這一地區和那一地區有很大不同，但在規模和作用的許多方面都是一致的。[18]

地方武裝組織的基礎單位是單個的村庄，中國農村最小的防禦實體。……每個村庄並非在自然條件方面都能防禦，也不是都具有防禦所必須的其它兩個條件：有力的領導和多餘的財力。具備這些條件的村庄產生了最小的地方武裝核心：單一的「團」，或地方防禦聯合會。……但有時一個村庄也會成為附近一小群定居地的組織中心。……然而地方防禦的需要必然產生更大規模的組織，……由於這些原因，由二十個甚至更多的村庄組成的聯盟，有時稱為「大團」，是中國農村慣常的、實際上普遍存在的地方防禦形式，這種多個村庄的聯盟我稱之為「複合團」。……即一個聯盟少則十個或十多個村庄，多則有幾十個村庄。……像單一的團一樣，複合團也可以為共同的目的而聯合，成為「擴大的複合團」，其起的作用與組成它的複合團所起的那些作用是不同的，可以從一個廣大區域調動人力和資金，更重要的是，它的廣闊的財政基礎使它能夠在更高的軍事化水準上徵募和維持一支武裝力量：人員從村社中分離出來為獲取報酬而服役並趨向於職業軍事生活的模式。[19]

孔復禮對擴大複合團的組成原則，筆者認為對我們認識六堆實為從小型親屬聯盟為單位，遞增其結盟範圍而形成大聯盟，有更清晰的認識。基於本文讀

---

18 孔復禮著，謝亮生、楊品泉、謝思煒譯（2004）。《中華帝國晚期的叛亂及其敵人：1796-1864 年的軍事化與社會結構》，106-107。臺北：時英出版社。

19 同上註，107-110。

者或對臺灣南部客裔社群發展史獲知程度或有不同,另外亦為凸顯族裔特性界限性質的特性,以下簡述六堆之誕生背景。

在臺灣客家研究領域中,對於六堆出現實直接導因於清康熙 60 年(1721)「朱一貴事件」的界定,目前並無太大爭議。細節上是因應地方治安需要,散落於下淡水溪沿岸的客裔社群,初期以自衛為目的組成「七營」,待事件告一段落後,卻因尚武之風不息,逐漸與鄰近閩庄[20]產生互動上的變化,也就是說,組織起來的客庄與各自生活的閩庄,冤冤相報衝突不斷,客裔民團因應綿密多起之持續衝突,戰時體制的六營(原七營)遂發展為日常即可完成動員性質的六堆(隊)。[21]關於下淡水溪客裔社群如何從「六營(七營)」變成「六堆」,施雅軒對此問題曾有深入研究,他指出「六堆」一詞是在朱一貴事件後半世紀的「林爽文—莊大田事件」(乾隆 51 年,1786)才出現;施雅軒表示,真正把六堆當作「區域」來看待的最早文本,是在光緒 6 年(1880)由宋九雲撰寫的《臺南東粵義民誌》的問世之後,該書對「六堆」區域內的村庄範圍,奠定了現代六堆的意象,也引發了六堆「組織」核心與「區域」核心的論述對抗。因此,施雅軒認為六堆史中有一個 missing link,也就是在 1880 年前的一世紀左右,是「誰」或什麼樣的事件決定了堆屬與聚落的連結,[22]關於這一點,目前並沒有文獻材料可以回答那個將「組織」黏著於特定的「區域」(土地範圍)的歷史過程。但若嘗試用前述人類學關於臺灣漢人社會「地域化」(土著化)

---

20 根據《美濃鎮誌》說法,客裔在下淡水溪開墾時,在溪流以西已全為福佬人的生活區域,以東亦有建立幾個大的閩庄,而且除了這幾個村落之外,其餘地區又是素以強悍著稱的平埔族鳳山八社部落之傳統領域,「客家人只好依附於閩南人的村落邊緣奠基,再陸續向外開墾」。美濃鎮誌編纂委員會(1997)。《美濃鎮誌》,33。高雄:美濃鎮公所。

21 鍾壬壽主編,《六堆客家鄉土誌》,86。

22 施雅軒,〈是組織?還是區域?一個六堆聚落體系建構的反思〉。莊英章、簡美玲編(2010)。《客家的形成與變遷(上)》,231-625。新竹:國立交通大學出版社。

的概念來說，那個 missing link 所發生的事情，或許可以思考為客裔村庄透過自治組織在下淡水溪正進行「地域化」的過程，每一個中型自衛聯盟開始有自己的「主場」，[23] 由特定範圍內的聯庄部落群推舉總理，由庄中家族出資出丁，形成一個鑲嵌於地緣與親屬網絡上的自衛聯盟，必要時才「出堆」（出隊，征戰，並到別的堆／隊去協助）去其它主場支援對外作戰。

筆者認為，六堆與特定空間鑲嵌的 missing link，祖籍認同（血緣認同）與地域化認同（地緣認同）的逐步鑲嵌，加上墾地經濟原本就有其活動區域的有限性，「主場」的形成或許可以視為是民團組織落籍成為「庄民」的過程。歷史學者亦曾提過下淡水溪客庄的「村庄化」、「落地化」概念，例如陳秋坤曾以 18、19 世紀「閩主客佃」的社會結構，論述當時客裔社群在基層社會組織已進入綿密發展，並凝聚著客居村落，國家在此時亦使用權力進行編戶齊民，意圖使流動人群逐漸「村庄化」以便於管理自然資源及取得稅收有關。[24] 這樣的一個過程，它是跟在下淡水溪客裔社群在清初與原鄉的緊密互動，逐漸減弱之後產生的一種改變，[25] 同時此亦為六堆地方社會型塑過程的特徵。施添福提出一個關於人口地理學上的時間概念，認為這個地域化過程其實是相對緩慢的，即便在 20 世紀初的人口統計，六堆人總口也沒有突破六萬之眾。[26] 從

---

23 在職業棒球制度裡，有所謂的「主場」，主要提供特定棒球隊練習或比賽的場地。參閱「臺灣棒球微基館」（http://twbsball.dils.tku.edu.tw/wiki/，檢閱日期：2013/9/9）。研究者主張，透過與特定地方（主場）建立「地方」的情感，對於球團的品牌行銷、球員的品質、地方居民對於球團的認同度與參與感等，都有正面的效應。見林佑達（2009）。《臺南市民地方認同、主場經營、球隊認同對購買意願影響研究：以職棒統一獅為例》，國立臺灣師範大學運動與休閒管理研究所碩士論文，未出版。

24 關於「地域化」這個概念，陳秋坤採用「落地化」的說法，並在論文中對「落地化」定義為：國家權力為求控制人民和自然資源而將移墾聚落「村庄化」，以便強迫人口定居在一定地籍上的宅園。陳秋坤，〈帝國邊區的客庄聚落：以清代屏東平原為中心（1700-1890）〉，3。

25 施添福，《國家與地域社會：以清代臺灣屏東平原為例》。

施雅軒所指出 1880 年的文件顯示六堆已與特定地域鑲嵌完成看來，已經地域化的六堆客裔沒有持續以民團之武裝能力向外擴張，極有可能與人地關係未出現嚴重負荷壓力有關。

地域化（村庄化）的關鍵，在於有能動者的出現，而這個能動者與掌握血親組織（嘗會長老）與地緣組織（公共事業頭人）有關。孔邁隆曾以大量古文書表示清代下淡水溪客家社會是一個在各類會份底下活躍的「股票社會」，集資投資土地事業之風盛行，若說這是原鄉既有之技術，這意謂著六堆為求一個強化凝聚的社會，有意無意地選擇了透過家族或信仰、利益的公共投資，最後達成了其凝聚的結果，而且，重要的是，這種投資性事業，也強化了家族以及公共事業頭人的權威性，因為他們握有很大的資產權。[27] 除了各嘗會管理人，陳秋坤認為國家得以經由戶籍與地稅制度，致使屏東平原「村庄化」的重要關鍵，就在於「管事」這個角色的存在，他認為「村庄管事和各嘗會管理人業已成為客家聚落的社會經濟勢力核心，也就是共同的領導階層」，[28] 而這樣的社會階層在地域化的過程中，扮演著重要的樞紐核心。

---

26 清康熙至雍正年間，絕大部分這個區域的早期客裔移民在墾區內並沒有自己的家戶，也無落戶生根的想法，他們是一群季節性或週期性移墾於墾區與原鄉之間的流動戶口，直到康熙末年，大陸沿海渡禁逐漸森嚴，與原鄉季節性往返越來越困難，這批候鳥型的客裔人口或是偷渡家眷團圓，或正式申請接眷，逐漸展開落戶於下淡水溪的新生活。客裔採用父死子繼「接力式土地耕作方式」，使得平原上的客裔人口逐漸和緩增加，不過，即便到了日治初期，下淡水溪平原客裔繁衍了七、八代之後，總人數仍不及六萬人。然而，此六萬人以「公業化」方式進行土地經營，而後事業有成者也在落地生根後組織嘗會或神明會，或以血緣（同宗或同姓），或以宗教或共同社會活動為基礎，集資置產組成合作團體，形成一個利害與共，家給戶足，財富分配平均的小康社會。施添福，《國家與地域社會：以清代臺灣屏東平原為例》，77-81。

27 Myron L. Cohen （2005）. Writs of Passage in Late Imperial China: Contract and the Documentation of Practical Understanding in Minong, Taiwan, *Kinship, Contract, Community, and State*, 252-303. Stanford: Stanford University Press.

28 陳秋坤，〈帝國邊區的客庄聚落：以清代屏東平原為中心（1700-1890）〉，19。

　　換句話說，下淡水溪客裔地域化過程中，嘗會（民間企業）以及管事（國家代理人）都扮演一定的角色，而他們之所以如此活躍並決定了下淡水溪的地域化過程，幾乎所有學者都指向這個地區在發展過程中具有特殊的地方性。例如陳秋坤曾愛引鄭振滿的研究，肯定嘗會的發展確實有其原鄉經驗：「屏東地區客家村民將多數田業歸屬公共嘗會和神明會組織的現象，顯現大陸客家原鄉文化的傳承，但更大的因素可能是屏東地區的歷史環境所促成」。[29] 陳秋坤認為這是邊區性格的歷史環境所造成，包括六堆這個半軍事化聯盟組織，亦是頻繁的閩粵械鬥與緊張的村際關係所促成的，「在村庄內部則由管事統籌土地稅務，監督土地買賣」，「家族組織則利用豐富的公業，提供租息舉辦崇拜祖先儀式，聯絡同宗共祖情誼；投資神明會和慈善組織，建立泛村庄的親族關係」，「家族嘗會公業，管事和六堆聯盟於是集結族長、庄長和村庄菁英為一體的文化權力網絡，有機地凝聚客庄社會」。[30]

三、六堆界限的性質：是被包圍而排外還是內聚力的界限？

　　施添福曾以收錄於《臺灣私法人事篇》中的 32 則古文書（時間在清光緒 21 到 32 年間），來分析清末至日治初期屏東平原客庄親族和親子關係的空間範圍。他認為清代下淡水溪客裔社群是處於一個孤立與封閉但團結的生活環境中，經由長期的小地域通婚及建立各種親屬關係，形成休戚與共的血緣共同體：

　　……客家地域僻處南臺灣近山一隅，外皆福佬或平埔的生活領域。
　　因此，落戶後子女的通婚範圍，遠較福佬民系為小。為了傳宗接代，

---

29 同上註，13。
30 同上註，24。

綿延家族血脈，有一部分返回原鄉成親；另一部分則只能在客家地域內部尋找合適的對象，藉由長期的通婚和其他各種親屬關係的建立，遂使屏東平原的客家民系，一方面繼續維持跟原鄉密切的聯繫，另一方面則結合成一個休戚與共的血緣共同體。……客家民系必須維持跟原鄉的密切聯繫，同時也強化了新鄉內部的團結和互助；清代屏東平原的客家社會，是一個孤立、封閉、團結，而內部單純的務本社會。[31]（底線為筆者標示）

施添福的這篇專書論文曾多次引用林正慧的說法。林正慧對於清代下淡水溪地域化過程，她提出 1905 年《臺灣土地慣行一斑》的記載，指出下淡水溪客裔社群社會，因處在閩庄與蕃社的包圍，時有利害衝突，「客家人為求團結一致，遂採取組織各類嘗會的方式置產耕墾。」[32] 她亦引用族譜記載，指出清代臺灣嘗會盛行的地區均為客家移民移墾所在，「組織嘗會投資土地事業，應是客家人於原鄉即已形成之慣習」，而且不僅僅是嘗，其它的神明會及與公共事務有關的會等等，在開墾土地上都扮演積極角色，更是參與社會事務的主體。[33]

林正慧主張下淡水溪流域客裔社群之所以建立眾多自原鄉經驗帶來的嘗會人群組織，其目的在於「求團結一致」，透過黃釗《石窟一徵》的材料，她指出客籍原鄉本在面臨生存環境威脅時，就會採取合作且習武自衛的生活方式，因此此風應也帶到下淡水區，加上「欲與官方結好之心理」，傾向以鄉團組織與官府結合，以求保衛鄉里及既墾結果，[34] 當「在分類意識形成後，為求自我

---

31 施添福，《國家與地域社會：以清代臺灣屏東平原為例》，82-83。

32 林正慧，《六堆客家與清代屏東平原》，127。

33 同上註，126。

防衛，故在各大庄中，常見有完固的防禦工事」。[35] 筆者整理林正慧在書中提出關於六堆形成的主客觀條件包括：（1）危機與自我防衛意識、（2）家族與公共事業組織、（3）習武之風、（4）保護既有的生存領域，以及（5）與官府結好之傾向。

　　施添福認為下淡水溪客裔社群社會乃是「孤立與封閉但團結」，[36] 而林正慧亦同意此地客庄的團結一致乃是「處在閩庄與平埔部落的包圍」[37] 之下的結果，且「各大庄常見有完固的防禦工事」。[38] 陳秋坤也有近似的觀點，[39] 他曾引用臺灣文獻館收藏的檔案，說明這種被圍困的狀態實際上也是一種六堆內部的心理狀態，並認為客裔社群在下淡水溪因此建立的是「排外性的聚落」。[40] 陳秋坤曾引用一張繪於日本統治六堆初期（明治 29 年，1896）的手稿，繪者為時任六堆大總理的邱維藩（名阿六）。邱阿六在殖民統治者的要求下繪製六堆客庄地圖，他在右方備註寫著「左堆六庄相雜太遠未詳」，因此這一張圖實際上是「五堆」圖。在邱阿六腦海中的印象，下淡水溪東邊的大山都是「蕃社」分布，南方與北方則是閩蕃雜處地，西方俱是閩庄；筆者點計了一下，邱大總理共標示出五堆內的 78 個村庄，其中先鋒堆與後堆中堆隔出一條溪，而中堆與前堆亦是以溪為界，右堆則不僅以溪和其它各堆相隔，還有「蕃社」閩庄夾在右堆與其它各堆之間。陳秋坤認為：「在閩籍村民和『蕃人』的圍繞下，客庄形同被包圍的聚落」，「從在地人的觀點，可觀察到六堆領袖對於生存環境

---

34 同上註，161。

35 同上註，190。

36 施添福，《國家與地域社會：以清代臺灣屏東平原為例》，83。

37 林正慧，《六堆客家與清代屏東平原》，127。

38 同上註，35。

39 陳秋坤，〈帝國邊區的客庄聚落：以清代屏東平原為中心（1700-1890）〉，21。

40 同上註，1。

充滿被圍困的焦慮感。」[41] 也就是說,那張手繪的六堆圖,再現了當時六堆領袖的空間認知結構,從圖面感受到明顯的外／內、敵／我意識。但還是要注意到的是,該張手繪圖在六堆客庄與其它非客庄之間,並沒有繪製任何明顯的防禦工事,若套用當代衛星地形圖,六堆客庄與周圍非客村莊之間,通常可能出現的就是溪流或矮丘,或也有什麼障礙物都似乎不存在的平坦田園。

歷史學者對下淡水溪六堆的描述,偏重強調一個長期處於緊張的村際關係的地方社會,並將六堆某種程度歸結於身陷被包圍或圍困的危機意識,形成雖團結但卻孤立與封閉的族裔特性。六堆人鍾壬壽曾蒐集耆老意見,描述六堆是「自治自衛的性質」,且「地形上不完全集結一地,有很多客庄是點綴於閩南部落之間,地方制度不容易劃分」。[42] 筆者從中讀到的是:「堆」是依據客庄聚落群的範圍(也就是防衛範圍)來劃分,較之地域概念,「堆」一直指稱的就是防禦組織的守備區,它會隨著人群聚落的擴大或械鬥後某些聚落的流失或取得,而持續移動,所以並沒有防衛工事固定化了「堆」的地域範圍,許多大庄或許設有防禦公共設施,但六堆「界限」是與時彈性變動且虛擬的一個防禦邊界。

另一個說明的例子是六堆盛行採行一種具「中軸線」表徵的堂號區刻順序。舉張氏祖堂(當地稱「張屋伙房廳下」)為例,六堆人極大多數在祖堂門楣上方懸掛依左(尊)至右(卑)但有中間最尊概念思維的「河堂清」寫法,此種作法與中國原鄉客籍住地及六堆以外地區,極多數傾向依左(尊)至右(卑)無中軸概念的「堂河清」寫法,有所不同。目前並無專書研究這種差異風俗的來由為何,但筆者觀察到,六堆祖堂門楣上此類堂號寫法,與祖堂內祖先大牌寫於最高位之堂號寫法,具有相同的意指實踐(signifying practices),

---

41 同上註,21。

42 鍾壬壽主編,《六堆客家鄉土誌》,86。

其背後究竟是否是將祖堂之內（祖先牌位）外（堂號牌匾）視為應承載同樣文化表徵（cultural representation）之物，或是來自於某種帶有功能意義的文化設計？筆者在田野現場的參與觀察，居民意見似乎較多傾向後者。居民認為在屏東平原上的大多數客庄，和鄰近的非客住庄之間，平時並沒有明顯的邊界。人們便「傳說」著將堂字寫於中間的方式，反映的是客庄與閩庄的長期械鬥史，把這種「堂」字擺中間的寫法，大量用於識別客籍聚落的表徵，目的在讓外村來訪者在相似度甚高的平原區中，迅速獲得辨別的資訊，以免因無意間陷入（落入）具敵意的他群聚落中，遭池魚之殃之外還可能被烙印為故意來挑釁的非善類。

　　筆者認為以上或許說明著某種事實：屏東平原六堆地區客閩間的界限實際上有其模糊與不易區辨，所以更需要用對此差異的認知情況、一種日常且恆存的建物象徵，來完成地理、空間（包括心理空間）的區別。正因為創發了迅速辨別的識別設計（門楣堂號排寫結構），六堆聚落群便展演出比較可識別出來的疆域感，往後透過不同地圖「建構」空間的情形下，六堆從「人群組織」的概念變成有空間界限的「區域」概念。

四、六堆地圖是一種建構

　　六堆作為人群的概念在地方上一直都存在著。地圖可以標示的是人群居住的位置，但人群的界限其實在不斷的大小爭鬥中，一直處於彈性鬆動的狀態。筆者認為，理解六堆界限的角度，較傾向視其為人群認同界線，並非地圖上看似「圈地」的那個範圍，而是透過日常裡包括語言、儀式、信仰、親屬連帶等實踐，所彰顯或呈現出來我群與他群的認同界限，不單是指那種經由械鬥所繪出的劍拔弩張對峙。是這種日常實踐與認知的方法，而非械鬥時的兩軍對陣，界定了這條「界限」。

正因為六堆的界限不具有明顯的地域界碑,它是一種認同的概念,因此我們若要從界限來分析六堆這個社群,就要使用人類學族群研究中關於建構論的概念來理解它。思考這個界限何時建構、為何建構,又透過什麼方式建構,才能掌握這個不斷游移且「點綴於閩南部落之間」的客裔社群認同。筆者很喜歡小說家董啟章對於「界限」的一段描述,他說:

> 在一片毫無區隔和標識的山崗不毛之地上,如何才能知道已經越過界限?如何才能體驗越界的感覺?又如何防止越界的發生?如何製造越界的罪刑?無形的界限比實存地理形勢更有力而毫不留情地把同質的空間強行做出內外的分割。
>
> ⋯⋯界限不但不是實存世界的摹描,它本身就是實存世界的虛構性塑造方式。在界限的製定和實行中,世界在抄襲地圖。⋯⋯在地圖上訂立界限的先決條件,是掌控虛構的權力。[43]

小說家把界限的性質說得如此精準,界限的認知來自於人心中建構的內與外兩個世界。六堆的界限它也是一種內／外的認知界限,能被內聚的訴求所吸引並遵循規則的,就是「內」(自己人),而逸出這些規則的就是「外」。是「我群」和「他群」的概念,創造了六堆的界限,也就是說,這是一條認知的邊界,人群的邊界,而不是地理(區域)的邊界。

於此,我們可以瞭解地圖徹底讓人們誤解六堆之深了。從 1973 年《六堆客家鄉土誌》置於書冊目錄後首頁(無頁碼)的那張【六堆部落圖】(見圖 1),六堆被視為有著「可見界限」的地理區域,被明確地「畫」了出來。1997 年《美

---

43 董啟章(2011)。《地圖集》,「理論篇:界限」。臺北:聯經。

濃鎮誌》中繪製的【六堆全圖】（圖2），雖採用虛線，卻也難免複製了這個
區域概念：

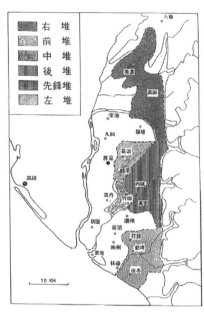

圖1：六堆部落圖[44]　　　　　　　　　　　圖2：六堆全圖[45]

　　然而，筆者毋寧相信這兩張圖並不是最早將六堆畫出這種圈地概念的。在
清末至日治初期的六堆客裔社群（粵民）地圖，透過色塊或特殊顏色的框線，
六堆雖然「形狀」與當代人們的認知所不同，但「區域」概念在地圖上亦是
躍然紙上。圖3、4、5三張圖，皆為1920-1930年代下淡水溪客裔社群的分布
圖。地圖上為了突顯客裔社群「聚族而居」的特性，皆以「區塊」方式標示。
不過，仔細看這三張地圖都是在「族」（「地方住民種族」、「閩粵兩族」、

<hr>

44 爰引自鍾壬壽主編，《六堆客家鄉土誌》。
45 美濃鎮誌編纂委員會（1997）。《美濃鎮誌》，37。高雄：美濃鎮公所。

「漢民族鄉貫別」）的分類概念下所繪製。圖5〈臺灣在籍漢民族鄉貫別分布圖〉（1927）一圖中，同心圓指的是平埔族戶數，而深黃色「界限」為「粵族（廣東）」，我們可以看到在這些廣東（粵族）的聚居區，實際上也是平埔族戶數相對較密集的地方，並且在右堆與六堆中區之間，密集度相對更高。右上圖也可看出客裔社群的聚族區域實際上是較為零散的狀態，甚至看不出「堆」的樣式。

從圖6也可以看到同樣的訊息。但圖6較之進步的是，在灰色區塊底下是村庄點狀表示，提供心細的讀者領略「六堆區塊」是架構在「客庄」之上——是客庄的範圍決定了六堆的範圍，而不是從六堆範圍來定義客庄。該圖由中央研究院地理資訊科學研究專題中心繪製，主題為【客庄六堆坐落與地下水層分布】，其依據同樣是日治時期的資料（1904年臺灣堡圖），其中客庄以「點」的方式繪製出來，而灰色（六堆區域）區塊則是後來的繪製者加上去，其中右堆由於聚落之間的距離相對分散，但被「區塊」化後在地圖上所再現出來的卻像是勢力最大或人數最多的一堆。此即地圖再現（representation）的問題，扭曲了我們對事實的想像。

若我們仔細分析圖6的宗旨，便發現該圖透露的重點是圖中一條粗黑色的不規則框線，指出屏東平原地下水的重要分布地區，恰恰與除右堆以外的其它各堆傳統生活領域高度重疊。圖6不僅可以看到客庄位於豐沛的地下水地帶，相對水源取得更為方便；即便不在地下水層豐沛區的右堆，在地形上是六堆裡最接近山麓丘陵地，最接近下淡水溪上游，不僅有柴薪取得之利，同時亦有河舟與溪流之便。換句話說，就地理與自然資源來說，下淡水溪客裔社群雖錯落於閩庄與南島語族部落之間，但它所在的地理位置與所擁有的水源資源，實際上是占優勢的。[46] 某種角度來說，這樣的六堆界限是客裔一種聰明的選擇，並有意識地在捍衛。

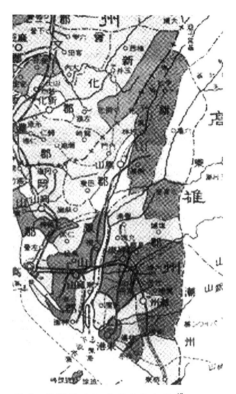 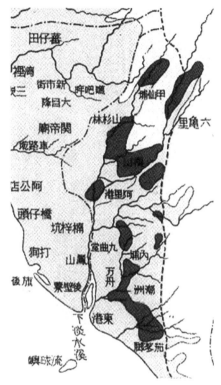

圖3：臺灣地方住民種族分布圖[47]　　　　圖4：閩粵兩族分布圖[48]

---

46 關於這一點看法，李國銘曾在一篇描寫下淡水溪族群分布時，寫到：「……客家人[在下淡水溪]所占墾的土地不但不是比較差的土地，甚至是整個平原上水源最豐沛，也是最有利於稻作的肥美土地。」李國銘，〈平埔與閩客 恩怨往事〉，曾貴海、張正揚主編（2001）。《高屏溪的美麗與哀愁》，169。臺北：時報文化。

47 原圖為移川子之藏（1930），臺灣地方住民種族分布圖。引自山本三生編，《臺灣篇》「日本地理大系」（11），頁320之附圖。本圖爰引自魏德文等（2008）。《測量臺灣：日治時期繪製臺灣相關地圖，1895-1945》，119。臺北：南天。此圖為部分。

48 原圖為閩粵兩族分布圖（1927），1917年調查。爰引自魏德文等，《測量臺灣：日治時期繪製臺灣相關地圖，1895-1945》，118。此圖為部分。

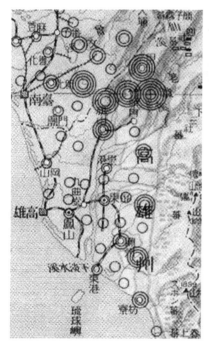 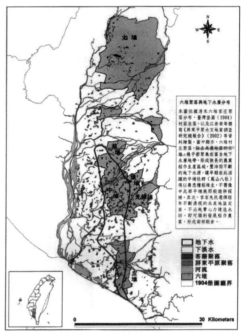

圖 5：臺灣在籍漢民族鄉貫別分布[49]　　圖 6：客庄六堆坐落與地下水層分布[50]

　　下淡水溪在許多經濟生活或通衢河運上，事實上務農的客庄都還是要與從事商業的福佬人打交道：

　　　　福佬和客家也不是隨時處在交戰狀態，客家人雖然在武力衝突時往

　　　　往占優勢，但並沒有趁福佬人全村外出避難而霸占該村庄；平時沒

---

49 原圖為臺灣總督府繪製（1927）。臺灣在籍漢民族鄉貫別分布圖。引自臺灣總督府官房調查課編，《臺灣在籍漢民族鄉貫別調查》。本圖爰引自魏德文等，《測量臺灣：日治時期繪製臺灣相關地圖，1895-1945》，120。

50 爰引自陳秋坤，〈帝國邊區的客庄聚落：以清代屏東平原為中心（1700-1890）〉，16。

有打仗的日子，福客兩邊往往是唇齒相依，尤其是普遍務農的客家
人平日所需要的油鹽等民生用品，常得依賴福佬商人輸入。[51]

　　確實，正因為互動頻繁，衝突一觸即發，非我族類聚黨糾集，是讓清代一
種充滿族群衝突的「六堆意識」（心結意識）持續的重要原因。一直要到日治
時期，這條界線因為械鬥關係的削弱，開始鬆動，逐漸變成一個想像的共同
體。然而，械鬥並非每天都在發生。筆者以為二百多年下來的「地域化」過程，
平日與鄰近福佬村庄的互通有無，唇齒相依，並不是一個全然封閉或排外的狀
態。本文認為，清代六堆在平原地形上展開的家園以及其文化特性，應該不全
然是被圍困下的選擇，它有很大的性質實際上是在特殊的族裔特性底下，這些
客裔透過文化實踐，不斷產生高度的內聚力下的結果。

五、代結語：六堆「界限」的再思考——具內聚力的族裔特性

　　前文分析了下淡水溪客裔有意識地進行較小範圍內婚，通過敬外祖婚俗強
化著跨代的婚姻結盟，強化著村際多姓家族之間的聯繫，筆者認為六堆的界限
性質同時即為一條民俗界限，而經由與親屬締結強化有關的民俗生活，六堆本
身即為一內聚力強的社群。以下段落將再爬梳關於這種較小範圍內婚，如何作
用於（working on）六堆社會結構中，並從界限重新思考六堆地方社會的性質。
　　歷史學者基本上同意下淡水溪客裔在清代中葉時，已相當盛行同族裔的地
域內婚。[52] 這種內婚的傾向直到日治時期仍繼續維持。[53] 地理環境的變化，有

---

51 李國銘，〈平埔與閩客 恩怨往事〉，173-174。
52 施添福，《國家與地域社會：以清代臺灣屏東平原為例》，82。林正慧，《六堆客
　　家與清代屏東平原》，197。

時甚至會使族裔地域婚姻締結的範圍，更為縮小。[54] 即便是進入 20 世紀後半葉，孔邁隆的田野資料也告訴讀者，在 1960 年代在美濃龍肚地區，客裔之間內婚仍是優勢的姻親選擇，雖然家裡的每個小孩，各個姻親會選擇是來自不同的村庄。[55]

這是一個刻意的結果，還是很多的偶然所形成？巴博敦在 1964 年 1 月到 1965 年 6 月間於左堆打鐵庄（屏東縣新埤鄉）進行研究，對著名漢學研究者傅里德曼（Maurice Freedman）提出之「宗族範式論」展開反駁，[56] 其研究結

---

53 例如透過日治人口統計資料，學者分析過在 20 世紀上半葉，屬於右堆的美濃龍肚與高樹大路關，皆採行村內或鄰村的族內通婚。Burton Pasternak, *Guest in the Dragon: Social Demography of a Chinese District 1895-1946*. 莊青祥（2008）。〈屏東高樹大路關地區之拓墾與聚落發展之研究〉，國立高雄師範大學客家文化研究所編，《客家社會與文化學術研討會論文集》，152-153。臺北：文津出版社。

54 例如美濃在進入 20 世紀後因受荖濃溪堤防工程的橫阻，與南岸六堆聚落嚴重隔開，造成美濃客裔社群通婚區域的內縮，「可說已經到了地域族群內婚制的地步」。李允斐、鍾永豐、鍾秀梅、鍾榮富（1997）。《高雄縣客家社會與文化》，136。高雄：高雄縣政府。

55 Myron L. Cohen, *House United, House Divided: The Chinese Family in Taiwan*, 43-44.

56 巴博敦在 1960 年代抵達打鐵庄進行民族誌調查，他在當時最重要的成果在於反駁傅里德曼（Maurice Freedman）的宗族範式。「宗族範式」原文為 lineage paradigm，亦有學者或稱為「宗族理論」或「宗族模型」。Freedman 在 1950 年代末建構的「宗族範式」，開拓了人類學漢人親屬研究中對於中國親屬團體（世系群）宗族／家族的理論取向，這套理論讓後來的漢人親屬研究圍繞著親屬團體進行討論，思考其形成、分類、組織與延續，可說一直到 20 世紀末，漢人親屬研究的優勢概念都在親屬團體這樣的社會組織研究上。參見 Freedman, Maurice.（1958）. *Lineage Organization In Southeast China*. London: Athlone Press. 巴博敦對傅里德曼嘗試建立的傳統中國宗族形成理論，提出相當程度的異議。傅里德曼利用海外華人的材料，以當時正流行的功能論來試圖解釋明清時期地方宗族，他認為地方宗族的發展過程乃是透過水稻種作累積共有財產，讓成員運用親屬法則來建立組織、應付邊防，並興修水利來滿足擴大水稻栽種面積的需要等功能目的下的親屬團體——換言之，傅里德曼認為邊陲社會、水利灌溉與水稻栽培是決定親屬組織之所以盛行於中國東南沿海的重要因素。參見 Freedman, Maurice.（1967）. *Rites and Duties, or Chinese Marriage*. London: G. Bell & Sons, 159-164。巴博敦在傅里德曼發表的兩本關於其宗族理論的重要著作之間，至臺灣南部兩個性質迥異的村庄進行田野工作；他的問題意識是：「邊陲」和它的社會經濟特色，是否與宗族的發展有「必然」的關係。參見 Burton Pasternak, *Kinship and Community in Two Chinese Villages*. 與此有關的是，

論在當代則提供了後續研究者重新理解六堆地方社會的重要材料。巴博敦的研究透過比較臺南縣六甲鄉中溪庄（閩庄）及屏東縣新埤鄉打鐵庄（95%為客裔），指出認為臺灣雖屬傳統中國邊陲社會典型，但以中溪庄之例並無出現大量的水利建設，其經濟條件也較不發達，但仍無影響其家族力量的形成，只是跨家族間的區域聯繫，似乎較不及家族角色重要。相對的，打鐵庄同時具備邊陲社會、水利灌溉與水稻栽培三項條件，並未發展出地方仕紳望族，而是出現了強大的跨家族地緣關係網絡。他同時指出稻作經濟發展程度上，打鐵庄遠比中溪庄來得高，但打鐵庄的客方言人群沒有將其累積的財富以及興建水利的獲益，用在發展地域化的父系世系群，而是將之用來發展跨世系的姻親共有財產與地域性的公共事業；巴博敦補充說，打鐵庄讓我們看到一個在獲得財富後大量支持跨族聯合（cross-kin associations）的例子。[57]

　　巴博敦他在打鐵村的材料中提及的跨族聯合，其特殊性不僅在於「超宗族的地域化組織」概念，而是同時建立在家族與地域間的姻親締結之上的人群連帶。這個部分巴博敦在多年後以日治時期右堆龍肚庄的社會人口統計資料所做的研究，又再一次地強調了這個觀點，他表示當地客裔社群傾向選擇鄰近村際之間的大婚，雖然在家庭和諧上因姻親家族太過接近，並不利於世系群內穩定，但是因為它具有村際聯合的效果，人們就會比較偏好。[58]另一方面，小區域內的姻親選擇究竟對特定世系群的發展，是否真的不利，某個角度來說，姻

臺灣學者也有後續的討論。例如在巴博敦發表其論點之後，包括莊英章與陳其南都以他們的民族誌材料，補充了巴博敦對於臺灣地域化組織重要性高於宗族組織的說法。莊英章指出臺灣早期開發時為了防禦需要，宗族組織會讓步給「唐山祖」的超宗族組織，陳其南則表示，漢人宗族在臺灣的重要性是遠遠不及祖籍認同和地域化分類組織。參見莊英章（1974）。Pasternak 的臺灣漢人社會研究，《思與言》，12（4），38-41。陳其南（1987）。《臺灣的傳統中國社會》。臺北：允晨文化公司。

57 Ibid: 136-139.

58 Burton Pasternak, *Kinship and Community in Two Chinese Villages*, 160-161.

親關係的聯結有利於一般生產合作上的交工（換工），但當一個家族面臨樹大
分枝時，強大的姻親容易形成對世系群內家族長權威的某種挑戰；但是正面來
說，妻舅的力量有時也有助於一個搖搖欲墜的家族，獲得一個過渡的支持力
量。孔邁隆曾提出例子指出，[59] 當雙親以及舅舅都過世之後，一名子嗣他與表
兄弟家庭之間的聯繫就會鬆散許多。在過去，這個關係將可以透過刻意維繫敬
外祖來確認其象徵性的聯結，也就是說，經由象徵性地繼續執行敬外祖，這種
鬆散的姻親關係仍可以某種程度地被期待聯繫著。

　　由此我們可以進一步辯證：即便鄰近且緊密的姻親關係有可能使得分家過
程充滿矛盾與衝突，[60] 小區域客裔內婚仍是一種偏好選擇——雖然，人類學者
也指出，在很多地區都是採行婚域內婚的型態，但似乎更多傾向村外婚以擴大
連結，[61] 筆者透過本文希望強調的仍是：對六堆此地方社會而言，其曾存在「較

---

59 「……在某些情形下，姻親確實有著特殊的位置。……分家中的兄弟往往各自有妻
　　舅的支持，以對抗其他的手足，而且在分家以後，每個新形成的家庭之間，關係上
　　通常會有某種程度的衰減，但各別的新家庭與其姻親間的關係卻益形緊密。同樣的，
　　姻親的重要性也反映在母系的聯繫。例如，一個男子的丈人死後仍有數個各自成家
　　的妻舅作為他的姻親，使得這種親戚關係的強度不會突然轉變。但是經過幾代之
　　後，當這個男子和他的妻子都過世之後，親戚關係將會快速鬆散，而甚至他的子嗣
　　所建立的家庭和由他妻舅的兒子所建立的家庭間，兩方的關係僅僅靠母系的聯繫，
　　因為他的妻舅也可能早已死去。」Myron L. Cohen, House United, *House Divided: The
　　Chinese Family in Taiwan,* 40（筆者中譯）

60 Ibid: 40.

61 例如在蓋林（Bernard Gallin）筆下的「小龍村」，呈現出彰化縣鹽埔鄉新興村當地
　　姻親關係的重要，但再如何重要也沒有出現刻意強化且象徵跨代姻親關係再確定的
　　文化設計。書中透過新興村的材料，把一個「不喜歡村內通婚，而傾向跨村通婚」
　　的姻親關係，就其經濟、社會和宗教、調解和政治三個方面來談。他尤其說明當地
　　不喜歡同村通婚的原因，不僅是有心理上不想讓彈性的親戚關係變成親族那樣過分
　　親暱，而且是為了使得跨村的合作有更好的基礎：他認為像「小龍村」這樣多姓村
　　缺少強有力的全村領導和組織，而這些因素更使村人認清，本村給個別家庭的支持
　　是有限的，所以「親戚住在不同的地區，因此農業週期的距離比較大些，經濟上
　　反而可以互助，這一點彼此同村的人通常辦不到。」「若是村人為了困難找不到必
　　要的勞工來收割作物，他知道可以請些當時自己不在忙收割的親戚來幫忙。」在社
　　會與宗教上，「通常每村拜拜舉行的日期不會同在一天，這樣許多親戚就可以互相

小婚域選擇」的歷史時期，甚至村內婚比例比比皆是。孔邁隆在 1965 所做的龍肚大崎下親屬網絡統計，[62] 得出的結果即是居民會在因應社會生產活動對社會關係的需求之下，優先在龍肚地區之內建立足夠的親戚網絡，然後再擴及其它區域。

　　這種「有限的選擇」反映的必然也有客裔社群的族裔偏好，較小的婚域範圍非單純處於械鬥社會，而更多可能是一種更有利方案的策略選擇──包括守住地底下的水資源，以及建立更緊密的勞力交換體系。不選擇與福佬人通婚，非因為「懼怕」，也許僅僅因為「不喜歡」。然而，六堆原有之村庄習武之風在日據時期遭到瓦解，在下淡水溪中下游六堆中區因無相對地理封閉，因此這個六堆「界限」開始成為可穿透的融合點，包括鄰近地域的跨族群通婚，而如前文所述，這必然使得六堆中區在「敬外祖」之執行上面臨挑戰，在六堆地區其影響力已明顯弱化，在弱化過程中不能忽略的是，跨族裔與大跨距的姻親對象選擇與整個界限性質轉變之間的環環相扣。相對於男性的聚眾械鬥，女性反而是一個可以穿透界限的介質 [63]（medium），在六堆械鬥社會瓦解的日治時期以降，因女性交換所呈現的路徑，反映出界限呈現的穿透性。[64] 而在

串門子，參加別村的拜拜了。」在政治方面，村級以上的選舉更需要整個選區的選票，因此跨村的親戚越多，政治支持的範圍就越大。Bernard Gallin.（1966）. *Hsin Hsing, Taiwan: A Chinese Village in Change.* Berkeley: University of California Press, 176-180.

62 Myron L. Cohen, *House United, House Divided: The Chinese Family in Taiwan.* 43-44.

63 物理力學上的專有名詞，在某些波狀運動，如聲波、光波中，則稱傳播的物質為這些波狀運動的介質。

64 例如在六堆中區的萬巒、內埔、竹田、麟洛、長治等村庄，日治時期以來即有不少由平埔族或排灣族部落家族收養客家女孩之例，研究者指出，她們被收養的原因也並不完全反映漢人社會關於「收養」的價值觀，反而是在她們身上有的擔負著傳承南島語族部落歷史的使命。林淑鈴等（2010）。《臺灣客家關係研究：以屏東縣內埔鄉與萬巒鄉為例》。臺北：行政院客家委員會／南投：臺灣文獻館。其中，在成長的過程中亦有回頭至客庄認親的女性，當她兒子結婚時，甚至也採行敬外祖之俗，對象包括了養母外家的祖先，以及生母外家祖先也會回去敬。在這個例子中，我們

六堆界限出現的文化會遇，似乎也在六堆最北端表徵於女性身上，[65] 包括服飾與飲食習慣的相互模仿或採借，或許顯示某種透過女性進行包括物品交換或技術學習等。

紐西蘭籍人類學者莎蒙德（Annn Salmond）曾表示，「界限」代表的不只是「分離」的地方，而可能更是一種帶有「結合」味道的特殊時空。[66] 當我們嘗試用這樣的角度來看六堆界限，便啟發著我們去看待該界限本身即存在的多元特質，因應不同地方不同的文化會遇，六堆各個方向的界限其實並不是均質或完全類同的狀態。本文結論是：從民俗觀點來看，六堆的界限性質是文化生存偏好下的選擇，不必然是完全源於封閉的排外心理，也因有此選擇性偏好，六堆透過鑲嵌於緊密親屬關係所產生的內聚力，以固守生存地盤與緩慢推進式的方式，擴展活動領地；就整體歷史局勢的後見之明來說，六堆內聚力並沒有展現在大範圍進行武力擴張性質的地盤侵略，或興築具體的防禦工事，在歷史上呈現的比較像是偏安於下淡水溪水源最豐沛的肥沃平原。

可以看到客庄在出養或收養的交換體系中，平埔並非一個緊張對峙的他者，而是可以被納入這個交換體系之中的一種選擇，而且客庄的文化（敬外祖）亦在這樣的「界限」上被實踐，作為養女的兒子也在這樣的儀式之中，理解到自己母親身上所共持的兩種身分文化。

65 例如《美濃鎮誌》曾記載當地年長婦女會學著平埔族女性喜愛嚼食檳榔。見《美濃鎮誌》編纂委員會，美濃鎮誌，68-69。直至今日，仍可見到出生於日治時期的阿婆，清晨時分最大的休閒就是坐在屋簷下整理她們今天要吃的檳榔。歷史學者也曾採集到文獻記載，說明附近平埔族在服飾上，「與美濃人穿著逐漸趨近」，參見簡炯仁，《高雄縣旗山地區的開發與族群關係》，120-121。

66 Annn Salmond, Maori and Modernity: Ruatara's Dying, A. P. Cohen, ed., （2000）. *Signifying Identities: Anthropological Perspectives on Boundaries and Contested Values*. London: Routledge, 37-58.

參考文獻

孔復禮（Philip Kuhn）著，謝亮生、楊品泉、謝思煒譯，2004，《中華帝國晚期的叛亂及其敵人：1796-1864 年的軍事化與社會結構》。臺北：時英出版社。

石萬壽，1986，〈乾隆以前臺灣南部客家人的墾殖〉。《臺灣文獻》37（4）：81-82。

李允斐、鍾永豐、鍾秀梅、鍾榮富，1997，《高雄縣客家社會與文化》。高雄：高雄縣政府。

李國銘，2001，〈平埔與閩客 恩怨往事〉。頁 157-176，收於曾貴海、張正揚主編，《高屏溪的美麗與哀愁》。臺北：時報文化。

林正慧，2008，《六堆客家與清代屏東平原》。臺北：遠流、曹永和文教基金會。

林佑達，2009，《臺南市民地方認同、主場經營、球隊認同對購買意願影響研究：以職棒統一獅為例》。國立臺灣師範大學運動與休閒管理研究所碩士論文，未出版。

林淑鈴等，2010，《臺灣客家關係研究：以屏東縣內埔鄉與萬巒鄉為例》。臺北：行政院客家委員會／南投：臺灣文獻館。

施添福，2001，〈國家與地域社會：以清代臺灣屏東平原為例〉。頁 33-112，收於詹素娟、潘英海主編，《平埔族群與臺灣歷史文化論文集》。臺北：中央研究院臺灣史研究所。

施雅軒，2010，〈是組織？還是區域？一個六堆聚落體系建構的反思〉。頁 231-625，收於莊英章、簡美玲編，《客家的形成與變遷（上）》。新竹：國立交通大學出版社。

洪馨蘭，2013，〈「社官」信仰在廣東蕉嶺與臺灣美濃的比較研究〉。《民俗曲藝》180：83-130。

美濃鎮誌編纂委員會，1997，《美濃鎮誌》。高雄：美濃鎮公所發行。

莊青祥，2008，〈屏東高樹大路關地區之拓墾與聚落發展之研究〉，國立高雄師範大學客家文化研究所編，《客家社會與文化學術研討會論文集》，頁 127-157。臺北：文津出版社。

莊英章，1974，〈Pasternak 的臺灣漢人社會研究〉。《思與言》，12（4）：38-41。

陳其南，1987，《臺灣的傳統中國社會》。臺北：允晨文化公司。

陳秋坤，2009，〈帝國邊區的客庄聚落：以清代屏東平原為中心（1700-1890）〉。《臺灣史研究》16（1）：1-28。

陳麗華，2010，〈忠義祠與聖火：從運動會看日治後期到戰後初期的六堆〉。頁87-116，收於莊英章、簡美玲編，《客家的形成與變遷（上）》。新竹：國立交通大學出版社。

陳寶良，1998，《中國的社與會》。臺北：南天書局。

黃卓權，2008，《進出客鄉：鄉土史田野與研究》。臺北：南天書局。

董啟章，2011，《地圖集》。臺北：聯經。

蔡采秀，1997，〈高屏地區客家聚落的發展〉，《高雄歷史與文化（第四輯）》，頁213-249。高雄：高雄縣政府。

鍾壬壽主編，1973，《六堆客家鄉土誌》。屏東：常青出版社。

簡炯仁，2005，《高雄縣旗山地區的開發與族群關係》。高雄：高雄縣政府。

魏德文等，2008，《測量臺灣：日治時期繪製臺灣相關地圖，1895-1945》。臺北：南天書局。

Annn Salmond, Maori and Modernity: Ruatara's Dying, A. P. Cohen, ed., 2000, *Signifying Identities: Anthropological Perspectives on Boundaries and Contested Values*, 37-58. London: Routledge.

Bernard Gallin, 1966, *Hsin Hsing, Taiwan: A Chinese Village in Change*. Berkeley: University of California Press. Hsin Hsing, Taiwan: A Chinese Village in Change.

Burton Pasternak, 1972, *Kinship and Community in Two Chinese Villages*. Stanford: Stanford University Press.

_____, 1983, *Guest in the Dragon: Social Demography of a Chinese District 1895-1946*. New York: Columbia University Press.

Freedman, Maurice, 1967, *Rites and Duties, or Chinese Marriage*. London: G. Bell & Sons.

_____, 1958, *Lineage Organization In Southeast China*. London: Athlone Press.

Myron L. Cohen, 1976, *House United, House Divided: The Chinese Family in Taiwan*. New York: Columbia University Press.

_____, 2005, "Writs of Passage in Late Imperial China: Contract and the Documentation of Practical Understanding in Minong, Taiwan". *Kinship, Contract, Community, and State*. 252-303. Stanford: Stanford University Press.

彰化平原福佬客的地域組織 *

許嘉明

　　臺灣漢人社會是個移民社會，由於移居臺灣之時，受到很多限制，舉族而遷幾乎不可能。一般村落的居民，大多以祖籍的地緣關係為認同基礎而聚居。因此，祭祀村落中具有地緣意義的鄉土神，顯得特別重要，村廟也就成為地方防衛自治的中心，及其群體的象徵。基於此一認識，本文是以祭祀圈的概念，探討聚居於彰化縣境內，現在主要分布於永靖、埔心及員林等鄉鎮的福佬居民之地方群體的組成，即從祭祀圈的內涵看居民的來源，以瞭解該地域內之地方群體是由哪些因素所形成，進而闡明在各種不同的社會處境下，據以應變的方式。

一、前言

　　本文運用的資料，主要得自於民國 61 年 11 月 15 日起，到民國 62 年 5 月 15 日止，前後共計七次的田野實地調查，對象是彰化平原的客家居民。行文中的粵籍居民或客家人，是指祖籍地來自廣東省，原本操客家方言的居民，由於這些客家居民已經福佬化，故稱之為福佬客。調查期間發現彰化平原的客家

* 本文原刊登於《中央研究院民族學研究所集刊》，1972，36 期，頁 165-190。因收錄於本專書，略做增刪，謹此說明。作者許嘉明為中央研究院民族學研究所副研究員退休。

居民，福佬化的程度已經相當徹底。田野工作中，已找不到善操客家方言之人，且有一大部分的人甚至不知本身原為客家人。最有意思的是客家居民在各種不同的社會處境下，有各種不同的地方組織出現。不僅有透過宗親關係，以姓氏為認同基石的單姓戲活動，更有超越祖籍人群的所謂七十二庄聯盟。組成的方式，無疑是傳統的方式，從單姓戲的祭祀到七十二庄之不同人群的結合，均以供奉鄉土神，或集資為共同崇奉的主祭神建廟，再經由共同舉行祭儀，作為關係之維繫，或人群間團結之涵道。所以在分析與解釋該處地方群體之組成時，主要是以地方主祭神之祭祀圈（religious sphere）這一概念去看地方群體之組成與居民來源及遷徙路線的關係，以瞭解該地域內之地方群體是基於哪一些因素所形成，進而闡明在各種不同的社會處境下，據以應變的模式。

早期彰化平原的福佬客居民，有與漳泉人「比屋雜處」的情形。現在絕大部分，則聚集於埔心、永靖等兩鄉境內，以及附近鄉鎮的部分村落。行文中的「彰化平原或彰化縣境內的客籍村落」，均指聚居於此一地域內的福佬化客家人村落。

對於漢人而言，臺灣本是個邊陲之地，漢人社會也是個移民社會，因此，本文首先將漢人對臺灣開發移居的沿革作一扼要的介紹，然後敘及客家居民遷入彰化平原，從事墾殖工作的歷程及其所處的社會和生態環境。接著是各種不同地方群體的組成及其活動，從而分析地方群體據以組成的基本因素及其賴以團結所採取的方式，作為本文之結束。

二、開發沿革略述

漢人來臺的年代或時期，一直是從事臺灣史研究者所爭論不決的問題，[1]最

---

1 參見賴永祥 1970：1-11，此外有關討論此一問題的文章很多，在此不擬一一列舉。

早的有人溯至隋唐，甚而至於秦漢。不管各種說法的可徵性如何，在鄭成功退據臺灣（1662）之前，漢人對臺灣本身的開發或土地的墾殖，可以說並不具有太大的價值與意義，因為只有在明鄭之後，才有大批的漢人在臺灣定居下來，從事土地的開墾。換言之，明鄭之後，漢人才真正在臺灣奠定其勢力基礎，在此之前，雖然也有荷蘭人與西班牙人入關，特別是荷蘭人在臺南平野附近開闢，鼓勵水稻與甘蔗的栽培，曾有招募閩粵華工入墾之事，但是真正在臺灣定居下來的也不多。明鄭繼荷蘭之後，領有臺灣，此一時期的漢人勢力，大致也不超過半線，即今之彰化以北。因此，臺灣全島普遍而有計畫的大批開墾，要到清領之後（1682）。

臺灣的發現以至於開闢，受到中國大陸沿海的發展影響，不是自南而北，即是自北而南（賴熾昌 1960：10）。彰化平原位於濁水溪北岸，大肚溪之南，東接山，西臨海，居臺灣西岸之中點，因此不管臺灣的發現以至於開闢的路線是北上或南下，都是比較遲晚的所在。由於在宋元時期，為臺灣離島的澎湖已有大量的漢人移民，[2] 而澎湖與臺灣本島西海岸最接近的地方是在嘉義與彰化之間，極可能與之有交通關係；易言之，彰化平野在宋元之時，就有漢人入闢草萊的可能性存在，唯於文獻無徵。

明朝初期，由於沿海倭患，曾實施堅壁清野之策，因此與臺灣的關係斷絕，及至嘉靖以後，海禁不周，加上沿海盜賊猖狂，臺灣遂成為漢人逃捕淵藪。明萬曆46年張燮撰東西洋考云：「……忽中國漁者於魍港至，遂往來以為常……」可見當時漢人經常來往於臺灣西海岸。此外，在萬曆末年到天啟初年，又有海盜顏思齊、鄭芝龍等來臺盤據笨港設寨的記錄。魍港或汶港以及笨港的地點，也是臺灣史研究者的爭論問題，或以為今之北港，亦有認為是今之新港，此外，

---

2 宋時澎湖已割入泉州府晉江縣所屬，參見趙汝適著《諸番志》及陳學伊撰《諭西夷記》。

在今之臺西鄉的海豐崙，俗名亦稱蚊港。不管魍港、蚊港或笨港，甚至於今之新港、北港或海豐崙，位置均在今之虎尾溪岸邊，虎尾溪原本為濁水溪的支流之一，由此推論，此時已有漢人進入彰化平原，諒不中當亦不遠矣。不過他們主要聚居地都是海港或河港附近，被視為海盜的貿易集團。因此，可能從事的工作是貿易及漁獵，是否從事土地的墾耕則不得而知。

荷蘭時期（1624-1692）雖曾在 1660 年左右大力獎勵漢人來臺墾荒，華人之數已達 25,000 戶之眾，但是荷人勢力或稱拓殖中心在臺南附近而未及於半線，雖然在 1639 年以返，半線地方已納入荷人統治的範圍內，並已有傳教士及漢人至此開發的足跡，但是主要的控制權乃操之於土著，即昔時番社長老會手中（中村孝志 1954：15-18），漢人的人數少，也沒有任何地盤及勢力可言。

明永曆 15 年（1662），延平郡王鄭成功將荷蘭人勢力，驅逐出臺灣南部，以赤崁為承天府，置南路為萬年縣，北路為天興縣，實行寓兵於農政策曰：「按鎮分地，按地開墾」，使「野無曠土，軍有餘糧」，遂分土地督兵開墾，繼之招徠漳泉惠潮之民來臺，斬荊棘闢草萊（賴熾昌 1960：15）。

明鄭之初，其主要勢力，一如荷蘭人是在臺灣南部，即在濁水溪以南，雖有寓兵於農及招徠漳泉惠潮之民來臺以闢草萊之舉，是否有兵民進墾則不得而知，見諸於文獻者，明鄭勢力真正進入彰化平原是始於永曆 19 年（1666），設北路安撫司於半線，並由武平侯劉國軒率兵進駐，平北路諸番並布屯田制，是為明鄭入墾之始，亦為漢人勢力奠基的開端。今之二水鄉一部分及彰化鹿港均有其開發的痕跡，部將林圯亦曾拓地至日月潭及竹山一帶，並在竹山為生番所殺，故今之竹山又稱林圯埔。明鄭的開墾工作剛有頭緒，很可惜，清師於 1682 年進襲臺灣。鄭氏奉明正朔的統治遂絕，臺灣正式歸隸清版圖，鄭氏官民相率內返，留下來的漢人少之又少，十幾年來的平番撫番，蓽路藍縷，慘澹經營，正欣喜於有豐碩果實時，幾乎又恢復原來的荒蕪狀態。

　　清領有臺灣之後，曾以「孤懸海外，易為盜賊淵藪」，意欲放棄，後來經施琅的堅持異議，雖然沒有放棄，卻一再頒布禁海令，限制內地人民來臺，因此到了康熙中葉以後，才有豪族巨室進入彰化平原，「招工買牛，引水開地，大事墾殖工作」（賴熾昌 1960：17）主要的入墾路線是一由諸羅北上，一由鹿港登陸，開發的方向是以明鄭時期的舊跡為藍圖而後加以擴大，即以鹿港彰化等中心，特別是以彰化為根據地再向山區發展。鹿港為彰化平原之出入門戶，彰化則為其腹地重鎮；因此在彰化至鹿港之間的地域，開發最早，但是真正促使彰化平原的普遍開發，或土地的被充分利用的原因，是水利灌溉系統的完成。雖然在荷屬與明鄭時期，即有埤圳的修築，不過規模都很小也簡陋，康熙中葉以後，豪族巨室的入墾，首先均斥巨資於修築水利系統，及至乾隆年間所有的水利工程大致完成。今日彰化平原的灌溉體系，一般而言，並沒有超出此一時期所完成的規模。根據道光 12 年（1832）撰成的彰化縣志，當時共有 27 個潮溉埤圳，其中尤以八堡圳的規模最大、灌溉範圍最廣，也是對整個彰化平原之開發最具意義的一個水利工程（周璽 1832；劉枝萬 1950；王崧興 1972）。水利工程的完成，開墾工作也大致就緒。

　　綜上觀之，彰化平原之開發，最早莫過於明末清初，普遍而有計畫的大規模墾殖工作，則盛行於清康熙與乾隆年間，及至嘉慶道光年間，可以說已經「野無曠土」，日據之後，除了對山林地帶之山林採伐經營外，則致力於原來人們所無法利用的沿海沙丘地帶之開發，其辦法是先種樹防風而後引水灌溉以改良土質，主要的地點是昔稱番仔挖之今芳苑鄉境內。換言之，彰化平原的開發，大致可分為明末清初，康熙中葉至乾隆年間及日據之後等三個時期，這三個時期也代表了三種不同的方式，明鄭時期是採取「寓兵於農」的辦法；清領之後，因為禁海令的頒行，要到臺灣從事墾殖工作，必須有清政府的許可才行，加上所需資本並不是一般人所能負擔，因此只有豪族巨室才能辦到，此一時期或可

稱之為「墾首時期」；日據之後，由於野無曠土而又生聚日眾，遂由政府斥資致力於土地的改良，使原來不能利用的土地成為可耕地。

彰化平原的開墾工作，應以「墾首時期」的灌溉設施最具意義，墾首們在招佃入墾的同時，致力於水利工程的開鑿。人們為了便於耕種，常沿著埤圳灌溉所及的路線與方向散布聚集，這可能是彰化平原在聚落上，形成帶狀分布的所謂帶村（linear village）的主要原因（陳正祥 1959：256）。

三、彰化平原的福佬客

臺灣漢人的祖籍以閩粵兩地為最多，兩者不僅有地域及風俗習慣的差異，在語言上也是兩個不同的語系。閩籍居民又以來自漳州、泉洲等二府的占絕大多數，基於祖籍的不同地緣，加上在風俗習慣及語言的腔調上也略有差異，閩籍人中，又有漳泉之分，粵籍人則大部分為來自嘉應州的客家人。因此，臺灣漢人通常分為漳、泉、客三個人群，日據後於明治 36 年（1903）的臺灣漢民族的祖籍調查，即將臺灣漢人分成漳、泉、客三個人群（陳漢光 1972：85），據文獻的資料顯示，漳泉客三個人群，以泉州人來臺時間最早，人數也最多，漳州人次之，客籍居民來得最晚，人數也最少，可說是弱小人群；在地域的分布上，早到的泉州人占有靠近西海岸交通方便的港口，以及土地易於利用的平野部分，漳州人較泉州人來得晚些，就據有稍近山邊的平原從事農耕，客籍居民來時，所有西部平原部分已盡為漳泉居民所盤據，只好往沒有人去的山區或人家不要的荒地處走，所以分布在山區邊緣、丘陵或臺地的人最多（陳奇祿 1972：130-131）。當然也有在平野部分，因土地利用價值較差或較為不利於初期墾殖的荒地，經由客家人憑其勤勞與堅忍，以闢草萊以立家室者，彰化縣境內的福佬客村落之形成與分布地域，就是這一類型的最好說明。

漳、泉、客三個人群在彰化平原境內的分布，大致與上述的情形相符，根

據昭和元年（1926）的調查，統計如表1。原統計表上泉州府，又分安溪、同安，及三邑。所謂三邑，指南安、惠安及晉江等三縣。某他欄則包括汀州府、龍岩州、福州府、興化府及永春州等五個福建省的州府。

表1：臺灣漢人祖籍

福建省			廣東省		
泉州府	漳州府	其他	潮州府	嘉應州	惠州府
2,138	1,247	143	213	61	8

資料來源：昭和元年（1926）臺灣總督府官房調查課調查所得，人數以百人為計算單位不足百數者不計。

　　從表1可以看出三個人群中，以泉州人占絕大多數。其原因與開發過程有關，彰化平原的開發始於明鄭時期而盛於康熙乾隆年間，已如前述，這兩個時期的彰化平原完全在泉州人的勢力籠罩下。明鄭時期，因為鄭成功是福建南安人（黃玉齋 1966：87），屬泉州府，當劉國軒率師平北路諸番時，隨軍入墾的大多是泉州人。清領之後，最早入墾的主要墾首如施長齡、楊志申及吳溶亦均為泉州人，其招佃入墾的對象，也當然以泉州人為主要對象，也是日後造成泉州人在彰化平原占絕對優勢的主要原因。漳泉客三個人群在今日彰化縣境內的分布，大致是彰化市員林鎮及埔心鄉以西的平野部分，全屬泉州人的分布地域；漳州人群分布在彰化市以東沿著山邊的地方，客家人則集中在永靖、埔心兩個鄉，及其鄰近的各鄉鎮之一部分。

　　臺灣客家人的祖籍主要為嘉應州、惠州及潮州等三個地方，其中以嘉應州下的所謂四縣，即鎮平、平寧、興寧及長樂為最多，[3] 惠州人次之。潮州人雖

---

3 長樂縣於民國以後改稱五華。

稍少於惠州人，不過相去無幾（陳漢光 1972：88-90）。潮州府在行政區分上
屬於廣東省，若從語言上看則近似閩南語，因之又有福佬客的別稱。根據日據
時期的調查（如表 1），今之彰化縣境內的客家居民，很顯然的，祖籍潮州的
所謂福佬客占了絕大多數。

　　福佬客入墾彰化平原的墾首，以張振萬及黃仕卿為最有名，張振萬於康熙
年間，與泉人施長齡差不多同時入墾，黃仕卿到達的時間稍晚於張振萬，但是
他的業蹟遠超越張氏之上，因為他在康熙 60 年（1721）完成有名的十五庄圳。
福佬客於清領之後，入墾各堡的大略情形，今據彰化縣志沿革志摘錄如（1940：
17-21）：

> 貓羅堡初屬半線堡，雍正元年有福建泉州人自半線入墾……繼有廣
> 東省潮州大埔人曾、何、巫等姓前來開拓……四十七年（乾隆）閩
> 粵人分類械鬥，粵人大部分退向東勢角去……。
>
> 燕霧堡……以員林庄為中心地，清康熙中葉以後，有福建泉州人施
> 長齡招閩粵人自半線入墾……。
>
> 武西堡於康熙末葉起，始有粵人入墾，及乾隆中葉亦已全部墾成。
> 建有埔心、湳港、永靖等街庄。
>
> 東螺東堡……六十年（康熙）又有黃仕卿氏來墾，開水圳，引濁水
> 溪水，灌溉達至十五莊，故有十五莊圳之名。
>
> 東螺西堡……康熙五十四年，有廣東人黃利英招佃來墾。其後，又
> 有羅泉者繼來，在雍正年間至乾隆初，福建漳泉人亦大量移來，聲
> 勢甚大，竟壓倒粵籍人，將粵人迫往揀東上堡（今東勢角地方）移
> 去。迨嘉慶初年，已無粵人足跡。

　　從上面五段摘錄裡，可以看出一個很明顯的事實，客籍入墾的五個地方，有兩處墾地因為漳泉人的壓力，迫使客家居民他徙，移居的地點都是在今之東勢角方向，由此說明了東勢角方面的客家人，為什麼每年都有人路途迢迢的來此地掃墓，他們的三山國王也經常到溪湖鎮的霖肇宮進香的原因。另有一點是客家居民的入墾，雖稍晚於泉州人，但是從文獻上看，並不遲於漳州人入墾的時間，為什麼客家人會成為被壓迫的弱小人群，以致於無法立足而他徙？關於這一點似乎可以從清領時期，客籍居民的處境得到解釋。

　　中國歷史上對臺灣頒布禁海令，禁止內地人民渡海來臺，最殘酷嚴厲且執行最徹底的共有兩次，一為朱明之初的堅壁清野，一為明永曆 15 年（1661），由清政府頒布的「申嚴海禁」命令，前者是為了杜絕倭患，後者是清廷為了防止前明餘黨的活動，以及杜絕明鄭的軍事物資與人力資源的接濟。目的雖有不同，方式則一，同樣造成弱者只有「棄田宅，撤家產，別墳墓，號泣而去」的淒慘景象（莊金德 1966：96-97）。但是，一般海禁的頒行是全面性的，即所有人民均在禁止之列，並無不同人群的限制差別。然而，清領臺灣之後的禁海令，對內地人民來臺都有不同地域人群的各別限制，換言之，同一禁令之下，因居住地域的不同，所受命令限制的寬嚴亦異。

　　清康熙 22 年（1683），由靖海侯率師襲臺，是年秋明鄭亡，臺灣正式歸於清朝版圖，原來的敵對情勢已不復存在，康熙 23 年解除「申嚴海禁」令，允許沿海商船及漁船可以出海到臺灣從事漁撈及貿易。清領之初，本以臺灣「孤懸海外，易為盜藪」，不想占領，後經施琅的「詳陳利害」與堅持後才沒有放棄，已如前述。嗣後對臺灣卻始終不放心，態度一直是消極多於積極，申嚴海禁令雖除，仍然有諸多限制，施琅雖然獨排眾議堅持必須領有臺灣，但是他對於開發臺灣的態度，反而比清廷更消極，更無積極鼓勵人民來臺墾殖的意思。因此對於禁海令的解除，以鞏固海防，「聽令人民出海，並非善固邦本之

法」為由，表示異議，主要是怕內地人民與海上的鄭氏餘部勾結而謀不軌。主張內地人民渡臺必須加以規定限制，對於廣東省的潮惠之民，則特別主張「以通海不法，禁止來臺」。清廷經由施琅等的建議，在申嚴海禁令解除之後，再頒訂三條規定，對渡臺人民加以限制，其第三條稱：「粵地屢為海盜淵藪，以積習未脫，禁其民渡臺」。很顯然是受施琅的「論開海禁疏」，所謂：「素為盜賊淵藪積習未脫，嚴禁粵中潮惠之民，不許渡臺」的影響，這一道禁令，到了施琅死後（1696），始漸鬆弛，潮惠之民方能越渡來臺（莊金德 1966：95-97；東嘉生 1944：229）。

在海禁措施裡，對某一特定地區的人民，給予特別嚴格的禁止是前所未有的特殊情形，此一規定對於客家人渡臺入墾的影響是很大的，因為清領臺灣時期的海禁，可以說是以這一段時間最為鬆弛。此後，在康熙 57 年（1718）以後到割據前，內地居民渡臺，均在清政府時鬆時緊的海禁令限制之下，在僅有的鬆禁時期短短 2、30 年間，也是渡臺墾殖的黃金時期的上半期，客家人卻受到嚴厲的禁止。康熙 35 年施琅死後，雖漸鬆弛，但是禁令一直沒有正式解除，客籍人民也無法跟其他地方的居民名正言順的大批入墾。換言之，只能以化整為零的方式偷渡，人數固然不可能與其他人群比較，加上入墾時間的遲緩，利於墾殖的好地方，已盡為早到的人們所占據，只有往沒有人去的地方或為早入墾者不要的荒地走，或依附於先入墾者，為佃為傭而與之雜處。前者從今之客家居民聚居的村落沿革可看出，當初生態環境惡劣之一斑；後者，在文獻上每有客家人與漳泉人比屋雜居的記載可證。

彰化縣境內的客家人，如前所述入墾的路線有二：一自諸羅（今之嘉義）北上，一由鹿港登陸，時間大致是在康熙末年至乾隆初期，並於乾隆中葉建立埔心、湳港、永靖等街庄，諸羅北上的客家人，於康熙末年入墾當時沒有人要的武西堡湳港地方；湳港原為一沼澤地，位在濁水溪出山的漫流區，當地居民

稱之為「潤洋」，年年有水患且很頻繁，這一點從 1905 年繪製的地圖可以證明（陳正祥 1960：422）。為了防範水患，永靖街曾築有土堤一道，至日據時期方才拆除。永靖原名店仔，是附近客家村落的貨物集散場，原來只有幾戶做小生意的人家，位於湳港村北的路口，後稱新店，清光緒年間改稱永靖（安倍明義 1938：166）。據當地耆老詹慶雲稱，據說當時入墾武西堡的客家人以陳、邱、詹、劉、張五大姓的人家為主，原來的永靖街人很少，他自懂事到現在，即住永靖街的人還不到二十家，絕大多數均來自附近的鄉下。換言之，永靖街是客家人入墾後，社會發展到某一個程度之後，因為地位適中而形成的集鎮。雖然現在已經無法確定當時客家人的散布範圍，不過，如果詹氏的五大姓入墾的說法無誤，則在下一節將要提及的單姓戲組成，或可看出大致的輪廓。

　　客家人入墾彰化平原的另一路線是由鹿港登陸，時間或許稍晚於諸羅北上的一群，據傳是在乾隆 2 年（1737）同一條船 5、6 個人自鹿港登陸來臺，有徐邱黃許等四個姓，登陸後大部分為人長工，並逐漸沿著埔鹽、溪湖、田尾等方向走；最後，大部分的人聚集到埔心地方從事墾荒工作。埔心原稱大埔心，大正 9 年（1920）改稱埔心，埔心意指四周為埤或塘所圍繞的未墾地（安倍明義 1938：168）。現在當地居民稱之為「牛埔」，意指無人墾殖、雜草叢生之放牛場所。此一說法雖無文獻可徵，是得自當地居民留存日本人的調查手稿，記述當時地方耆老蔡長流的口傳，但是從現在客家人的一些宗教活動，還可以看出一點蛛絲馬跡來。

　　從上所述可知，現在彰化境內的客家聚落，入墾時的生態環境均極惡劣，另有兩處客家人著手墾闢的地方，卻由於其他人群的壓力而無由立足以致他徙，早期入墾的客家人，大部分是為傭為佃而與漳泉人比屋雜處，理應有些小村落散布各處才對，但是現在的情形卻顯得極為集中。這種情形的產生，據說是導因於早期客家人的另一惡劣社會處境，即當地居民所謂的「大姓吃小姓」，

或「人多吃人少」的「大吃小」，以及分類械鬥時期的清界影響。

漢人入墾臺灣時，首先遭遇到的敵人是居住在平野的土著，亦即所謂的平埔番。彰化平原的平埔番問題，大致在明鄭時期已經解決，清領之後雖無嚴重的漢番問題，卻由於清廷的消極態度，駐臺官吏除了對具有「圖謀不軌」事外，一般移民的權益保障並不太關心。易言之，當時的臺灣社會，幾乎是處於無政府的狀態下自生自滅。地方豪族巨室的勢力特別大，以致「大欺小」的事情也層出不窮。

開發之初，由於地廣人稀，需要相互扶持，同心協力於墾殖工作，尚能和平相處，到了乾隆中葉以後，已經普遍開發至「野無曠土」。也許是因人口增加超過土地生產負荷量飽和狀態所能容納的界限，造成某一部分人的謀生遠不如前容易，因此在乾隆末葉至道光年間，時有械鬥變亂的事情發生，豪族巨室或較大而勢力雄厚的人群，也不再滿足於其當時擁有的耕地面積和資源，也就常有以「大欺小」的事。

客家人移入的時間晚，又有一部分與漳、泉人群比屋雜處，無論財勢均不及其他人，加上人數少，形成的村落也都是零星散布的小庄。因此常成為其他人群「強圖弱搶」的對象。

據埔心鄉新館地方的耆老楊吟稱，清朝時期以大吃小的事情是司空見慣的，最明顯的例子是現在溪湖鎮的中山里，原來是客家人聚居的村落，俗稱三塊厝，住有十幾戶客家人，後來被泉州人一夜之間全部殺戮殆盡，村子及耕地盡數為泉州人所侵占。這也是為什麼客家人地方主祭神的「祖廟」——霖肇宮，坐落的村莊，沒有客家居民的原因。

豪族巨室欺壓小農最具體，而至今仍為當地居民傳誦的事例，發生在今之永靖鄉獨鰲附近。據當地居民說，獨鰲附近地方，以前是施將軍的大租，曾設館收租，施姓的收租館，對小租佃戶很刻薄，稻子收成之後，佃農必須自己挑

穀到租館繳租。繳租並不是隨到隨繳，得等到租館的人高興才行，因此等上 5 天、10 天是常有的事，等待繳租的期間，穀子置放租館的廣場上，任由租館的鴿子吃而不准佃戶趕牠，此外還得任憑租館的婢女用畚箕拿，租館的人稱這是「婢穀」也不能防止，好不容易輪到你繳，穀子得先由租館的特製「風鼓」鼓過。再由私設的俗稱「無子斗」斗量，或由他們自己秤，佃戶個個欲哭無淚也沒有辦法，後來有十三個好打不平的人，組成一個團體直詣福州告官。雖然告官得直，由官方賜與公秤、石斗各一，並令施姓租館就地憑量。但是，俗稱「十三義人」的整個告官團，悉數為施姓租館嗾人毒害，無一生還。村人為紀念其義行，集資建祠名曰「恩烈祠」。恩烈祠坐落於今之永靖鄉獨鰲村，民國 57 年重建時，有塊石碑記某事：

> ……獨鰲、敦厚、崙美、溪畔、打簾、柳鳳等村居民，祖先隨鄭公拓臺，墾荒斯土遂農而居。斯時貢租悉歸施將軍，爲此跋坎坷涉泥濘，至即側身簷下數日，不管饑寒逞盡威福，任憑禽鳥剝喙，婢僕榨取，十剩四五，苛稅暴斂，幸仗義挺出者十三人，即祠之主神也。直詣福州省揭發其私，得賜公斗就地憑量。事聞於施某，嗾人毒宴於是皆仆焉。村見悼義報列名祀之，此光緒十一年乙酉事也……

從這一段文字記載足證傳說的可靠性。可見當時豪族巨室對佃農小戶的欺壓剝削之一斑。

清時大姓欺壓小姓也是當時社會的普遍現象，報導人楊吟說大姓欺小姓另一具體的例子，發生在現屬埔心鄉的羅厝庄。羅厝庄為羅姓人聚居的地方，由於人數少又窮，屢受附近諸大姓的欺侮，在無法忍受的情況下，全村居民改信天主教，以天主教的傳教士，作為身家財產的維護者。據說當時的地方官吏，

凡事均袒護豪族巨室的有錢人，窮人與大族有糾紛，走進衙門，不管是非曲直，總是窮人吃虧。但是天主教的傳教士，可以跟縣官平起平坐，凡事縣官畏懼三分，因此羅厝庄居民，在無可奈何的情況下，才求助於天主教的傳教士。

楊氏的說法，從高雄前金教堂所出版的百年紀念刊裡，一篇名為〈臺灣中部的福音〉的文章裡可以得到印證：文裡說羅厝庄的信教，是經由該村居民去信一再懇求，才派一個客籍傳教士前往傳播福音，時在 1863 年，教堂建於 1872 年，至於信奉天主教或成為信徒，有些什麼好處，從傳教士 P. Gomar 記錄羅厝庄事件，可以看出一個大概。Gomer 報告大意是說：「有個庄民欠人錢財，債主一再催討，貸方卻拖延不還，因為他相信自己很快就可成為教徒，屆時就可以不用還債，債主明其意，決定在他未成為教徒前訴之武力要債……」（Misiones n. d.）。由此可知，信者不僅可以得到正當權益的保障，且進一步享有不還債等特權。

客家人除了遭受一如上述「大吃小」的困境外，另有一個對客家居民具威脅的壓力，那就是分類械鬥時期內所謂的「清界」。大吃小無論如何只是局部性的，多少因人而異，清界的壓力則是全面性的。分類械鬥一發生，只有人群關係的分別，並無個人之人際關係存在的餘地。械鬥時期的群眾行動，也不是個人力量能控制與左右的。

不同人群間的分類械鬥，清領時期的臺灣，發生地相當頻繁，並且常常因局部人群間的糾紛，引發全省性的社會動亂，因此人群的分別涇渭分明，械鬥一發生，凡是不同人群者格殺無赦。換言之，某一人群勢力範圍內，不能容許其他人群的居民存在，為使壁壘分明，兩個不同人群的地域交界上之散村居民，除了遷徙到自己所屬人群的聚居處避難外，很難免於毀屋殺戮之厄運，這種情形即所謂「清界」。

發生於彰化平原的分類械鬥，始於乾隆 47 年（1782），[4] 止於道光 24 年

（1844）。其中主要或稱影響較大的有四次，今據彰化縣志所載，乾隆 47 年、嘉慶 11、14 年等三次是屬於泉漳人群間的械鬥，另一次是道光 6 年的泉粵械鬥（周璽 1823：544-588）。從記載的內容可以看出，不管械鬥是起於會匪煽亂，或是人際間的小誤會或衝突，甚至於是與本地區居民無關的他處動亂，最後終必導致焚殺劫掠、壁壘分明的清界行為。即「凡交界之處互相焚殺」，當其時「雖素無睚眥之怨者，亦如不共戴天之仇」。因此可見，清界時只有人群類別的認同，凡非吾群者，則焚殺劫掠之，而視為當然之事。

　　客家人除了人數少外，加上散處各地與漳泉人比屋雜處，每大清界總成為「匪徒」劫掠焚殺的主要對象。道光年間的泉、粵械鬥情況更為悽慘，客家人幾遭滅絕厄運。以致紛紛搬入僅有的兩個客家人聚集的村莊，大埔心及關帝廳堅守防禦。雖然也有在泉人保護下的白沙坑等庄，「安堵如故，秋毫無損」，但是那也是僅有的例外。

　　綜上所述可以明瞭彰化平原的客家人群，處境是如何艱難，同時也可以看出，原來與漳泉人群比屋雜處的客家人，後來為什麼那樣的聚集一隅，而顯得比其他人群更能團結一體的原因。

四、村落的地域組織

　　臺灣是中國的邊遠地區，漢人的社會也是個移民社會，先民篳路藍縷，以啓山林，以立家室地慘澹經營，首先遭遇的困難是生態環境的適應與所謂的番害，接著是本身不同人群間的傾軋，使得整個社會在日據之前，一直處於動盪不安的情境下。人們為了安於生計或身家財產的保障，常在某一特定地域內，

---

4 彰化縣志所載為乾隆 40 年，因 17 年是依據余文儀修《臺灣府誌》及《彰化縣大事紀》所載的說法。

將所有的村落團結成為一個更大社會群體。作為這個社會群體表徵的經常是該地域內居民共同崇奉的鄉土主祭神，鄉土主祭神的廟宇也就成為該地域的社會、經濟、自治、防禦等等的樞紐，這是臺灣漢人鄉民社會一個很主要的特徵。以此共同崇奉的鄉土神為中心，所形成的社會群體之地域範圍，可以視為是一個祭祀圈。當然，地域性的社會群體可以有很多種，由於本文是以祭祀圈的概念來探討地域群體的組成，於此所謂的地域組成，也就僅限於跟當地主祭神之祭祀活動有關的社會群體。因此，在沒有談到各種地域組成之前，先將各個有關廟宇的沿革，祭祀範圍及其主要活動，予以簡略的介紹。

　　臺灣客家人祀奉的鄉神，最主要的是以三山國王為主。如果在某一地方看到有三山國王的廟宇存在，該村落若非客家村，必也是曾經是客家人居留過的村落。彰化縣境內的客家人也不例外，奉三山國王為主祭神。由於入墾時間及路線的不同以及三山國王香火來源有別，同樣奉祀三山國王的客家人，雖然同在一個地域範圍內，卻很清楚的可以看出是兩個不同的祭祀群。一以今之溪湖鎮中山里的霖肇宮為中心，一以永靖街上的永安宮為主體。除此之外，跟客家村落的地域組成有關聯的，還有兩個漳州人群的媽祖廟，一為彰化市的南瑤宮，另一為今之社頭鄉枋橋頭的天門宮，今依序敘其大要如下：

（一）霖肇宮

　　廟址在今之溪湖鎮中山里，中山里俗稱三塊厝，又稱荷婆崙；現在已經沒有客家居民。據稱以前是個客家居民的聚落，後為泉州人所侵占，唯廟宇尚存該處，為臺灣客家人所奉三山國王主要香火來源地之一。該廟沿革據廖和桐稱：

> 明神宗萬曆十四年（1586），廣東者揭揚縣弟子馬義雄、周榆森二
> 人，為採藥來臺恭帶故鄉霖田廟三山國王敕封香火作護身之用，從
> 鹿港登陸，轉抵荷婆崙現址。翌年地方耆宿倡建廟堂，命名霖肇宮，

取其在臺肇基建造之意，並塑造敕封三山國王祖牌奉祀之。明神宗萬曆二十七年，翻修土角廟堂，塑三尊聖像奉祀。未幾漳泉人不睦，客家人奉神像至各居住地安奉。于是埔心鄉穹蕉村奉祀祖牌，舊館村奉祀巾山國王，溪湖鎮巫厝穹蕉村楊厝庄奉明山國王，田尾鄉海豐村等奉祀獨山國王。……嘉慶末年……百姓和好如初，遂倡建大廟，並再塑三尊聖像安奉於大廟之內（1972：135-137）。

　　上面的記述，除了年代有盡量往前推溯的可能之外，大致與調查期間所得相符。現在分奉的各聚落單位，均已各自造廟，穹蕉腳奉祖牌，巫厝供二王，大王廟名霖興宮，廟址在今之舊館村，建於嘉慶 3 年（1798）。信徒範圍包括舊館、新館、大溝尾，以及今屬永靖鄉的湳垰等五個聚落。海豐崙奉祀三王，於明治年間建廟，原為八庄所共奉，現在只剩崙仔尾、柳鳳、竹仔腳、羅厝庄、福興、四芳、海斗崙等七庄。為什麼原來的八庄會縮小成今之七庄？該廟有塊石碑記其事：

　　……我海豐崙沛霈宮崇祀三山國王，當時八庄聯合以為保護之神。迨至明治辛丑年，議建廟宇之時，三十張犁不能同意，惟彭家一族參加而已。從茲……長為七庄因緣。……共捐金則就七庄內信仰者隨意獻納……。

　　源自俗稱荷婆崙霖肇宮的四個廟宇，由上述可知，共祭祀範圍是以埔心鄉為中心，包括附近的田尾鄉、永靖鄉及溪湖鎮的部分村落。由沿革裡亦可得知，此一地域內的居民，主要應屬自鹿港登陸的一群無疑。同時也很清楚的指出，現在的四個宗教群體，原來是以霖肇宮為中心的一個群體，後來因分奉及各自

為所分奉的神建廟而分支。但是在以前這四個群體，還有不定期的集體宗教活動表現。那就是共同到荷婆崙進香及王爺出巡繞境，可是這些活動自七七事變後，為日本政府禁止至今未再舉行。

（二）永安宮

永安宮坐落在永靖鄉永靖街 41 號，俗稱「王爺宮」。有關該廟的沿革，一般居民都已不清楚，廟裡也找不到有關的記錄殘留。底下有關永安宮的沿革、組織與活動，主要得自永安宮最後一任童乩之口述，另以日本人在大正13 年（1924）寺廟調查時留存的寺廟臺帳之資料為輔。

永安宮的三山國王香火，來自今之臺中縣石崗鄉，俗稱石崗仔的荷婆崙之三山國王廟，原因是在清朝時期，永靖有人至東勢角做工，得知那兒的三山國王神靈顯赫，為求平安，求得香火一個，隨身攜帶作為護身之用。回家後又虔誠供奉，由於靈驗異常，信者日眾，遂為之塑金身並鳩資建廟，確切的年代已不清楚，只知道在道光年間，漳粵聯合組成七十二庄的時候，曾經由七十二庄弟子雙資重建，因此永安宮為七十二庄弟子所共有，據寺廟帳所載永安宮的沿革稱，原廟於戴萬生之亂時，為賊所焚，當時武西堡各庄民之有力人士鳩資重建於嘉慶 16 年（1811），其祭祀範圍包括：「員林支廳關帝廳區之關帝廳庄、湳港西庄、湳港舊庄、五汴頭庄、陳厝厝庄、崙仔庄、田中央庄、湳底庄等各一部分，大埔心區之大平庄、大埔心庄、瓦磘厝庄、埤霞庄、舊館庄，大溝尾庄等各一部分；及北斗支廳羅厝區之羅厝庄、同安宅庄、竹子腳庄等各一部，海豐崙區之海豐崙庄、曾厝崙庄等各一部分」，這一個範圍是七十二庄組成時擴大的結果，根據實地調查所得，永安宮最基本的祭祀範圍是今之永東永西兩村，原來有個爐主制度的設立，也只有永東、永西兩村的居民，亦即所謂「永靖街仔的人」才有資格當爐主，後來因為當爐主者，必有凶事臨門，遂改主事制。由永東永西兩村分成四個角落，每個角落推選主事兩名，共商廟事共掌祭

祀，碰到年關不好時，也有王爺出巡，卻從無謁祖進香的活動。除此之外，另有單姓戲及會庄的活動是依附在永安宮的宗教活動裡。不過這些活動現在均已停止，換言之，永安宮的基本祭祀範圍是永東、永西兩村，一度曾經擴大為七十二庄，由於日據後期的宗教活動之限制，使之恢復原來樣子，不過從下面將要述及的王爺出巡活動的路程，可以看出客家居民之祭祀群，是永安宮為中心以今之永靖鄉為主體，包括田尾鄉、社頭鄉、員林鎮等鄉鎮的部分村落。

（三）天門宮

　　天門宮廟址在社頭鄉的橋頭村，俗稱枋橋頭，奉祀天上聖母為主祭神，主祭神的香火來自鹿港的天后宮。至於該廟沿革，當地居民並不清楚。民國51年該廟重修勒石曰：「本天門宮媽祖廟宇，昔由武東西堡七十二庄眾姓弟子，奠基於此奉祠，至今已三百九十餘年」。這個說法不知據何而云然。因為七十二庄的成立至今，最多也不過一百多年的歷史，另一方面，從該地漢人入墾的文獻上看也不可能。枋橋頭原屬武東堡，漢人入墾於康熙末年而在乾隆中葉成街肆（賴熾昌 1960：19-20；安倍明義 1938：187）。一般廟宇的興建，通常是在開墾之後，人口增加到某一程度才有。同時，現存於該廟的「海國安瀾」匾額及另一石碑，均有嘉慶戊午年（1798）興建的字樣，因此，該廟建於嘉慶 3 年（1798）應屬最可信憑的年代。如果還要往上推，也應該不會早於乾隆年間。

　　主祭神媽祖的祭祀日子是農曆 3 月 23 日，祭祀的地域範圍，俗稱：「天門宮八角頭內」，八角頭指大明里、新厝仔、潘厝、紅瓦厝、湳底、枋橋頭、山霸及頂湳底，即現在行政區分上的社頭鄉之橋頭村、湳底村、張厝村、員林鎮之大明里以及永靖鄉之頂湳底等共五個村里單位，設有爐主制度，爐主由八個聚落單位輪流當值，不過只管媽祖生日的祭儀，其他另有廟祝管理廟務，打掃及晨昏上香諸事宜。

天門宮媽祖亦時有進香之舉,參與進香的基本範圍,主要乃是八角頭內的居民,雖然有七十二庄說法,但是現在已經沒有實際的集體活動,當地的居民也不清楚原來是什麼樣子。

(四)南瑤宮

廟址在彰化市南瑤里南瑤路 43 號,供奉天上聖母為主祭神,有關該廟之沿革及組織等資料,主要得自該廟駐廟委員唐瀛松先生,以及市公所派駐該廟之管理人許錦榮先生之口述。

清領雍正年間,彰化為築城事,曾至斗六及嘉義等地招募工人,有個來自笨港的陶工名叫楊謙的人,帶有一個求自笨港媽祖的香火袋,供於工寮。築城完工後,該工人回去沒有將香火袋帶走,為附近居民所得,虔誠供奉而神靈顯赫,遂倡議建廟。時間有的說是雍正末年,有的說是乾隆 3 年始有建廟事,後因信者日眾,原來廟宇顯得太小,乾隆 11 年重建,塑神像 5 尊並正式定名為南瑤宮,嗣後在原址重修或重建共達 5 次之多。

建廟之初,據稱只有 18 家居民出錢有份,因此廟務由 18 戶人家輪流管理,後來香火日盛,始有爐主制度的設立,有資格當爐主的居民範圍是日據時期的十四保,即今之行攻區分上的南瑤里全里,南興里的三個鄉,以及成功里的四個鄉,以鄰為單位計算共有 17 個鄉,爐主的輪流方式是以鄰為單位。

南瑤宮的祭祀範圍,從原來的 18 戶人家,隨著香火的興盛而日益擴張。雖然基本的地域範圍沒有變,但是宗教活動依附到南瑤宮的地域範圍,據稱到日據時期,除了鹿港及芬園鄉之外,幾乎包括了原來臺中州的全部。原因是信徒為了表示對媽祖的虔誠與熱忱,紛紛成立「會媽會」的結果。

會媽會又稱轎班或鑾班,鑾班的成立起因於媽祖進香,時有信徒爭相要抬媽祖神輿,為了公平起見,按聚落人群沿途分段輪流,是以鑾班又稱轎班。後來各轎班的人,每人出錢若干,塑一尊媽祖神像供之南瑤宮,有餘則為公基金,

所以又有會媽會的稱呼。

會媽會的組成辦法有二：1. 會員以個人為單位：這種會以私人身分參加，交會費的人才有份。因此，同聚落的人未必人人有份，同一聚落的人家，也可能分成幾個不同的會媽會；2. 會員以聚落為單位：俗稱「招角頭」，即一個聚落算一個會員。易言之，凡是參加即整個角落的居民均屬有份。

會媽會的成立年代已經不清楚，據稱最早成立的一個是三媽會，各個會所雕塑的媽祖，名稱不同祭祀的日期也不一樣，一般是按照成立的早晚，依序排列。現在南瑤宮的會媽會共有十個之多，其中除了新大媽會提前在農曆 3 月 22 日舉行外，[5] 餘均在主祭神生日農曆 3 月 23 日之後，一個一天，依序為所塑的媽祖舉行祭典。平時會媽會的活動並不是一體的，各個會所祭拜的主祭神之名稱有別，祭典的日子也不一樣，但是一碰到媽祖進香時，則所有的會媽會一起行動，換言之，從進香時看到的一個進香團體，常包含了很多個不同的地域群體。

上面是四個與客家居民地域群體有關的廟宇之簡介，始於各群體與各個廟宇組織和活動的關聯情形，將在敘述及各個群體組成的同時加以說明。今將彰化縣境內，客家居民的地域群體，根據田野所得的資料，按照團結的方式與對象的不同，分成三種類型敘之如下：

1. 同姓氏的聯繫

永靖地方以永安宮三山國王的祭祀為中心，有一個俗稱「單姓戲」或「字姓戲」的活動，這個活動的組成年代，已經沒有人能記得，主要的目的在於聯繫同姓人家的感情與團結。

據稱永靖附近地方，清領時期稱為武西堡，最早是由客家人陳、邱、詹、

---

5 原稱虎仔爺聖將軍會，為清政府禁止解散，遂另塑新大媽一尊成立新大媽會，成立時間最晚應該排在最後，該會會員不同意後而提前。

劉、張等五大姓的人家所開闢,後來各姓子孫日益繁衍而散處各地。為了維持同姓間的聯繫,單姓戲的活動因而出現,辦法是凡為同姓的客家居民,共同在永安宮王爺生日2月25日之後選一天,集資在永安宮前演戲酬神,因此有「單姓戲」或「字姓戲」的稱呼。每個參加的人,必須分擔祭祀期間的費用,演戲酬神的同時,所有參與者,共同在廟裡舉行祭祖的儀式,祭祖之後聚餐,俗稱「吃祖」,最後是平分祭祀祖先的豬肉。

　　參加單姓戲活動的居民,散布範圍除了一部分的劉姓居民分布在社頭鄉與南投縣的交界處外,是以永靖鄉為主,另有員林鎮和埔心鄉的部分村落。今將各姓氏祭祀演戲的日期,以及成員分布的主要村落,依序列之如下:

　　2月27日:陳姓、湳港西最多。

　　2月28日:丘姓、永南、瑚璉。

　　2月29日:詹姓、新庄、舊庄、限厝厝、九份下。

　　3月30日:劉姓、石頭公(屬社頭鄉)。

　　3月初1日:張姓、大饒(屬員林鎮)、庚口厝(屬埔心鄉)、瓦磘厝(屬
　　　　　　　埔心鄉)。

　　3月初2日:林姓、港西、五福。

　　3月初3日:胡姓、崙仔尾。

　　3月初4日:黃姓、大埔心。

　　早期的字姓戲,只有最早入墾的五大姓氏輪流,並無一定順序,清領中葉以後,五姓中有人得了功名,地方上也有勢力大小之別,先是陳姓出貢生,接著邱姓也有廩生,因此排在最前頭。其他三姓依勢力大小或人口之多寡排列,張姓人數並不少卻排在最後,據說是因為有句俗話說:「張飛押陣尾」之故。

　　林、胡、黃等三姓的單姓戲活動,成立的時間很晚,據稱是為了地方選舉,於民國57年創辦。另有一說是林、胡兩姓的弟子中,有人出頭。[6] 黃姓則因與

胡姓關係良好，由於胡姓士紳的鼓勵而成立。人數最少，只有埔心庄十幾個人參加組成。

字姓戲的活動在二次大戰期間停止，光復之後一度恢復，但是沒有幾年，主其事者均覺麻煩而停辦，民國 57 年，據地方士紳稱是為了地方選舉鋪路，又有人倡議，並增加了林、胡、黃等三姓。民國 60 年，地方士紳又有不勝其煩的感覺，然而，屆時陳姓人家一開始，其他姓氏基於「輸人不輸陣」的面子問題，只好跟進。為了停辦單姓戲只好商之於陳姓頭人，陳姓「頭人」本來對這種活動就不熱心，加上每次單姓戲的演出及祭儀所費，均須先墊錢，事後再到每家去收帳，萬一收支不符，還得自己掏腰包，遂一口答應停止，此後是否還能恢復則不得而知。

2. 客家村落間的聯繫

彰化縣境內的客家居民，如果以鄉土神的祭祀，作為地域群體的劃分，從前面有關廟宇的敘述裡，可以清楚的看出是兩個大群體，一以荷婆崙的霖肇宮為中心，一以永靖街的永安宮為主體。同為粵籍居民並散布在同一地域內，造成兩個不同的祭祀群是導因於入墾時期與路線的差異。

肇霖宮為中心的一群，以當地居民的傳說，參照廟宇的沿革及文獻資料，無疑的，其入墾的路線是自鹿港登陸，嗣後逐漸向東移進，最後聚居於今之埔心鄉地方。本來這一地域內的客家居民有共同的鄉土神之供奉，並有共資興建的廟宇，在宗教活動上是很一致的一個團體；後因漳、泉人群的不睦，客家居民遭受漁池之殃，而有上述分奉鄉土神的事發生。結果是使原來一個團體分支成四個單位，特別是在每個聚落單位，各為所分奉的鄉土神建廟之後，這種分支更為具體。分支後的 4 個單位所包含的聚落，已在廟宇略述一節提及，在此

---

6 俚語，意指出人頭地。

不加贅述，但是以霖肇宮為中心的 4 個聚落單位，雖然在平時的鄉土神之祭祀活動上，有了分支的現象，另一方面，卻又以非經常性的進香與王爺出巡等宗教活動，表現它原來是一個大團體。

從霖肇宮分支出來的四個群體，以前常有不定期的集體前往荷婆崙進香的活動。進香的方式與其他地方略有差異，先由 4 個群體的居民決定要進香之後，各個群體將所分奉的神祇，由參與進香的人恭送到荷婆崙的霖肇宮去，所有進香的人就在廟裡共聚幾天之後，再向王爺請示時日一起到埔鹽附近約一個溪邊，迎接三山國王聖駕，等到有片烏雲臨空而來，就是三山國王已由「唐山」謁祖返駕的象徵，進香隊伍就往回走各自返廟，這種方式，俗稱「當天接香」，除此之外，另有一個集體活動是王爺出巡繞境。據說本來沒有巡境的活動，後來在道光年間，王爺曾到社頭鄉的柴頭井地方治惡水，由於神靈異常為當地居民感戴崇奉不已，都希望常到他們的聚落所在地走走以「掃除妖氣」。柴頭井是個遠離以霖肇宮為中心的祭祀範圍的地方，所以王爺所出巡的範圍，遠比原來的祭祀圈大，但是並沒有超出客家人聚居的地域範圍。

王爺決定繞境之後，再卜時日，屆時隸屬於霖肇宮的 4 個聚落單位，將所分奉的三山國王於前一天或當天，恭請至舊館的霖興宮集合再出發，前後共計有 4 天的行程，每天所經路線如下：

第一天：舊館（埔心鄉之南館、舊館、新館等村）→羅厝（埔心鄉之羅厝、新羅、中羅等村）→竹子腳（永靖鄉之竹子、福興等村）→宿海豐崙（田尾鄉之陸豐、海豐等村）。

第二天：海豐崙→柳樹湳（田尾鄉之柳鳳村）→打簾（田尾鄉之打簾及溪畔村）→關帝廳（永靖鄉之永南、永北、永西、永東等村）→宿五汴頭（永靖鄉之光雲、五汴、瑚璉等村）。

　　第三天：五汴頭→枋橋頭（社頭橋頭村）→石頭公（社頭鄉朝興、仁和、
　　　　　　泰安、平和等村）→宿柴頭井（員林鎮林厝里）。

　　第四天：柴頭井→大饒（員林鎮大饒及大明里）→員林→瓦磘厝（埔心鄉
　　　　　　瓦北、瓦中、瓦南等村）→埔心（埔心鄉東門、埔心、義民等
　　　　　　村）。

　　出巡隊伍到埔心繞境之後，即解散各自回家，在此須要加以說明的是此一
活動範圍並不等於其祭祀範圍，此一活動的因由前已述及，但是與客家居民的
主要散布範圍大致相吻合。上述各地名也僅指出其出巡的大致路線（見附圖）。
各地方的居民也未必人人祭拜，另外括弧內的村里名是指該聚落所包含的現行
村里。

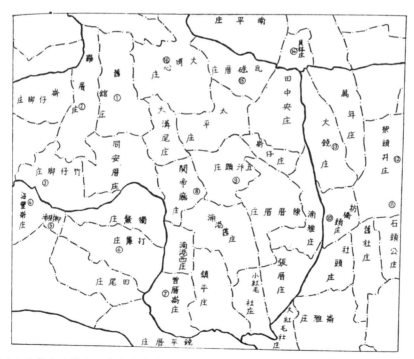

圖 1：霖肇宮王爺出巡遶境路線圖

　　上述的王爺出巡及集體進香的活動，自二次大戰期間，為日本政府禁止之後就沒有再舉行過，雖然曾有人提議再辦，均由於活動期間的秩序維持沒有人敢負責而作罷。

　　客籍居民入墾彰化平原，除了自鹿港登陸一群外，另有一群是在康熙末年自諸羅北上入墾當時的武西堡，此一群體如以祭祀圈看它的分布範圍，大致與永安宮的王爺之祭祀地域範圍相去無幾。永安宮最基本的祭祀範圍是今之永東永西兩個村，已如前述，但是，奉永安宮王爺為地方主祭神，並有集體宗教活動表現的地域範圍則相當大，這種集體活動最具體的表現是永安宮王爺的出巡，所經地方也等於永安宮三山國王的祭祀範圍。

　　永安宮的王爺，在以前碰到年關不好的時候，常在信徒要求下而有出巡繞境的活動，時間由王爺降乩決定，一般都在農曆三、四月之間，行程路線如下：

　　　永安宮→永靖街（永東、永西）→關帝廳（永南、永北）→同安宅（同
　　　安、同仁）→湳港西（港西、五福）→曾厝崙（田尾鄉北曾及南曾
　　　村）→南路厝（田尾鄉新生村）→鎮平（田尾鄉北鎮及南鎮村）→
　　　目宜庄（田尾鄉饒平及睦宜村）→小紅毛社（田尾鄉福田及新興村）
　　　→大紅毛社（田中鎮大社里）→浮圳（浮圳村）→湳港舊莊（湳港
　　　村）→湳港新莊（新莊村）→陳厝厝（東寧、永興）→新厝仔（社
　　　頭鄉新厝村）→崙仔（崙子）→九份下（光雲）→五汴頭（五汴）
　　　→瑚璉（瑚璉）→永安宮。

　　括號裡為現行村里名，沒有註明鄉鎮屬的為永靖鄉的村名，由上述得知永安宮的祭祀範圍幾乎包括了永靖鄉全境，並向南延伸到東南邊田尾、社頭及田中等鄉鎮的附近村落。

　　此一王爺出巡的集體活動，同樣在二次大戰期間，日本人禁止民間的迎神賽會之後，就沒有再舉行。

　　以永安宮王爺祭祀為主體的一群，除了在過去有集體的宗教活動外，另有一個會庄組成，其範圍包括湳港西、曾厝崙、鎮平、南路厝、新厝仔、新庄與舊庄等六個聚落單位，因此又稱六會庄。組成的原因，據當地耆老陳作忠稱，因為當地正處於濁水溪出山後的漫流區，俗稱潤洋，在清朝時期因治安不良，近山時有盜賊入襲，為防賊而有六庄聯盟之舉。由於六庄居民均為客家人，同樣崇奉三山國王為地方主祭神，為了聯絡各會庄居民間的感情，所以每年「收平安」時，輪流來請永安宮的王爺去祭拜。輪到的聚落居民，有義務宴請其他五個聚落的人。現在這個會庄的組織，均因各處人口增加，各自建廟而不再一起舉行儀式、互相宴請，無形之中不解自散，時間大約在日據時期的明治年代即已不存在。

3. 超祖籍人群的聯合

　　彰化平原上的漳、泉、客三個主要人群，從早期各個人群的數字上看，勢力並不均衡，漳客兩個人群的總和，尚不及泉州居民的三分之二。乾隆以返的分類械鬥事件不時發生，逼使漳客兩個弱小人群結合在一起，因此而有超祖籍人群的地域聯合，最具體的表現是所謂七十二庄的組成。

　　七十二庄的組織，雖然於文獻無徵，但是永安宮有「永保七十二庄年年青吉，安祧三百六日事事亨通」的石柱對聯，天門宮石碑上也有「昔由武東西堡七十二庄眾姓弟子奠基於此奉祀」的記載。同時，天門宮仍然留存有七十二庄的組成聚落名稱之記錄，可知確有七十二庄的組成與存在應屬無疑。

　　七十二庄的組成，據說是以永安宮為中心的一個祭祀團體，起因於道光年間的泉客械鬥。當地的耆老傳稱，那一次械鬥原來是漳、泉人的衝突，由於永靖附近的客家居民，有人想充和事佬，結果和事佬沒當成反變成事主，因此，客家人遂與漳人聯合與泉人鬥。械鬥中永靖附近的客家居民，犧牲了八十二名「好漢」，七十二庄成立後，地方士紳為感念其「好打不平」的精神，曾為之

建祠名曰:「英烈祠」,俗稱「好漢爺廟」,該詞坐落在永東村與瑚璉之間,供奉一塊木牌,上書犧牲者之姓名,惟因年代久遠已成漆黑,字跡也已無法辨認。[7]

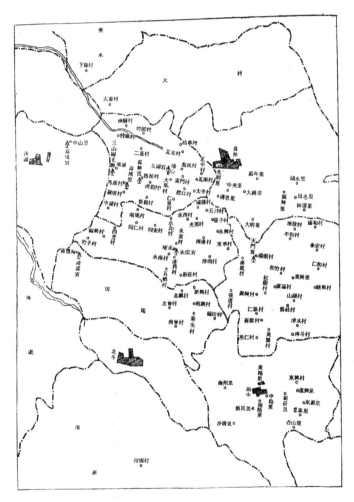

圖 2:社頭鄉枋橋頭天門宮七十二庄分布地域圖

---

7 據寺廟臺帳記載該廟建於道光 15 年(1835)。

　　道光年間的械鬥之後，使漳客人群意識到不聯合，無法抵禦泉洲人的勢力。兩個人群的地方士紳，商議決定以永安宮為中心，聯合武西、武東、東螺東及東螺西等堡之漳客聚落居民為一體，這個團體俗稱七十二庄，成立的時間只知道在道光年間的泉客械鬥之後，確切的年代已經沒有人知道。只能說距今大約百年左右。

　　凡是上了年紀的當地居民，都知這有個七十二庄，至於其內涵如何均已模糊不清，所幸在枋橋頭的天門宮，於民國 52 年有個祈安慶成的儀式舉行，才找出原有的紀錄簿。該紀錄簿已經破損不堪，雖然已經找不到有關年代的記載，卻仍可辨認出，七十二庄是由 8 個不同的聚落所組成。由每個聚落單位雕刻一尊名稱各不相同的媽祖，供奉在天門宮，凡有喜慶則恭請回去奉祀，至於這 8 個群體，是否有共同的儀式舉行，或用什麼活動方式來聯繫成為一體，則不得而知。聚落的分布情形，詳見附圖 2。今將該紀錄簿所載各尊媽祖所屬祭祀範圍的聚落名稱，錄之如下：括弧內為現行所屬鄉鎮之村里名稱。

　　（1）開基祖姓：天門宮八角頭（見前天門宮一段），紅毛社（田尾鄉福田及新興社）、張厝庄（社頭鄉張厝村）、田中鎮莊（田中鎮東路、南路、中路等里）、大新莊（田中鎮沙崙、新民、梅州等里）、廣興庄（社頭鄉廣興村），共 6 個單位。

　　（2）媚洲媽：新庄（田中鎮新庄里）、內灣莊（田中鎮碧峰及東源里）、普興莊（田中鎮復興、東興里）、香山莊（田中鎮香山里）、田中鎮王帝廟（田中鎮之一祭祀團體）、田中鎮帝王爺廟（同前）、埤斗莊（社頭鄉埤斗村）、南投五福堂（為南投縣名間鄉廓下、錦梓及大坑等三村的一個祭祀團體），共 8 個單位。

　　（3）大媽：崙仔尾四莊在內（社頭仁雅、崙雅、美雅及里仁等四村）。

　　（4）大二媽：石頭公莊（社頭鄉朝興、仁和、泰安、平和等四村）湳雅

莊（社頭鄉湳雅、龍井、協和等村）、林厝莊（員村鎮林厝里）、柴頭井（同前）、下豹厝（溪州鄉柑園村）、番仔崙（員林鎮振興里）、挖仔莊（員林鎮湖水及出水里）、下崙莊（秀水鄉下崙村）、大崙莊（大村鄉大崙村）、鎮平（田尾鄉新生、北鎮、南鎮等村）、梧鳳莊（埔心鄉梧鳳村）、石姑婢（員林鎮大明里）、崎仔腳（社頭鄉協和及龍井村）、萬年莊（員林鎮萬年里）、天門宮太子爺（社頭鄉之一神明會），共計 15 個單位。

（5）舊二媽：下豹厝（溪州鄉柑園村）、舊社莊（社頭鄉舊社、松竹、東興、廣福等村）、社頭莊（社頭鄉社頭村）、丙郎莊（社頭鄉廣興村）、許厝寮（社頭鄉埤斗、清水、山湖等村）、朝興莊（社頭鄉朝興村），共 6 個單位。

（6）武西二媽：新興莊（田尾鄉新興村）、小紅毛社（田尾鄉福田村）、大宅仔莊（不詳）、陳厝厝莊（永靖鄉永興及東寧村）、五汴頭（永靖鄉五汴及湖璉村）、崙仔莊（永靖鄉崙子村）、詹厝厝村（埔心鄉太平村）、九份下莊（永靖鄉光雲村）、浮圳村（永靖鄉浮圳村）、湳港新莊（永靖鄉新莊村）、湳港舊村（永靖鄉湳港村）、湳港西莊（永靖鄉港西及五福村）、福興莊（永靖鄉福興村）、湳墘莊（永靖鄉湳墘村）、竹子腳莊（永靖鄉竹子村）、大饒莊（員林鎮大饒及大明里）、溝皂莊（員林鎮溝皂里）、田中央莊（員林鎮中央里）、員林打石巷（員林鎮光明里）、庚口厝莊（埔心鄉經口村）、瓦磘厝莊（埔心鄉瓦北、瓦中、瓦南等村）、曾厝崙莊（田尾鄉北曾及南曾村），共計 22 個單位。

（7）太平媽：太平前後莊（埔心鄉太平及經口村）、瑚璉莊（永靖鄉瑚璉村）、官帝水尾莊（永靖鄉永南及永北村）、永靖莊（永靖鄉永東及永西村），共 4 個單位。

（8）湳雅大二媽：埤腳（埔心鄉埤腳及埤霞村）、湳底莊（社頭鄉湳底村）、大埔心莊（埔心鄉東門、埔心、義民等村）、大溝尾莊（埔心鄉大華及

仁里村）、二重湳莊（埔心鄉二重村）、油車站莊（埔心油車村）、新館莊（埔
心鄉新館村）、舊館莊（埔心鄉舊館及南館村）、羅厝莊（埔心鄉羅厝、中羅、
弯蕉等村）、同安宅莊（永靖鄉同安及同仁村）、四塊厝莊（永靖鄉四芳村）、
新竹圍莊（埔心鄉梧鳳村）、東勢館莊（未詳），共 13 個單位。

　　由上述可知，8 尊不同名稱的媽祖，代表著 8 個不同的祭祀團體，以廟名
為單位代表者是以該廟為中心的祭祀團體，用神名作為代表者是神明會的組織
團體。如以「庄內」或「庄在內」加在數字之後，數字即為該團體的聚落數目。
其中有些聚落單位的名稱重覆出現在不同的媽祖祭祀團體裡。據說是媽祖神像
的雕塑他們都出錢有份，這種村庄常是界於兩個團體的交界上，因此容易造成
兩邊都有人參加或兩邊都參加。也因此使人聯想到七十二庄的組成方式，很可
能像彰化南瑤宮的會媽會一樣，有個人會員與聚落為單位的會員兩種，至於在
活動上是不是一樣則不得而知。

　　天門宮記錄簿的所謂七十二庄，事實上共有 75 個聚落單位或團體，如以
村落單位計算，可能超過一百之數，其原因可能是七十二庄成立之初的地域範
圍內，共有 72 個庄的行政單位，因為在清領時期的臺灣，行政區分上的庄，
經常包括兩個以上的聚落單位。

　　前面所列的各個聚落或單位，對於當地居民的祖籍來自地，經一一徵詢核
對，雖然有些無法得到明確的答覆，但是從沒有泉州人聚居的村落出現，即所
有聚落的祖籍，非漳即客或漳客雜處。

　　從 8 個祭祀群所包含的村落看，武西二媽與湳雅大二媽兩群，無疑是完全
由客籍村落所組成，他們原來的地方主祭神是三山國王，也代表了福佬客村落
間的兩個主要祭祀群。雖然，參加七十二庄的兩個群體跟原來的祭祀群，在分
布的地域邊緣上有不盡吻合之處，但是仍可清晰辨認出是原有群體擴大或縮
小。其他的 6 個群體，大部分是由漳州人群的聚落所組成，其中有一部分是漳

客雜處的聚落。漳州人的鄉土主祭神，跟泉州人一樣也拜媽祖，很顯然的，七十二庄是漳客兩個人群的聯盟組織，漳州人以天門宮為代表，客籍人群則以永安宮為全體福佬客村落的象徵，相互透過對方之鄉土神的祭祀，將兩個不同祖籍的人群，聯合成為一個社會群體。

據說七十二庄在日據的明治時代，即因各處建廟而不解自散。此一說法如果正確，七十二庄的組織從成立到自行瓦解的時間，不會超過 30 年，明治距今已超過一甲子，也難怪七十二庄已成歷史名稱了。

彰化平原的客家村落以地域性的聚落群為單位，跟不同祖籍人群，共同組成一個社會群體，除了上述具有特別歷史因緣的七十二庄外，還有彰化南瑤宮的會媽會，南瑤宮的會媽會共有十個之多，已如前述。其中由客家居民組成的有兩個，這兩個是共同在農曆 3 月 28 日祭祀媽祖的老四媽會和聖四媽會。

老四媽會成立於清光緒 9 年（1883），距今已有 90 年歷史，屬於「招角頭」的一類，即以角落為會員單位計算，共有 12 個「角」，所謂角是代表一個地域聚落群。老四媽會的 12 個角，又以南瑤宮為南北分界線，分為南六角與北六角，各設總理 1 名總理其事，另外共置爐主 1 名，爐主採取先聚落後個人的輪流辦法，按照成立時抽鬮的結果，各角落輪流的順序是：（1）犁頭厝角、（2）大庄角、（3）大雅有（俗稱壩仔）（4）員林角、（5）關帝廳、（6）大肚角、（7）埤霞角、（8）何厝庄水堀頭合一角、（9）過溝角、（10）彰化本角、（11）豐原角、（12）陳厝厝角。每個角都包括了幾個村落，這些村落均有客家居民散布，或聚居或與漳州人雜處，其中為客家居民聚居的，主要是過溝角與關帝廳兩個角，其所包括的村落如下：

（1）過溝角：過溝庄、大橋頭、員林街、蓮花池。

（2）關帝廳角：陳厝厝庄、關帝廳庄、瑚璉角庄、湳港西、湳港庄、大溝尾、突後庄、永靖街。

從這兩個角所包含的村落分布，可以在附圖上發現，關帝廳角相當以永安宮為中心的一群，過溝角則緊鄰其北邊。兩個角的總和，也與在天門宮之武西二媽祭祀群的地域分布相當。由此，或可說以永安宮為中心的一群，當其對外時就有向北延伸的傾向，老四媽會的組成也可以說是以該地域群為主，聯合有客籍居民零星散布的村子所組成的。

聖四媽會成立的年代並不清楚，只知道略晚於老四媽會，其組成方式是以「會份」，即個人為會員單位。一般而言，有人參與會份的聚落單位，到了媽祖祭典時，不管有沒有會份的人家，一律都拜，唯一分別是參與會份的人家，屆時須要宴請其他角落來的客人，沒有會份的則無此義務。光復以後，改以聚落為單位，即有人參與會份的聚落，則所有居民都算是該會的當然會員，原來只有六角，民國 54 年，溪州的溪垻厝要求加入，現在共有七個角，各角所包括的聚落單位如下：

(1) 舊館角：新館、舊館、芎蕉角、四芳、湳垻。

(2) 海豐崙角：陸豐、海豐、竹仔腳、福興、羅厝庄。

(3) 獨鰲角：崙美、敦厚、獨鰲、湳港西庄、同安宅。

(4) 打簾角：打簾、溪畔、柳鳳、饒平、目宜。

(5) 五汴頭角：關帝廳、太平、五汴頭、庚口角。

(6) 埔心角：東門、義民、埔心、油車、大華、仁里。

(7) 溪垻厝角：溪厝、垻厝（溪州鄉溪厝、坑厝兩村之一部分）。

上列七個角所包括的聚落分布範圍，除去新加入的溪垻厝角，則可看出是以霖肇宮為中心的一群，向永靖鄉鄰近村落擴展所組成，而與天門宮之湳雅媽的祭祀地域範圍相當，後加入的溪垻厝角，在現行的行政區分上，包括了溪州鄉的溪厝與垻厝兩個村，但是實際參與此會的人家，只有兩個村裡的十幾戶客家居民。換言之，它只是客家居民零星散布的一個聚落。

　　聖四媽會的組成晚於老四媽會，原先的組成方式也不同，祭祀日期依例應擺在老四媽會之後，由於兩個同樣供奉的是四媽，經兩個會的主事人，協商結果，雙方同意於同一天舉行儀式並且共用一個辦公室。這兩個會的聚落單位均為客籍村落，同地緣同祖籍，也許是他們容易獲得協議的原因。

　　從上所述，可以看出會媽會的組成地域範圍相當大，如何維繫一體於不墜，或是如何聯絡會員之間的關係或感情？主要在於每一個會媽會均有一個吃會活動的設置，每個輪值當爐主的聚落，在舉行祭祀媽祖的那一天，必須設宴款待來自其他各聚落的所有會員，據說因為範圍很大會員眾多，會員之間不一定能相互認識，為了識別是否為該會會員，每個會員均有一套專為吃會製作的「制服」。這種吃會的活動，到了二次大戰期間，因為受到糧秣配給制度的影響而停辦，至今未再舉行。

五、結論

　　漢人對彰化平原的開發，依據可徵的史實，應是始於明鄭時期，劉國軒率師進駐半線，平北路諸番；盛於清領之後的康熙中葉至乾隆初年。乾隆中葉以後，大致已墾透而野無曠土。日據之後，除了山林的經營，則致力於濁水溪出海口邊緣上，沙丘地帶的土地改良工作：植樹防風，引水灌溉。使原來人們無法利用的沙丘，變成良田，由此可知，彰化平原的開發可分為三個時期。這三個時期，如就生態環境的利用而言，則可分成兩個不同的類型。

　　明鄭時期的開發工作，是以政府的財經與武裝力量為後盾，「寓兵於農」政策的釐定和實施，實際從事墾殖工作的是軍民一體。清領之初，明鄭軍民相率返回故里，加上清攻府的消極態度，幾使膏腴墾地又復荒蕪，幸有豪族巨室的招佃入墾，並大量投資於水利工程之開鑿。時值海禁開放，閩粵兩地人民爭相入墾此一沃野之區，墾殖工作因而盛極一時，人口大量增加。清政府亦於雍

正 9 年（1723）設治於彰化。此一時期的開墾工作，完全得力於內地來的豪族巨室之私人投資與經營。

明鄭時期到日據之前，墾殖的方式，僅止於就生態環境本身所具有的條件或資源，簡單的加以利用。水利工程的開鑿，無非是提高稻米生產量的設計，與土地之可否被利用無關。因此，日據之後的植樹防風，引水灌溉的土地改良，使不可利用土地變成可利用耕地，對生態環境的利用，是一種技術的突破，也是一種「化腐朽為神奇」的工作。不管所造就的土地面積多少，就人們對環境利用的技術而言，完全屬於兩種不同的類型或範疇。前後兩者相較，直如宵壤之別。

彰化縣境內的客家人，主要來自潮州府，由於語言上與漳泉人相類似，故又稱福佬客，已如前述。依入墾路線的不同與時間的早晚，主要分成兩個群體。不管是哪一群均遭遇到同樣的困境。

早期官方對客家居民的特別設限，使之無法大批移入，時間也稍晚於其他人群，致使入墾時所據地點，生態環境的條件均極為惡劣。入墾後，由於勢力單薄，屢受豪族巨室的剝削，以及泉州人群「大吃小」的焚殺掠奪，使得客籍居民的處境極為艱難。為了克服這種困境，唯有團結一致以求立足。因此，在各種不同的境遇下，有各種不同類的團體組織出現。

入墾之初，粵籍居民為傭為佃而與漳泉人群，和睦相處之時，雖有聚居的村落，卻多與漳泉人「比屋雜處」，此一時期，他們利用宗親的關係，同姓居民藉著單姓戲的演出，以及祭祖儀式的共同舉行，連繫同姓人家之間的感情和團結。至今在永安宮的宗權活動上，仍然可以獲悉這種活動的存在或殘留。

乾隆中葉以後，人群間的分類械鬥不時發生，促使客籍居民，逐漸集中於同祖籍人群聚居的村落，並以入墾的時間和路線的不同，各自以不同香火來源之鄉土神的供奉，形成兩個不同的祭祀群，這兩個群體，後來均呈現分枝的現

象，已如前述。群體的分枝，無疑是有損於一體的團結。但是，分枝之後，卻又以非經常性的宗權活動，維持群體在某種程度的一體感，使分枝而不致於分裂。這種非經常性的活動有二：一為謁祖進香，一為主祭神之出巡繞境。進香是同一祭祀群，不管分枝與否的集體活動，主祭神的出巡遶境，一般而言，活動範圍也不會超出原祭祀圈的地域。不過，從霖肇宮王爺繞境的路線看，則已擴大到同地域內，所有同祖籍人群的聚落。換言之，此一祭祀群的集體活動，具有整合同祖籍人群的社會功能，將兩個同祖籍而不同祭祀群的所有居民，聯結為一個社會群體。

道光以前的分類械鬥，一般僅限於漳泉人群之間，此一時期的客籍居民，由於人單勢薄，除了逃往同祖籍人群聚居的村落避難外，總是盡量堅持中立的立場以求自保。當然，械鬥期間的清界，散居於交界處的零星小庄，常常不能免於池魚之殃。但是，對於整個客家人群而言，尚不致於構成生存的威脅，及至道光以後的情形完全不同，泉粵人群之間的摩擦不時發生，特別是道光 6 年，泉粵兩個人群正面對壘，在龐大的泉州人群壓力下，客家居民意識到僅憑本身的群體團結，尚不足以抵禦泉人勢力，遂與附近的漳州人群攜手合作，七十二庄的超祖籍人群之團體組織因而產生，七十二庄的組成，不僅結合了同地域內所有福佬客的村落居民，同時，也與以天門宮為中心的漳州人群，聯結成為一體。

現在客家居民的地方組織與活動，從單姓戲的演出，到七十二庄的團體，已非本來面目，超地緣或超祖籍人群的組織，可以說均已名存實亡。可能一體的概念，尚隱約地留存於人們心中。但是，自二次大戰以後，都已經沒有具體的活動表現，七十二庄的漳客聯盟，早在日據時期的大正年間，即已解體。老四媽會與聖四媽會的組織雖然還在，然而，真正能團結群體成員間情感的「吃會」活動，也於日據末期停止，迄未再恢復。

　　其次，客家村落本身的兩個祭祀群，在分枝之後也顯示出群體萎縮的現象；永安宮的祭祀範圍，由六個會庄，擴展到包括整個武西堡境內的所有客籍村落，現在萎縮到只剩永東永西兩個村，霖肇宮為中心的一群，也分化成四個聚落或聚落群，現在不僅沒有共同舉行祭儀的活動，祭祀圈邊緣上的聚落，還有逐漸脫離此一群體的傾向。例如埔心鄉的黃厝村，無疑的，原來是屬於舊館霖興宮的祭祀群，現在該村的實際宗教活動，不但與霖興宮無關，反而與員林鎮廣興宮的關係，顯得極為密切，凡有喜慶祭典必請廣興宮的三山國王來祭拜。

　　L. W. Crissman 在一篇討論彰化平原市場體系的文章裡，認為由於早期的道路不修、番害，以及不同地域不同姓氏族群的械鬥，使彰化平原成為人為的崎嶇地形，這種情形的改變，並使臺灣鄉村市場走向現代化，肇因於日本人據臺之後的幾項措施：1. 社會秩序的建立、2. 公共衛生的改善、3. 商業化農場的設立、4. 交通運輸的根本改進（1972；252-255）。其實這四種措施不僅影響到鄉村的市場體系，也影響到社會組成體系。很明顯的，這種社會情境的改變，使原有的地方組成，喪失本來的主要社會功能。例如六會庄原為防禦盜賊而設計，社會秩序的建立，使其主要功能喪失殆盡，加上人口增加，經濟情況的改善，同一聚落的居民集資建廟在沒有困難的情況下而不解自散，七十二庄的組成也遭到同一命運，同樣在明治年間煙消雲散。其他如會媽會及各個祭祀群體，雖然存在，但是賴以維繫溝通成員間感情的吃會和王爺出巡或集體進香的活動，均在日據末期禁止之後而難再復活。最近雖有人提議恢復，卻都在沒有人敢於負責秩序維持的藉口下胎死腹中，這也是社會情境改變後，人際關係改變，或是這些活動原有整合人際關係功能被取代。由此可知，一個社會群體的主要功能一旦喪失，縱然還有某些功能的殘留而存在，也不再為人們所密切關心。依附在永安宮的單姓戲活動，一再地演演停停原因在此，所以各種地方組成的出現與存在，可以說是一種社會情境需要的產物，也說明了福佬客居民，

為什麼在不同的處境下，有各種不同形式的地方組織出現或強調。

臺灣漢人的主要來自地是閩粵兩省，閩粵兩地在聚落的組成上，具有以血緣或同一姓氏為基石的傳統。換言之，地緣與血緣經常是一致的。因此一村一姓，或以某一姓氏的居民占絕大多數的村落特別多，移居臺灣時，由於舉族而遷的情形，受到很大的限制，所以以血緣為基礎的村落固然有，大部分則均以地緣作為認同標準而聚居，顯然的事實是地緣村落，遠多於血緣村落。因此，在村落中具有地緣意義，祭祀鄉土神的廟宇，也就顯得特別重要，它跟城鎮裡的行郊一樣，成為地方防衛自治的中心。

彰化縣境內的福佬客在入墾之初，舉族渡臺的機會等於不存在，以血緣作為聚落組成的條件，可以說根本沒有。最常見的是同一條船渡臺的人聚居一起，或依附於同祖籍來自地居民聚居的村落。也就是說，主要是採取祖居地的地緣關係，以及相同的移入路線和時期作為聚落組成認同的要素，大部分的村落，也就均可稱之為地緣村落。村落之間則以集資建廟，再經由鄉土主祭神的供奉和儀式的舉行，連結成為一體以收守望相助之功，從前述福佬客的地方組織，自單姓戲的活動到七十二庄的組成之敘述，充分說明了這一點。也由此可知，作為彰化平原福佬客地域組成的主要基石有三：1. 移民歷史，即入墾的時期與路線、2. 共同聚居的地域範圍、3. 共同的祖籍與方言。

參考文獻

中村孝志，1954，〈臺灣史概說近代〉，賴永祥譯〈近代臺灣史要〉，載賴永
　　祥著《臺灣史研究：初集》。臺北，1970，頁 11-38。

安倍明義，1938，《臺灣地名研究》。臺北：蕃語研究。

曾東嘉生，1944，《臺灣經濟史研究》。臺北：東部書籍株式會社臺北支店。

周　璽，1832，《彰化縣志・臺灣全誌第七卷》。臺北：臺灣經世新報社。

黃玉齋，1966，〈明永曆帝晉封朱成功為延平王考〉，《臺灣文物論集》，頁
　　87-94。臺北：中華大典編印會、臺灣省文獻委員會。

莊金德，1966，〈清廷對臺灣實施海禁政策的經緯〉，《臺灣文物論集》，頁
　　95-120。臺北：中華大典編印會、臺灣省文獻委員會。

廖和桐，1972，《臺灣寺字誌》。雲林：道德文化出版社。

陳正祥，1940，《臺灣地誌》。臺北：敷明產業地理研究所。

陳漢光，1972，〈日據時代臺灣漢族祖籍調查〉。《臺灣文獻》23（1）：85-
　　104。

劉枝萬，1950，《臺中彰化史話》（油印本）。

＿＿＿＿，1972，〈臺灣臺北縣中和鄉建醮祭典〉。《中央研究院民族學研究所
　　集刊》33：135-163。

賴永祥，1970，《臺灣史研究：初集》。臺北：作者出版。

賴熾昌主修，1960，《彰化縣志稿・沿革志》。彰化：彰化縣文獻委員會。

＿＿＿＿，1961，《彰化縣志稿・大事記》。彰化：彰化縣文獻委員會。

關口正隆，1901，〈臺中縣下移住民調查書〉。《臺灣慣習記事》2（2）：
　　75-92。

CrissMman, L. W., 1972, "Marketing on the Changhua Plain, Taiwan". In E.W.
　　Willmott ed., *Economic Organization in Chinese Society*. Stanford: Stanford
　　University Press. pp, 215-259.

Chen, Chi-Lu（陳奇祿），1972, "History of Chinese Immigration into Taiwan".
　　Bulletin of the Institute of Ethnology, Academia Sinica, 33:119-133.

Freedman, Maurice, 1966, *Chinese Lineage and Society: Fukien and Kwangtung*.
　　London: The Athlone Press.

Misiones en el, *Centro de Formosa, Perfectura de Chang-Hua*. (Manuscript)

Pasternak, B., 1968, "Social Consequences of Equalizing Irrigation Access". *Human Organization*, 27(4): 332-343.

_____, 1972, "The Sociology of Irrigation: Two Taiwanese Villages". In E.W. Willmott ed., *Economic Organization in Chinese Society*. Stanford: Stanford University Press. pp. 193-213.

Skinner, G. W., 1964, "Marketing and Social Structure in Rural China (P-art I)". *Journal of Asian Studies*, 24(1): 3-43.

Wang, Sung-Hsing (王崧興), 1972, "Pa Pao Chun: An 18th Century Irrigation System in Central Taiwan". *Bulletin of the Institute of Ethnology, Academia Sinica*, 33:165-176.

從忠義亭到忠義祠：

臺灣六堆客家地域社會的演變 *

陳麗華

一、前言

在臺灣南部的六堆地區，義民是當地客家社會建構的重要符號，其地域信仰中心六堆忠義祠，便是拜祭義民的場所。回顧其拜祭史，除了歷代義民之外，正殿中心供奉的牌位曾由清代的「大清皇帝萬萬歲」，在日治時期演變為「日本天皇萬萬歲」，至國民政府時期再變為「中華民國萬萬歲」，既折射出臺灣社會曾經歷三個不同政權形態（清帝國、日本殖民政府、國民政府）治理的歷史，亦顯示在不同時期，地方人士從未放棄以忠義符號與國家建立關係。

隨著 1980 年代以來政治與學術潮流的影響，義民在臺灣社會扮演的角色、義民信仰與客家族群的關係，也日益受到學者關注。[1] 陳運棟便曾指出，由於

---

* 本文原刊登於《歷史人類學學刊》，2008，6 卷 1、2 期合刊，頁 147-171。因收錄於本專書，略做增刪，謹此說明。作者陳麗華現任國立清華大學通識教育中心暨歷史研究所助理教授。

1 南兵和，《臺灣義民》（臺北：撰者，1981）；丁光玲，《清代臺灣義民研究》（臺北：文史哲出版社，1994），頁 4；蔡采秀，〈以順稱義：論客家族群在清代臺灣成為義民的歷史過程〉，載賴澤涵、傅寶玉主編，《義民信仰與客家社會》（臺北：南天書局有限公司，2006）；范振乾，〈從「孤魂野鬼」到「忠義、英勇的神明」：談客家臺灣人爭取臺灣歷史社會的闡釋權與教育權〉，載《存在才有希望：臺灣族群生態客家篇》（臺北：前衛出版社，2002），頁 54-9。

戰後受連橫等人民族史觀的影響，朱一貴、林爽文等歷次事變被視為反清革命，協助清政府的客家「義民」便受到「不義之民」的指責。[2] 莊英章、賴玉玲、羅烈師等學者，則通過細緻深入的研究，展現了臺灣北部新竹枋寮義民廟與客家地域社會建構的關係，指出充當義民並非客家人的專利。[3] 但是，在清代的地域社會建構過程中，為何「義民」成為地方社會建構過程中被不斷強調的身分，而到日治時期，甚至更後，卻常和客家人的標籤貼在一起，則沒有一個很有系統的答案。所謂「客家」族群的概念，也存在疑問。

　　地方社會以何種文化標籤納入國家，反映的是地方人士對當時社會體系的認知。華德英（Barbara E. Ward）由列維‧斯特勞斯（Claude Levi-Strauss）的「意識模式」概念出發，提出了中國人對社會體系認知的三種意識模型，一類是「近身的模型」，即中國鄉村社會的居民，對於身處其中的社會及文化的理解；第二類是「理想觀念模型」，即他們想像中的、更接近傳統中國士人理想的社會模式；第三類是「觀察者模型」，即表達對其他群體文化秩序的看法。在她看來，邊緣社會群體的人，往往透過將「近身的模型」與「理想觀念模型」在解釋上拉近，同時運用「觀察者模型」將其他群體與「理想觀念模型」拉遠，從而強化自己在中國文化體系中的合法性。[4] 這一文化體系的形成，背後與明清

---

2 陳運棟，〈義民乎？不義之民乎？重探林爽文事變與「義民」之舉〉，載臺灣客家公共事務協會編，《新個客家人》（臺北：臺原出版社，1991），頁 102；陳運棟，〈從歷史與族群觀點看義民信仰〉，載徐正光等編，《客家文化研討會論文集》（臺北：文化建設委員會，1994），頁 193-203。

3 莊英章，〈新竹枋寮義民廟的建立及其社會文化意義〉，載《第二屆國際漢學會議論文集‧民俗與文化組》（臺北：中研院，1989），頁 223；羅烈師，《臺灣客家之形成：以竹塹地區為核心的觀察》（新竹：清華大學人類學研究所博士論文，2005）；賴玉玲，《褒忠亭義民爺信仰與地方社會發展：以楊梅聯庄為例》（新竹：新竹縣文化局，2005）。

4 Barbara E. Ward, *Through Other Eyes, essays in understanding 'conscious models' — mostly in Hong Kong*（Hong Kong: Chinese University Press, 1985），61-76.

時期國家滲透到地方社會的方式有著密切的關係。[5]

　　在早期的臺灣社會，「義民」是國家賦予的身分，是利用「忠義」的概念，象徵地方社會與清王朝的長期關係。透過「義民」這一個與官方的典章制度和意識形態相聯繫的符號，「樂訟好鬥」的客語群體才擁有了「急公好義」的形象。[6]一方面被拉進國家的領域，另一方面族群意識亦逐漸建構起來。但是，在臺灣國家幾次轉變的特殊情況下，「忠義」需要跨越對獨特政權的承諾，顯示地方社會對當權的國家的認同。本文即試圖透過六堆忠義祠的歷史，展現文化標籤與國家意識如何互動，並影響了地方人士表達族群認同的方式。

二、臺灣南部六堆的忠義祠

　　今天的六堆，是指臺灣南部屏東、高雄縣境內數個客家人聚居的鄉鎮。面西朝向高屏溪（即下淡水河）方向，分爲前堆（長治、麟洛）、後堆（內埔）、中堆（竹田）、先鋒堆（萬巒），以及左堆（今屏東縣佳冬、新埤鄉）、右堆（今高雄縣美濃鎮、屏東縣高樹鄉等）。[7]歷史上，六堆指這一地區講客語的粵人所組建的軍事性組織，在多次事變中協助官兵，抵抗叛亂，歷代均有大量

---

5 以明清以來的華南地方社會爲例，珠江三角洲地區是建立在祠堂與祖先拜祭基礎上的，這既與明王朝在地方建立里甲制度、鎮壓叛亂、試圖建立新儒家正統禮儀的過程有關，也與地方社會在此之前即發生的沙田開發和地權爭奪、士紳士大夫化有關。科大衛、劉志偉，〈宗族與地方社會的國家認同：明清華南地區宗族發展的意識形態基礎〉，《歷史研究》，2000，第 3 期，頁 3-14；劉志偉，〈地域空間中的国家秩序：珠江三角洲「沙田 - 民田」格局的形成〉，《清史研究》，1999，第 2 期，頁 14-24；蕭鳳霞，〈傳統的循環再生：小欖菊花會的文化、歷史與政治經濟〉，《歷史人類學學刊》，2003，第 1 卷，第 1 期，頁 99-122。

6 陳春聲，〈國家意識與清代臺灣移民社會：以「義民」的研究為中心〉，《義民信仰與客家社會》，頁 83-106。

7 這一按照鄉鎮劃分的六堆地域概念，是日治時期行政區劃影響的結果。見松崎仁三郎，《嗚呼忠義亭》（潮州郡內埔莊，1935），附圖。

地方人士被褒封為「義民」。六堆地區的信仰中心，是位於中堆竹田鄉西勢村
境內的六堆忠義祠（戰後重修之前稱忠義亭），文獻記載「康熙六十年，（閩
浙）總督覺羅滿保為粵莊義民建。雍正十一年，禦史柏修、高山重修。」[8]地方
人士「凡有公事，會議斯亭」，[9]可見在清前期是六堆地域的權力中心。

圖1：六堆忠義祠內供奉神牌（2006 年攝）

8 余文儀，《續修臺灣府志》，卷19，〈雜記〉，〈園亭〉，〈鳳山縣〉，乾隆29 年
　（1764）（臺北：臺灣銀行經濟研究室），頁643。

9 王瑛曾，《重修鳳山縣誌》，卷11，〈雜誌〉，〈名跡（附寺觀、墳墓）〉，乾隆
　29 年（1764）（臺北：臺灣銀行經濟研究室），頁267。

　　早在康熙末的朱一貴事變中，臺灣南部客語群體便組織 13 大莊、64 小莊 12,000 餘人，組成 7 營，在侯觀德、李直三等人的率領下，舉起「大清」旗號，與朱一貴之黨相抗衡，[10] 事後，清廷頒發給領導者「義民劄」184 張。忠義亭便是事變平定後，閩浙總督為褒獎粵莊義民而建。雍正 10 年（1732）吳福生事變，也有侯心富為首的義民萬餘人，駐守地方，並派兵隨軍打仗，給付的義民劄更達 354 張之多。[11] 此後歷次事變，官方便因循故事，到該地招募義民，該地的客語群體也會組織武裝力量，協助官府鎮壓叛亂。[12]

　　乾隆 51 年（1786）的林爽文事變，是六堆地域社會各種制度形成的最關鍵時期。此次事變遷延三年，對地方社會影響相當大，「六堆」作為下淡水粵人軍事組織的名稱，便是在這次事變中出現，並形成了一套科派錢糧的辦法，以後歷次事變，均按照「舊例」、「粵規」、「舊章」等，在加入這一聯盟組織的大小各莊科派錢糧。[13] 此次事變中一些與國家有關的符號，也被六堆地方人士反復強調，並應用在其社會組織和禮儀活動上。當時乾隆皇帝為了表示一視同仁，讓全體百姓都能慕義向化，對義民的褒封範圍，幾乎遍及各群體，賜給粵人的「褒忠」也臨摹數份，廣為散發，當時的褒忠匾額就多達 56 張。[14] 左堆

10 覺羅滿保，〈題義民效力議疏〉，載王瑛曾，《重修鳳山縣誌》，卷 12 上，〈藝文志（上）〉，〈奏疏〉，頁 343-6。

11 《重修臺灣府志》（臺北：臺灣銀行經濟研究室，1961），卷 11，〈武備（三）〉，〈義民〉，頁 361。

12 清代忠義亭中也供奉不少文武官吏的牌位，多與歷次事變有關，也折射出六堆作為與官方合作的地方軍事組織的地位。鍾壬壽纂修，《六堆客家鄉土誌》（屏東內埔：常青出版社，1973），頁 112-3。

13 黃衷，《邀功紀略》，乾隆 57 年（1792）（臺北：中央研究院臺灣史研究所古文書室藏，編號 T0480D0395-0001），《重修忠義亭樂助緣碑》，載《臺灣南部碑文集成》（臺北：臺灣銀行經濟研究室，1966），丙，〈其他（下）〉，頁 704-5。

14 〈乾隆五十三年三月十二日上諭〉，載《台案匯錄庚集》（臺北：臺灣銀行經濟研究室，1964），卷 5，103，頁 793-4；黃衷，《邀功紀略》。

地區，嘉慶 25 年（1820），佳冬便建立起褒忠碑，捐題村落遍及今佳冬鄉、新埤鄉的粵莊。[15] 這一地區的莊也將這二字鐫刻在柵門上，[16] 既面向閩、番村落誇耀示威，也將整個莊置於皇帝題字的保護之下。

林爽文事變對於地方另外一個影響，便是六堆地區以「忠勇公」為名的廟宇和社會組織的出現。雖然對於事變中死者的拜祭早已有之，但此次事變後，據說六堆義民贏得「忠勇」之名，這一名稱後來便被用來指稱陣亡的義民，後也用於尊稱彼此祖先。[17] 內埔、萬巒等地出現拜祭忠勇公的廟宇（多是地方械鬥中的犧牲者），[18] 事變後地方人士也設立忠勇公會，土地收益用於祭祀忠勇公。不少莊或莊的聯盟都有自己的忠勇公會，清末期這些組織會參與忠義亭的祭祀活動，重修時也有捐助款項。[19] 左堆地區為拜祭事變犧牲者而設立的財產機構，則以乾隆所賜的「褒忠」為名，不但大莊有自己的褒忠祀典，更形成 13 莊聯合的褒忠祀典。[20] 儘管拜祭為社區死亡的「忠勇公」，與王朝下的身分符號「義民」存在著差異，在這一意識模型之下，便不難理解二者的混同，

---

15 〈港東里建立褒忠碑〉，現龕于佳冬鄉北柵門壁中。

16 曾彩金總編纂，《六堆客家社會文化發展與變遷之研究》（屏東：財團法人六堆文教基金會，2001），第 14 篇，〈古跡與文物篇〉，頁 33。如左堆佳冬地區據說當時便修建有門樓，當時只是立碑，並未顯示已把「褒忠」二字題於柵門之上，可能是後來才題上去的。重修碑記位於敬聖亭附近，也就是原東柵門的位置，與 1820 年碑分處兩地，猜測應當是有移動過。新埤鄉建功村東柵門，上亦題有「褒忠」二字，據傳建於光緒 8 年（1882）左堆地區和「熟番」的關係緊張，尤其清末開山撫番時期，很有可能致使該地出現不少題了「褒忠」二字的柵門。

17 臨時臺灣土地調查局編，《臺灣土地慣行一斑》（臺北：南天書局，1998），1905，第 3 編，頁 41。

18 如後堆內埔莊原南門外的忠勇公祠，便供奉林爽文事變中出堆佐死亡的 20 人（均有名字）。松崎仁三郎，《嗚呼忠義亭》，頁 149-51。

19 〈重修忠義亭碑〉，光緒 20 年（1894），《臺灣南部碑文集成》，丙，〈其他（下）〉，頁 748-50；《臺灣土地慣行一斑》，第 3 編，頁 41。

20 1850 年時已經形成十三莊褒忠祀典，新、老褒忠祀典三不同名號，〈重修敬聖亭記碑記〉，道光 30 年（1850），《臺灣南部碑文集成》，甲，記（下），頁 288-91。

源於對文化正統的比附。[21] 通過「忠勇公」這一符號，在歷次事變中與其他閩、番莊械鬥死亡的犧牲者，便與躋身忠義亭神龕上、為國家祀典所承認的「義民」，在禮儀上混同起來。通過在禮儀上拜祭這些義民祖先，也將六堆地域社會的人，都變成了義民。

　　李文良早已注意到南部六堆地區的忠義祠，並未如北部新竹地區新竹枋寮的褒忠亭發展出神像、分香等信仰形式，而是維持了類似忠烈祠的性格。[22] 枋寮褒忠亭也是林爽文事變的產物，但比南部的義民和廟宇歷史要晚 60 餘年，兩者不同的發展歷程，也是兩地不同開發形態的體現。北部剛開始捐地建廟便是地方士紳爲了安頓長期未葬的死者屍骨，以從事土地拓墾的林先坤等四姓為主。其後道光年間建立外莊經理人制度，首位經理即建立金廣福大隘的姜秀鑾，他與新埔街士紳關係良好，此後便由這些商號、嘗會、家族等公號進行管理，收益可借出給店鋪作爲流動資金，反之則借山給褒忠亭平帳。這一時期正是山區的茶、糖、樟腦貿易興盛之時，新埔是貨物流動必經之地，因此繁榮一時。用這種辦法，在清後期逐步形成 13 莊爐主的規模，清末時其土地已經遍布這些莊。其廟宇歷史與當地的家族歷史關係密切，這從現今供奉在廟中的祿位牌也可以看出。[23]

　　相較之下，乾嘉之際也是南部資本活躍、移民社會向定居社會轉變的時期，財力雄厚的後堆內埔莊士紳成爲六堆的權力核心，大量的嘗會組織也在這

---

21 《臺灣土地慣行一斑》，第 3 編，頁 41；《捐修天后宮芳名碑記》，咸豐 2 年（1852），《臺灣南部碑文集成》，甲，〈記（下）〉，頁 295。

22 其文中所指「神像」的含義，似又並非指神明塑像。李文良，〈從客仔到義民：清初南臺灣的漢人移民和動亂（1680-1740）〉，載《歷史人類學學刊》，第 5 卷，第 2 期（2007 年 10 月），頁 1-38。

23 賴玉玲，《褒忠亭義民爺信仰與地方社會發展：以楊梅聯庄為例》；羅烈師，《臺灣客家之形成：以竹塹地區為核心的觀察》。

前後建立起來。如乾隆末嘉慶初的義長鍾麟江，「世襲內埔墾管」，便設立和管理了諸多以移居廣東省梅縣白渡堡的始祖及子孫為名的公嘗，並在族內設有鼓勵進學的崇文典。[24] 其結果是嘉慶 8 年（1803），以鍾麟江爲首，在內埔莊建立了另外一座地域祭祀中心——天后宮，捐題者遍及大大小小 60 餘個粵莊，其中便有大量的祀典、嘗會等組織。[25] 同時設立聖母祀典，作爲維持天后宮祭祀的財產機構。雖然至日治中期，後堆內埔老聖會號稱是全臺最富有的神明會，但 39 甲多的土地比起北部的褒忠亭仍遜色得多，[27] 忠義亭的土地財產（據說也是鍾麟江創立）就更少得可憐，日治時期不過只有 3 甲多而已。[27] 其重要性在局勢變動及地方閩粵矛盾時才屢被凸顯，似乎也不難見到忠義亭作爲符號的意義，遠大於作爲地域社會信仰中心的地位。

在清後期閩、番雜處的社會環境中，六堆地區粵人憑恃義民身分，多次趁機攻毀焚搶周圍閩莊。不但閩籍士紳「切齒痛罵，謂其名為義民，而實則甚於賊[28]」；官方也曾出於管理地方需要，進行強烈的鎮壓。[29] 但周圍的村落懾於其威勢，不乏與之結盟成爲「附堆」者，以便在地方擾亂時得到保護。現在的

---

24 鍾實庭，〈平臺義長鍾麟江遺像〉，昭和 7 年（1932），現懸掛於屏東縣內埔鄉昌黎祠；松崎仁三郎，《嗚呼忠義亭》，頁 91；曾彩金總編纂，《六堆客家社會文化發展與變遷之研究》（屏東：財團法人六堆文教基金會，2001），第 11 篇，〈人物篇〉，頁 55。

25 〈建造天后宮碑記〉，嘉慶 8 年（1803），《臺灣南部碑文集成》，甲，〈記（中）〉，頁 164-78。

26 臺灣總督府編著，《臺灣宗教調查報告書》（臺北：捷幼出版社，1993），頁 91。

27 松崎仁三郎，《嗚呼忠義亭》，頁 213；〈祠廟所有地賣渡許可願〉，大正 2 年（1913），臺灣總督府公文類纂（南投：國史館臺灣文獻館），第 38 卷，第 5630 冊，第 5 門，〈地方〉，第 5 類，〈社寺〉，文號 10。

28 盧德嘉，《鳳山縣採訪冊》，頁 276。

29 道光 12 年（1832）張丙事變後，曾遭到官方的強烈鎮壓，捕殺六堆總副理李受、曾偉中等 106 人。周凱，〈記臺灣張丙之亂〉，載《內自訟齋文選》（臺北：臺灣銀行經濟研究室，1960），頁 42。松崎仁三郎，《嗚呼忠義亭》，頁 115。

六堆忠義祠中，還藏有幾塊清後期的結盟碑，如同治 8 年（1869），八老爺莊（今潮州鎮八爺里）捐錢後便「忝入義民，永結同心。倘日後賊匪擾亂，亦不得反悔，藉端致擾滋事。」[30]加入六堆客語群體的聯盟，便等於擠入了「義民」的行列，雖然要承擔捐派的義務，但至少不用擔心被六堆視爲「賊匪」而加以衝擊。

在內埔天后宮建立近 60 年後，緊靠旁邊又建立了一座小小的昌黎祠。這是拜祭唐代文學家韓愈的地方，也是六堆士紳延師講學、培養後進，追逐科舉功名的地方。在清帝國的王朝體制之下，科舉是最重要的晉身之階，是身分和地位的象徵，而能否參加科舉考試，和戶籍制度有著密切關係，在向王朝爭取學額的過程中，也塑造著其身分認同的觀念。「粵民流寓在臺年久入籍者，臺屬四邑均有戶冊可稽；緣係隔省流寓，恐占閩童地步，是以攻擊維嚴。」[31]六堆地區粵籍人士爭取學額的鬥爭，可謂頗爲激烈；其逐步取得考試權利，並有保障名額的過程，與其充當朝廷義民的歷史實際上息息相關。大的事變過後，便會發現府學學額中「粵籍」人數的上升。粵籍中舉人名額的取得，則是道光 8 年（1828），因粵籍生員人數已經超過百人後才設立的。[32]六堆地方人士成功之後，頗爲得意地稱，「非我粵諸前輩各昔賢，從公向義，屢奏膚功，亦不及此。」[33]顯然也是認爲這和他們充當朝廷義民的歷史有莫大關係。

爲了這一粵籍舉額，資助考生赴福州考試的路費，六堆人士發起捐題，於

---

30 〈忠義亭碑〉，載《臺灣南部碑文集成》，丙，〈其他（下）〉，頁 700-1。

31 〈臺灣府儒學〉，載范咸，《重修臺灣府志》（臺北：臺灣銀行經濟研究室，1961），卷 8，〈學校〉，乾隆 11 年（1746），頁 272。

32 〈禮部爲內閣抄出閩浙總督孫爾准等奏移會〉，載《台案匯錄丙集》（臺北：臺灣銀行經濟研究室，1963），卷 6，75，頁 223-4。

33 《臺灣私法人事編》（臺北：臺灣銀行經濟研究室，1961），第 1 章，第 2 節，第 3 款，〈神明會及父母會〉，頁 300-1。

道光 9 年（1829）成立了科舉會，這是六堆組織背後最重要的財產機構。[34] 他們又建立一個供士紳講學與子弟讀書的地方，即前述之昌黎祠。[35] 清代鳳山縣粵籍總共出了 3 位進士（占全縣一半），20 位舉人（更占全縣 5/7），[36] 顯示出該地科舉的成功。顯然在王朝體制下，除了「義民」的身分之外，獲得科舉功名也是六堆地方人士提升社會地位、納入國家正統的重要方式。

由以上的描述不難看出，義民是六堆地方社會建構的核心符號，也是其爭奪社會資源時可供利用的資本。其背後體現的是與清王朝國家制度及禮儀的關係。直至清末，他們仍是清政府仰賴的重要民間軍事力量。然而，這一符號與國家的長久關係，卻由於甲午戰爭中清王朝的失敗而中斷。隨著 1895 年臺灣割讓日本，地方人士面對的是如何與新日本統治者，及殖民母國文化體系打交道的問題。只有明白這一變化，才能明白「忠義」符號政治與文化意涵的轉變。儘管如今的忠義祠內，已經沒有日治時期的遺物，但是從它曾經供奉在祭臺上、而後來又消失了的神牌中，仍可一窺六堆在日本時代經歷的歷史變化。

三、從大清義民到天皇子民

1895 年 10 月近衛師團在南部登陸時，與六堆的義勇正面交鋒，經過激烈的戰鬥，六堆不敵日軍的武器精良，損失慘烈。[37] 早在登陸之前，日本人已經

---

34 〈會費充作學資〉，《漢文臺灣日日新報》，1906 年 1 月 27 日，第 4 版；《臺灣土地慣行一斑》，第 3 編，頁 40。

35 盧德嘉，《鳳山縣采訪冊》，丁部，〈規制〉，〈祠廟〉，頁 183。

36 鍾壬壽，《六堆客家鄉土誌》，頁 191。

37 J. W. Davidson 著，蔡啓恒譯，《臺灣之過去與現在》（臺北：臺灣銀行經濟研究室，1972），頁 252。具體過程見日本參謀本部編《明治廿七八年日清戰史》與臺灣總督府警務局編《臺灣總督府警察沿革誌》，臺灣學者已經將其翻譯並更名為《攻臺戰紀》與《臺灣抗日運動史》出版。

知道南部有客家反抗勢力存在，來自六堆地區的頑強抵抗更令日本人印象深刻，從而對其社會組織和族群都產生了強烈好奇。在接收前後的文獻中，我們可以看到日本殖民政府交替使用「客家族」、「粵人」這兩種基於不同分類方式的指稱，前者源於西文文獻的影響，後者則來自中文。儘管近代人種學與語言學對於殖民政府的人群分類不無影響，但最終回到了清代的分類體系，在日後臺灣總督府進行的人口調查中，「廣東」作爲種族的一個類別被登記下來，與「福建」共同構成了臺灣漢人的兩大種族別。[38] 然而這個貌似省籍的人群分類標籤，背後卻是按照語言爲標準分類的，至少在南部地區，其族群性遠大於地域性。

在六堆抗日舉動失敗後，六堆大總理邱鳳揚、左堆總理蕭光明等，先後向日軍表示歸順。[39] 在隨後地方社會秩序重整的時期，日本殖民政府和六堆地方士紳都積極地試圖利用「忠義」符號，建立地方和新國家的關係。日本軍隊和地方政府大力強調日本從清廷手中接收臺灣的合法性，呼籲地方人士將忠義的對象，轉移到新政權身上。1896 年即有民政局官員巡視該地，召集六堆大總理及各堆總理談話，當時是一個緊張區分「土匪」的年代，據說在日人中有「土匪之稱義民而抵抗官軍者，非自今日始。」而當時的六堆總理們則表示，「六堆之民有自古稱義民之事，則係扶助官軍而戰者，爲清朝忠義之民；今爲日本之臣民，則豈非成爲日本忠義之民乎？」[40] 顯然，士紳已在用此符號表達了對

---

38 《臨時臺灣戶口調查記述報文》，明治 38 年（1905）（臺北：臺灣總督府，1909），頁 19。

39 《臺灣總督府檔案中譯本》，第 5 輯，明治 28 年乙種永久保存，第 14-9 卷（南投：國史館臺灣文獻館，1995），頁 474；曾彩金總編纂，《六堆客家社會文化發展與變遷之研究》，第 11 篇，〈人物篇〉，頁 96；松崎仁三郎：《嗚呼忠義亭》，頁 228-31。

40 陳怡宏譯注，〈《後藤新平文書》選譯：《臺灣之土匪》〉，《臺灣風物》，第 51 卷，第 2 期（2001 年 6 月），頁 13-46。

新殖民政府的忠誠。地方官員也極力「熙政洽化」，大力支持重興忠義亭的祭
典活動。[41]

　　1898 年底爆發的潮州事變，令六堆地區的反抗勢力再次引起殖民政府的
注意。兒玉源太郎在 1898 年出任總督以後，治安有所好轉，六堆地區採取合
作態度的幾位豪農、士紳，也被延攬擔任縣、廳參事。[42] 然而，1898 年底，
來自六堆地區萬巒、四溝水、五溝水、新北勢等莊的粵人，因對總督府徵收家
稅等措施不滿，聯合閩人及平埔族群攻打潮州辦務署，殺署長瀨戶晉等日人而
去。[43] 在日本員警強烈鎮壓這些「土匪」後，爲了安撫地方，進行全島巡視的
兒玉源太郎也特意抵達忠義亭，與當地士紳面見。據說當時他還曾要求隨行人
員拿梯子，要拔去忠義亭屋簷上的草，以彰顯他對「忠義」精神的重視，讓在
場眾人頗爲惶恐。[44]

　　潮州事變被鎮壓之後，忠義亭中供奉的清帝牌位不但顯得不合時宜，更有
威脅殖民統治的意味了。總督巡視之後不久，地方即製作了一面「天皇陛下
萬萬歲」的神位，1900 年 10 月舉辦盛大的奉置式典，總督兒玉源太郎特給與
二百圓的祭祀費，南部各級日籍殖民地官員出席以示支持。清帝牌位的取消，
使得原先通過祭拜大清皇帝表彰義民身分的六堆人士，此後改向天皇叩首，從

41 臺南縣公文類纂，明治 30 年（1897）永久保存，內務門庶務部，第 111 卷，第 9770 冊；
　〈嗚呼瀨戶君〉，《臺灣日日新報》，1899 年 2 月 5 日，第 1 版。

42 最早為 1898 年 9 月任臺南縣參事的李廷光（萬巒莊），其後為任阿猴辦務署參事的
　火燒莊邱鳳祥、內埔莊鍾晉郎二。其後六堆士紳擔任參事情況，可參見吳文星，《日
　據時期臺灣社會領導階層之研究》（臺北：正中書局，1992），頁 72-86。

43 臺灣總督府陸軍幕僚編，《臺灣匪魁略歷》（出版地、出版年不詳）；臺灣總督
　府警務局編，王洛林總監譯，《臺灣抗日運動史》（臺北：海峽學術出版社，
　2000），第 3 冊，頁 806-10。日本殖民政府眼中的「匪首」，是該地著姓大族的成員，
　先祖都有充當清廷義民的歷史，部分也只是由於對日本殖民政府的稅收政策不滿。

44 〈電報總督一行の消息〉，《臺灣日日新報》，1899 年 11 月 1 日，第 2 版；〈電
　報南巡紀程〉，《臺灣日日新報》，1899 年 11 月 2 日，第 3 版。

而表明在國家認同上的徹底轉變。此後直到 1920 年，每年祭祀，六堆所屬的阿猴廳廳長都會親自奉出幣帛，附近學校的兒童都會來此參拜天皇，領受供物。[45]1912 年日本明治天皇過世後，全臺各地也都展開了紀念活動，六堆地區也不例外。當年，忠義亭的祭祀禮儀中最大一筆開銷（24 圓），便花在了遙拜明治天皇上；1914 年，地方人士更製作了一面書有「明治天皇御尊靈」的牌位，供奉在「天皇陛下萬萬歲」之側。[46] 以至於戰後 1956 年的屏東地方誌稱其「至日據時代，被侵占為明治祀所，一時則盡失忠義亭之原意。」[47] 通過這一系列禮儀變革，六堆的義民已經是天皇之下的忠義之民了。

　　經過日治初期的折衝樽俎，忠義亭已經跨越了與清帝之間近兩百年的承諾，成爲表達與殖民政府關係的場所。殖民地的變革不僅影響到禮儀，更影響到六堆地區財產組織的運作。由於政權轉移之後，地方人士已經無法參加科舉考試，六堆科舉會亦陷於困頓。不過 1898 年之後，仕總督府的教育政策鼓吹之下，六堆地區在後堆內埔、左堆茄苳腳、右堆瀰濃、先鋒堆萬巒地區等陸續建立近代學校，用地與經費需由該地區人民負擔，六堆科舉會的財產便成爲新式學校建校時經費來源之一。[48] 由此，在六堆軍事組織的運作已是明日黃花的背景下，六堆科舉會維持運作便頗具象徵意義，顯示出六堆之間的聯結關係依舊存在。

　　除了忠義亭和科舉會，更爲地方層面的忠勇公拜祭，也陸續受到殖民政府

---

45 松崎仁三郎，《嗚呼忠義亭》，頁 253-8。

46 〈祠廟所有地賣渡許可願〉，《臺灣總督府公文類纂》，第 5630 冊 10 號，1913；松崎仁三郎著，鍾孝上譯，《嗚呼忠義亭》，頁 173。

47 盧清武編，《高屏古今史蹟》（臺中：光復雜志社，1956），頁 187。

48 如 1899 年開始建的瀰濃公學校，便從科舉會中每年抽調 50 圓作為維持費。《美濃鎮志》（上）（高雄：美濃鎮公所，1996），頁 406；〈會費充作學資〉，《漢文臺灣日日新報》，1906 年 1 月 27 日，第 4 版。

禮儀的影響。日本自明治以來，便有為尊王攘夷以降志士的「英靈」設立招魂社（場）的傳統。[49]隨著殖民的步伐，也將這一傳統帶入臺灣，在各地為犧牲、病逝的日人設立招魂碑祭祀。1905年，蕃薯藔廳（右堆大部分地區在其轄內）在官署旁邊的鼓山建築公園，並設立招魂碑，紀念領臺之後因土匪和蕃害而死的33人（幾乎都是日人），每年11月舉行招魂祭典。[50]因廳內閩籍的旗尾莊、粵籍的大路關莊各建有義勇公廟，拜祭清代械鬥死亡者，日本地方官員決定廢其舊廟，令二莊將靈位一起埋在蕃薯藔廳，立大石碑（上刻「鍾靈獨厚」四大字），希望閩粵兩籍人士一同拜祭以化解夙怨。[51]同時碑中將各莊從事開圳、教育等事業的士紳列出，以鼓勵進入帝國版圖的地方士紳和睦共處，促進公共利益。[52]對日本統治者而言，同設一閩粵合祀的祭祀場所，無疑是可以化解雙方對立的一項舉措，與招魂碑上傷亡的日人比鄰而居，更有帝國之下不同種族之民禮儀同化並存的效果。

若說上述舉動還是殖民政府的一廂情願，到日治中期，接受了殖民政府高等教育的六堆人士，便已經主動地利用殖民母國的文化形態符號，表達對殖民政府的認同了。1925年，左堆佳冬莊莊長蕭恩鄉，也就是1895年日軍武力接收臺灣時左堆總理蕭光明之孫，在佳冬莊內建立起一座忠魂碑，祭祀在1895

---

49 蔡錦堂，〈台湾の忠烈祠と日本の护国神社・靖国神社との比较〉，臺灣史研究部會編，《台湾の近代と日本》（名古屋：中京大學社會科學研究所，2003），頁335-357。

50 《南部臺灣》（臺北：成文出版社，據1911年南部物產共進會協贊會編本影印，1985），頁192；《最近の南部臺灣》（臺北：成文出版社，據1923臺灣大觀社本影印，1985），頁147。

51 〈廢祠立牌〉，《漢文臺灣日日新報》，1905年11月8日，第6版；〈鼓山招魂碑〉，明治38年（1905）9月，高雄縣旗山鎮公所前。

52 〈精忠護國銘記〉，明治41年（1908）6月，何培夫主編，《臺灣地區現存碑碣圖誌》，高雄市、高雄縣篇（臺北：中央圖書館臺灣分館，1995），頁135-6。

年左堆茄苳腳之役中死傷的日軍（要知道和他們作戰的正是蕭家爲首的地方人士）。[53] 當時，地方拜祭忠勇公的財產組織褒忠會仍運作如常，土地出租的收益用於「忠魂孤碑的祭祀」等。[54] 兩套不同文化體系下產生的禮儀，同時在地方運作，兩者的拜祭對象中可能包含了曾對立的雙方。無論如何，前者卻使得佳冬莊成爲官商雲集拜祭之地，蕭恩鄉日治後期也成爲在臺灣總督府行政體系中任職最高的六堆士紳，顯示出禮儀背後的政治性功能。[55]

四、忠義亭的沒落

進入日治中葉以後，隨著地方制度的變革，忠義亭在地方禮儀中的重要性顯著下降。其中一個理由，在於來自日本殖民母國的天皇符號，已經不再是忠義亭的專利了，而是透過日本佛教的力量，向地方傳統廟宇滲透。日本佛教臨濟宗妙心寺派，早在日治上半葉便積極地在臺灣南部活動，試圖扮演風俗改易、教化人心的功能。本地的廟宇則可以透過它們的仲介，取得天皇的聖壽牌供奉在廟中，從而提高其在殖民母國文化體系中的地位。在這一背景下，1920 年 1 月，右堆美濃地區的朝元寺也「沾沾皇化」，取得大正天皇的「聖壽無窮」金牌，次年逢一周年紀念，旗山、潮州、屏東各郡官員，鄰近各莊莊長等 400 餘人舉行祝典。[56] 包括地域信仰中心內埔天后宮在內的一些地方廟宇，在日治中期也

---

53 本田喜八等編，《高雄州地誌》（臺北：成文出版社，據昭和 5 年（1930）版影印，1985），頁 351-2。

54 高雄州役所編，《昭和 3 年高雄州管內概況及事務概要》（高雄：高雄州役所，1929），頁 118。

55 〈高雄州蕭恩鄉氏新任祝賀會〉，《臺灣日日新報》，1932 年 10 月 26 日，第 3 版；〈府評議會員半數至七日午後決定，新任保田白勢蕭三氏〉，〈蕭氏略歷〉，《臺灣日日新報》，1935 年 11 月 9 日，第 4 版。

56 〈聖壽尊牌祝典〉，《臺灣日日新報》，1921 年 2 月 2 日，第 2 版。

掛名成爲日本佛教臨濟宗的聯絡寺。[57] 由此，地方禮儀的天平便開始失去了平衡，曾經獨一無二的忠義亭，如今只是眾多拜祭天皇牌位廟宇中的一個了。

第二個理由，則與地方新經濟及文化形式的發展有關。第一次世界大戰爲日本和殖民地臺灣帶來空前景氣，以稻米生產爲主的六堆地方社會經濟也有很大發展。1920 年代之後，以出口爲導向的香蕉產業更盛極一時，富有的地方人士建祠堂、修族譜，忠義亭卻日漸荒蕪廢積，不但右廊倒塌，亭內也給「芭蕉容器講習所」所占用。[58] 同時，1920 年代後期六堆地區也興起了六堆聯誼網球比賽，地方行政機關和都市地區的學子成爲活動的主力，他們嚮往的是前往臺北，甚至日本東京參加規模更大的比賽，早已無暇關心傳統忠義亭的命運了。[59] 而此時臺灣北部新竹枋寮的褒忠亭，土地財產達 60 餘甲，是全臺寺廟廟產最豐的廟宇。[60] 每年祭典均規模盛大，官商雲集，報紙也不吝報導，與南部的寂寥形成了強烈的對比。

在日治下半葉，不是沒有重新振興忠義亭的聲音，但是最主要的發聲者其實是日本人，理由則與日本國內教育思潮的影響有關。1931 年「九一八事變」後，日本國內鄉土教育思潮興起，受此影響，內埔公學校校長松崎仁三郎調查研究忠義亭的史蹟，試圖將忠義亭塑造成地方教化的中心殿堂。[61] 他將義民的事蹟，類比於日本歷史上幕府時代末期的四十七義士，[62] 將忠義精神，視爲日

---

57 臺南市德化堂藏臨濟宗妙心寺派聯絡寺廟名冊，引自王見川、李世偉，《臺灣的寺廟與齋堂》（臺北：博揚文化事業有限公司，2004），頁 240-3。據王見川推測，此份資料出現的時間爲大正年間。

58 松崎仁三郎，《嗚呼忠義亭》，頁 252。

59 松崎仁三郎，《嗚呼忠義亭》，頁 285。

60 丸井圭治郎，《臺灣宗教調查報告》（臺北：捷幼出版社，據 1919 年版重印，1993），第 1 卷，頁 65-6。

61 松崎仁三郎，《嗚呼忠義亭》，頁 291-3。

62 四十七義士即赤穗大名淺野侯的 47 位武士，淺野侯因被另一大名吉良侯愚弄，而在

本武士道精神的精髓。四十七義士曾對元祿時代（1688-1704）以降的士氣人心影響深遠。明治天皇還遣敕使到他們的墓地所在泉嶽寺頒布敕語，特別嘉獎其感奮人心的忠節精神。[63] 在松崎看來，當時社會動蕩，思想動搖混亂，此時來崇祀忠義亭，懷念祖先功勳，祭拜「天皇陛下萬萬歲」的神牌，對於思想淨化、民風作興的目的，必然有莫大裨益。不過，隨著臺灣日益被捲入戰爭影響，對鄉土的熱情讓位於皇國臣民的塑造，神社的營造被大力提倡，1934 年還提倡「一街莊一神社」。[64] 中部各堆所屬的潮州郡，在 1936 年建成潮州神社，地方人士負擔了大部分費用；1936 年在左堆佳冬地區建成的佳冬神社，是全臺僅有的 6 所建在街莊的神社（其他多半是建在郡的辦公地點）。[65]

　　1937 年中日事變爆發後，臺灣進入所謂的「皇民化運動」時期，日本殖民政府試圖將臺灣殖民地人民，改造成日本皇國的臣民。高雄州是推行這一運動頗為著力的地區，而又以潮州郡尤為激烈，各地的神祇崇拜都要廢止，寺廟要進行「整理」。當時擔任內埔莊助役（副鄉長）的黃丁郎記載「及其執行也，命令各部落會長（村長）將各廟宇之神像、木主，以員警派出所為單位，集中一所，當空舉行一次右之日『升天祭』後，將之毀化，中有石刻、泥塑之神像，概作囚徒，解送郡役所（光復後之區署），狼藉一室。」[66] 內埔天后宮

幕府將軍殿上拔刀，被視為不忠而剖腹自殺。變為浪人的 47 人拋棄一切，殺死吉良侯後集體剖腹自殺。見《四十七士物語》。

63 松崎仁三郎，《嗚呼忠義亭》，頁 286-7。

64 昭和 9 年（1934），臺灣總督府與中央教化團體聯合舉辦臺灣社會教化協議會，擬定「以神社為地方教化之中心，普及奉祀神宮大麻」的宣言，臺灣總督府文教局社會課編，《台灣に於ける神社及宗教》（臺北：臺灣總督府文教局社會課），1943。

65〈外苑と惟神館皇紀2600年記念事業に，潮州神社へ奉納計畫〉，《臺灣日日新報》，1939 年 2 月 15 日，第 5 版；蔡錦堂，〈日本據臺末期神社的建造：以「一街莊一社」政策為中心〉，《淡江史學》，第 4 期（1992 年 6 月），頁 211-24。

66 黃丁郎，《歲寒松柏》（內埔：自印本，1980），頁 121。。

的媽祖神像，即在此時被解送到潮州郡役所。[67] 在這一浪潮下，本地廟宇多受
影響，忠義亭也面臨被「整理」的命運，由於地方人士的反對，廢除一事遂
息。[68] 當時很多廟宇爲了自保，紛紛投靠日本佛教，1939 年末，內埔士紳鍾
幹郎等人，即計劃將內埔天后宮改成純日本式的寺廟，稱臨濟宗妙心寺。[69] 不
過到了 1940 年，臺灣總督長谷川清時代，放棄了寺廟整理的政策，並在 1941
年爲北部新竹枋寮的褒忠亭頒匾「盡忠報國」，[70] 可見殖民地統治者放棄了從
文化上改造本島人的努力，而轉向更爲實際的、皇國臣民的「增產報國」（在
六堆地區主要是糧食的增產）舉措。

中日戰爭爆發後，不少地方人士被徵召爲日本軍隊的軍夫、軍屬及志願
兵，成爲向日本殖民政府效忠的皇國臣民。1943 年第一次志願兵徵集，中部
各堆所屬的潮州郡下應徵人數竟超過人口數的 20%，[71] 雖然不能以此說明當地
人的「志願」程度，但至少是在當時地方強力動員機制下，所作出的全民支持
的姿態。除了殖民政府行政機構主導的各種地方社會組織（除了保甲外，還有
民風作興會、農事實行組合及皇民奉公會等）的大力動員，日治末期的家族嘗
會組織，也會對充當軍夫、軍屬或志願兵的族內子弟進行獎勵。[72] 這些人死亡
後要舉行公共性質的「莊葬」，禮儀以神道儀式舉行。[73] 成爲日本的國家禮儀
承認的身分。

---

67 鍾壬壽纂修，《六堆客家鄉土誌》，頁 319。

68 黃丁郎，《歲寒松柏》，頁 121-3。

69 〈潮州に妙心寺，媽祖廟を改稱〉，《臺灣日日新報》，1939 年 12 月 27 日，第 5 版。

70 賴玉玲，《褒忠亭義民爺信仰與地方社會發展：以楊梅聯庄為例》，頁 60、67。

71 〈十二萬四千，高雄州の受付數〉，《臺灣日日新報》，1942 年 3 月 12 日，第 4 版。

72 《謝艮申伯公嘗始祖簿 7 戶合計總簿》（猶他家譜中心，卷號 1418716），1934-
71，內埔 18；〈賴顏祖妣嘗設立委員會決議錄〉，1944 年 3 月 20 日，《賴姓宗祠
派下關係委員會議事錄》（猶他家譜中心，卷號 1411050），佳冬鄉賴家村，1951-
84，佳冬 8。

73 〈內埔〉，《臺灣日日新報》，1941 年 4 月 5 日，第 3 版。

　　忠義亭是被排除在殖民地以神社為中心的國家禮儀之外的，在對天皇效忠的臺籍日本兵拜祭中，是否也毫無角色呢？根據戰後的記載，忠義亭正殿供奉的神牌中，曾有一面「日本敕封六堆歷代忠勇義士暨列公神位」，[74] 對比日治中後期，廟正中神臺上曾有「敕封六堆歷代忠勇義士神位」，[75] 猜測這面神牌可能是戰後才製作的，但可以肯定在某個短暫的時期內，忠義亭曾經拜祭日本國家名義下的義民。這顯然是光復後統治臺灣的國民政府最不願見的，去除皇民化運動的影響，用三民主義建設臺灣，成了戰後初期的基調。國民政府遷台後，臺灣更成了「反共抗俄」的基地，也成為能直接發揮國家話語的地域。在這一背景下忠義亭重修改為忠烈祠性質的廟宇，日本義民牌位便徹底消失了。地方社會曾經鼓勵自己的子弟充當效忠天皇的「義民」，讓他們成了忠義亭中短暫的祭祀對象，此時便被戰後重寫的歷史所故意遺忘。

五、從忠義亭到忠義祠

　　在 2014 年初六堆忠義祠全面改換牌位之前，正殿曾供奉著十餘面神牌，正中間一面上書「中華民族列祖列宗神位」，[76] 後側是明代以來（儘管客語群體大規模移民該地是清初的事）的地方開發者、歷次事變中犧牲的義民及抗日烈士的神牌；右側是歷代六堆總副理及隨國民政府遷臺的陸軍上將羅卓英的神位，左側則是為該祠獻贈土地及財產的張士輝及六堆科舉會、忠勇公會等組織的牌位。這些神牌，也是廟宇的拜祭對象、地域社會組織和土地財產的綜合，

---

74 鍾桂蘭，〈祠廟〉，1954 年；收入鍾桂蘭、古福祥纂修，《屏東縣志》（據1954-1971 年修輯之《屏東縣志稿》及排印本《屏東縣志》整理合編影印）（臺北：成文出版社，1983），頁 1080-1。

75 松崎仁三郎，《嗚呼忠義亭》，頁 259-60。

76 1956 年重修時為「中華民國萬歲」牌。鍾壬壽，《六堆客家鄉土誌》，頁 134。

仿佛是整個漢人移居臺灣社會歷史的再現。

　　六堆忠義祠內可見的文字記錄，幾乎都是 50 年代重修之時的產物。在正殿正上方，高懸著總統蔣介石題寫的「民族正氣」牌匾，四周環繞著副總統陳誠、司法院院長王寵惠、立法院院長張道藩、監察院院長于右任、考試院院長莫德惠題寫的牌匾。一進去，樑柱上北側正中為何應欽（總統府戰略顧問），兩側為臺灣省主席周至柔與臨時省議會議長黃朝琴題寫的牌匾，南側則懸掛著高雄縣縣長陳皆興、屏東縣縣長林石城的題匾。在大門兩側，分別是丘念台（總統府資政及國民黨中央常務委員）、薛嶽（上將、總統府略顧問）題寫的柱聯，及羅卓英（陸軍上將）撰寫的《六堆忠義祠史略》等。這一格局，仿佛是將整個國民政府的行政體制，都煌煌陳列眼前。這些題詞拱衛如儀，向神牌上供奉的列位義民致敬，展現出來的實際上是國家祀典格局。[77] 這一禮儀的形成，與國民政府時期歷史的重塑有直接關係。[78]

---

77 在國民政府遷臺後短短 3 個月餘後，即 1950 年的革命先烈紀念日（3 月 29 日），在由臺灣神社改成的圓山忠烈祠，舉行了盛大的國家祭典，紀念革命先烈暨春祭抗日戡亂陣亡將士及死難同胞，總統蔣介石率五院院長、文武百官及海陸軍官等出席。中華民國史事紀要編輯委員會編，《中華民國史事紀要（初稿）》（臺北：中華民國史料研究中心，1964），1950 年 1-3 月，頁 712-3。

78 關於 3 月 29 日（即黃花崗 72 烈士紀念日）與中華民國歷史記憶的建構，見 Henrietta Harrison, *The making of the Republican citizen, political ceremonies and symbols in China*, 1911-1929（Oxford: Oxford University Press, 2000），152-4. 關於忠烈祠與抗日歷史的關係，見蔡錦堂，〈台湾の忠烈祠と日本の护国神社・靖国神社との比較〉，臺灣史研究部會編，《台湾の近代と日本》（名古屋：中京大學社會科學研究所，2003），頁 335-357。

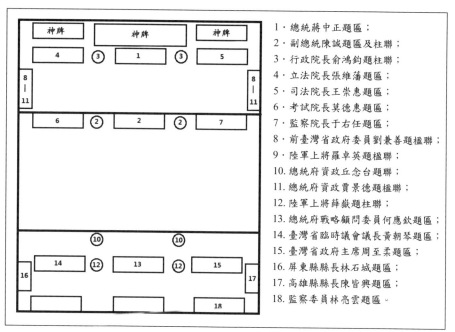

右側文字說明：

1 · 總統蔣中正題區；
2 · 副總統陳誠題區及柱聯；
3 · 行政院長俞鴻鈞題柱聯；
4 · 立法院長張維藩題區；
5 · 司法院長王崇惠題區；
6 · 考試院長莫德惠題區；
7 · 監察院長于右任題區；
8 · 前臺灣省政府委員劉兼善題楹聯；
9 · 陸軍上將羅卓英題楹聯；
10. 總統府資政丘念台題聯；
11. 總統府資政賈景德題楹聯；
12. 陸軍上將薛嶽題柱聯；
13. 總統府戰略顧問委員何應欽題區；
14. 臺灣省臨時議會議長黃朝琴題區；
15. 臺灣省政府主席周至柔題區；
16. 屏東縣縣長林石城題區；
17. 高雄縣縣長陳皆興題區；
18. 監察委員林亮雲題區。

圖2：六堆忠義祠內50年代重修後各級官員題區

　　1945年，隨著日本結束在臺灣51年（1895-1945）的殖民統治，國民政府祭祀忠烈的國家禮儀開始在臺灣各地推展開來。「自臺灣光復以後，臺澎各地，到處都在設立忠烈祠，表彰忠義」，[79] 從而將臺灣地方社會納入中華民國的正統中來。與傳統帝國後期，為王朝所承認的正統神明取代地方神明的「標準化」過程相較，似乎戰後的臺灣地方社會也經歷了一個「標準化」的過程。[80] 這些

---

79 重修六堆忠義祠發起人代表同仁啓，〈重修六堆忠義祠緣起〉，1951年8月16日，鍾壬壽，《六堆客家鄉土誌》，頁128。

80 James L. Watson, "Standardizing the Gods：The Promotion of Tien Hou （Empress of Heaven） along the South China Coast, 960-1960", in David Johnson, Andrew Nathan and Evelyn Rawskil, eds., *Popular Culture in Late Imperial China*（Berkeley: University of California Press, 1985）, 292-324.

忠烈祠，大部分是日治時期日人所遺留下來的建築，更有不少直接由日本神社改建而成，其他的各類廟宇也在向國家話語靠攏。[81] 位於屏東縣竹田鄉西勢村的忠義亭，便是在這一背景下，改建成一座具有忠烈祠性質的廟宇——六堆忠義祠。

　　早在國民政府接收之後不久，日治後期最有勢力的一批士紳，[82] 拉入先祖有抗日之光輝形象的邱福盛（1895 年日本登臺時抗擊日軍的六堆大總理邱鳳揚之孫），在六堆士紳中積極聯絡，於 1946 年 4 月在西勢國校召開六堆民眾大會。這次大會是六堆地方人士在國民黨政府來台後，二二八事件發生前，最重要的一次集會。與會者當場決定組建「六堆愛國聯誼會」，選出 36 名委員，理事主席為邱福盛，宗旨為「推進六堆文化之向上，提高愛國精神。」[83] 當時任國民黨臺灣省黨部主任委員的丘念台，曾到場演講其父丘逢甲、唐景崧及臺灣民主國的抗日事跡，既凸顯了家世淵源，也彰揚了六堆的抗日功績。對於日治後期「皇民化運動」浸染 8 年的地方鄉村來講，這無疑是一種新的地方歷史敘述方式，在日治時期被故意忘卻的一段本地歷史，如今被一個外來高層人士重新詮釋，變成此後本地集體表述的內容。至於那些日治時期與殖民政府合作的歷史，便隱而不提了。

---

81 〈改建忠烈祠，日人時代護國神社〉，《民報》，1946 年 5 月 22 日，第 2 版；〈奉安典禮委員決定，新竹縣忠烈祠〉，《民報》，1946 年 6 月 5 日，第 2 版；《臺灣省通誌》（臺北：臺灣省文獻委員會，1970），卷 1，〈土地志〉，〈勝蹟篇〉，頁 6、36、86、813；臺灣省行政長官公署檔案，第 2857 卷，頁 4-17；蔡平立，《澎湖通史》（臺北：眾文圖書公司，1979），頁 1007；傅朝卿，《一種傳科權力技術的歷史性建構：從臺灣日治時期神社到戰後忠烈祠》（成功大學建築系碩士論文，2001），頁 55。

82 在曾任臺灣總督府評議員的鍾幹郎（此時負責將原食糧營團高雄支部財產造冊移交政府），及佳冬醫師林其謙（妻子己生妹為鍾幹郎同父異母之妹）等人的支持下，由留日青年劉紹興（萬巒鄉五溝水人，岳父為林其謙）、戴阿麟（佳冬鄉昌隆莊人，其叔祖戴旺春 1899 年、伯父戴阿丙 1909 年分別獲佩臺灣總督府紳章）為首，負責聯絡。

83 鍾壬壽纂修，《六堆客家鄉土誌》，頁 125、148。

　　不久臺灣發生「二二八事變」（1947 年 2 月），隨國民黨政府來臺的外省人和被稱為本省人的臺灣民眾之間的衝突尖銳化，各主要城市實行清鄉，全臺局勢相當緊張。[84] 這一事件對臺灣社會影響深遠，事變前後的社會氣氛有很大分別。從內埔天后宮與昌黎祠在這一時期之後的活動中，依稀可見二二八事件後地方社會的氛圍。1947 年（具體何月不詳，猜測為此次事件之後），以內埔鄉長鍾梅貴等五人為代表，呈請上級政府核准歸還日治後期的皇民化運動中，被解送到潮州郡役所的天后宮神像。在當時風聲鶴唳的氣氛中，送返神像一事顯然不具急迫性，但是，地方人士通過急切地重歸中國宗教傳統，來表達對新政府的認同的用意卻不言可喻。隨著神像返廟，當時短期內就募得台幣近 350 萬元，迅速重修告竣。[85] 天后宮隔壁的昌黎祠，當年冬也「糾合眾莊人士發起改築復舊」，廟內現在還懸掛著當時由高雄縣長毛鎮寰題寫的匾額「嶺南師表」。[86] 縣長的題詞未見於天后宮與忠義亭，卻只見於規模狹小的昌黎祠，也顯示只有代表中國儒教文化正統的符號，才是當時官方可以接受和鼓勵的。

　　當時，在整個臺灣社會疑慮不安的氣氛中，六堆愛國聯誼會的活動也格外積極。1947 年 11 月，籌備委員會再次召開會議，此次會議主要內容在於將圍繞忠義亭的幾個財產機構下的財產，轉移作忠義亭重修之用。六堆科舉會管理人、佳冬鄉的蕭信棟（蕭恩鄉堂兄）表示願意將該會財產全部捐出；會議又派人到內埔要求忠義亭會管理人劉詒堂交出所管財產，財產的轉移反映的是地方

---

84 行政院研究二二八事件小組，總主筆賴澤涵，《二二八事件研究報告》（臺北：時報文化出版事業有限公司，1994）。

85 劉正一，《六堆內埔天后宮沿革誌》（六堆內埔天后宮、昌黎祠管委會刊印，2001），頁 26。

86 毛鎮寰是實施地方自治前，高雄縣第三任縣長（任期為 1947 年 9 月–1948 年 10 月）；他是廣西富川人，日本東京商科大學畢業。曾任安徽省霍山縣縣長、臺灣省政府民政廳主任秘書等職。王昭文，《高雄縣政治發展史》（高雄：高雄縣政府，1997），頁 97。廣西富川是講客家話的族群集中之地，很有可能他也是客家人。

權力掌握者的遞嬗，不過要到 1953 年地方土地改革之後，這一轉移才真正實現。1948 年 2 月，六堆愛國聯誼會成立大會暨首屆六堆運動大會在竹田舉辦，此次大會顯示了地方權力從日治時期以來的本土地方士紳，轉移到那些有大陸背景的六堆人身上。最顯著的是日治時期赴大陸就讀軍校並參加抗日的林松德，被選舉為理事長；[87] 與會的還有長期在大陸工作的劉兼善，他是戰後在國民政府中任職最高的六堆籍人士。[88]

在新的國家理論影響之下，地方人士「客家」的身分此時亦被強調，成為國家試圖承認地方原有社會架構的語言，也成為地方合法化其禮儀拜祭活動的方式，只不過昔日的「義民」，在國民政府承認的解釋中逐漸嬗變為「先烈」。

六、忠義祠與客家

在 1948 年的六堆愛國聯誼會成立大會上，臺灣省保安隊長陳孝強也到場，「演講中原客家民族氣節，自古以來，到處發揚中外的事蹟。」[89] 國民政府領臺後，也將在大陸形成的客家民系理論帶入臺灣。這一理論的形成，與大陸清末至民國時期的政治變化息息相關，乃 19 世紀末 20 世紀初，在西方人種觀念及中國民族主義的影響下，廣東地區廣府、潮州、客家三大族群的概念從論證中原漢人族源的爭辯中形成。[90] 可以說近代國民政府的歷史，也是客家人在近

---

87 鍾壬壽，《六堆客家鄉土誌》，頁 125、610。

88 他畢業於早稻田大學政治部經濟科，早在 1920 年便赴廣州，翌年加入國民黨，隨後任蕉嶺縣長、廣東省黨部宣傳、陸軍大學教官等。1945 年被委任為國民黨臺灣省黨部執行委員，之後任省參議員、考試委員與國大代表等。劉兼善，〈自傳略〉，鍾壬壽，《六堆客家鄉土誌》，頁 676-84。

89 鍾壬壽纂修，《六堆客家鄉土誌》，頁 148。

90 程美寶，《地域文化與國家認同：清末以來廣東文化觀的形成》（北京：三聯書店，2006），頁 213-60。

代政治舞臺日益上升的歷史。由於客家人在近代中國革命中扮演的重要角色，客家愛國的説法，便成爲他們塑造客家特性的常見語言。[91]但是在日治時期的臺灣，講客家話的人在種族上被稱爲「廣東族」，尤其在鄉村生活的六堆人，他們是在國民政府接收後，才意識到其「客家」的身分，正是這一身分，才能將它們與血統上是中原漢族的、文化上具有民族氣節的客家民系的理論聯繫起來。

　　在 1949 年國民政府中央機構遷臺之後，中華民國的整個國家體制集中於臺灣。尤其是 1950 年陸軍上將、大埔縣湖寮鄉客家人羅卓英[92]，來臺居於屏東，使六堆地方與中央的距離大爲縮短。[93]當時成立的重修委員會，即由羅卓英擔任顧問，總統府諮政丘念台等亦榜上有名。同時各堆由數人擔任委員，這樣的組合可謂是當時六堆政治精英的集合，幾乎所有鄉鎮長、大部分縣議員都被囊括其中，移居外地成功的六堆人上，也被冠以名譽委員身分。[94]

　　1954 年，「反共救國」、「反共抗俄」成爲國家政策的基調，忠義亭的重修活動也進入實質階段。先是屏東縣議會議員、內埔人劉盛財，[95]在當年 9 月的縣議會上，提案請省政府撥款重修忠義亭廟，以慰忠義烈士英靈。議會審查後意見是送交屏東縣文獻委員會調查事蹟並報請褒獎，及撥款早日修復。[96]

---

91 Sow-Theng Leong（梁肇庭），*Migration and Ethnicity in Chinese History: Hakkas, Pengmin, and Their Neighbors*（Stanford：Stanford University Press, 1997）；程美寶，《地域文化與國家認同：清末以來廣東文化觀的形成》（北京：三聯書店，2006），頁 213-60。

92 羅香林，《客家史料彙編》（香港：中國學社，1965），頁 169。

93 據說羅卓英參與該活動是應居於屏東的邱傳順（邱鳳揚之孫，邱福盛之兄）、邱雙榮的請求，鍾壬壽，《六堆客家鄉土誌》，頁 149。

94 鍾壬壽，《六堆客家鄉土誌》，頁 128-9。

95 日本明治學院經營科畢業，國立臺灣大學經濟系畢業，曾任職學校、金融機構、政府部門等。《臺灣省臨時省議會概況》（臺中：臺灣省臨時省議會秘書處，1959），頁 36。

文獻委員會的負責人正是內埔莊人鍾桂蘭（也是由大陸隨國民政府回臺者），因此全無阻礙。[97] 但其後出現關於重修是否有誣衊革命嫌疑的爭論，有人向黨部投書，認爲民族史觀視朱一貴、林爽文等為革命英雄，而義民則是協助清朝政府鎮壓其起義的協力者，對於是否有必要祭祀國民政府所打倒的滿清義民，成為辯論的焦點。經羅卓英等人的協調，最後由屏東縣黨部裁決，忠義亭得以重修。[98]

　　同年 11 月，因「耕者有其田」政策實施，這一地區原來持有大量土地的各種嘗、會的大部分土地都遭到徵收，換得實物債券和四大公司的股票。忠義亭會土地也被徵收放領，管理人劉詒堂，將換得的實物債券、股票大部分讓出作爲重修資金；[99] 忠勇公會管理人徐雲祥、六堆科舉會管理人蕭信棟、蕭秀利（蕭恩鄉之弟，當時任臺灣省臨時省議會議員）等，也捐出款項，重修的資金基礎遂有了保障。[100] 這裡面既是地方人士財產關係劇變的結果，也是傾向於國民政府的士紳活動協商的結果。

　　羅卓英在重修活動中，不僅是倡議人和募款人，還扮演著將地方禮儀提升至「國家話語」（national discourse）層次的重要角色。1955 年 11 月，他致電當時任副總統的摯友陳誠，向他闡述原委並請求題字，「藉彰先烈，用勵來者，當茲反共抗俄大業開展之際，激勵忠義，詢屬急務。」[101] 陳誠遂立即應允，並題詞「海表英光」。隨著忠義祠重修接近尾聲，不少國民政府中的客家人，

---

96 《臺灣省屏東縣議會第二屆第六次大會議事錄》（屏東：屏東縣議會秘書室，1954 年 9 月），第 6 卷，頁 116。

97 蘇全福，《屏東縣鄉賢傳略》（屏東：屏東縣立文化中心，1997），頁 282-283。

98 鍾壬壽，《六堆客家鄉土志》，頁 281-283。

99 鍾壬壽，《六堆客家鄉土志》，頁 130。

100 1958 年列出的重修經費中，總經費近 49 萬元，其中科舉會捐款達 5 萬餘元，忠勇公會近 3 萬元。《屏東西勢六堆忠義祠概況》（潮州：林長安編印，1989）。

101 鍾壬壽，《六堆客家鄉土志》，頁 282-283。1918 年二人便是保定軍官學校第八期

紛紛題匾以示支持。這些題匾的客家人大多是大陸遷臺後與國民黨政府站在同一陣線的新興權力者，他們有的是來自廣東的客家人，如羅卓英（大埔縣人）、薛嶽（樂昌人）等，在臺灣地方社會沒有根基，也樂於與當地的客語群體建立關係。除上述外，還有在國民政府中擔任高官的臺灣人，如丘念台、黃朝琴兩人，則無疑是當時被執政者視為代表臺灣聲音的一群人，他們取得代表臺灣上層社會的地位，乃隨著國民黨在臺灣的政權穩固的過程中崛興的一群人。重修一事也引起中央機構的注意，總統與五院院長等人均有題匾。不過，蔣介石、于右任、何應欽題詞均是「民族正氣」，這是中央對於各地忠烈幾近格式化的題法，不難理解國家亦將之定位為地方的忠烈祠。

　　1958 年 1 月，六堆忠義祠舉行牌位升座儀式，六堆士紳鍾幹郎、蕭信棟等，同羅卓英等人執義民牌位，並將一面「中華民國萬歲」牌隆重地安置於祠內。[102] 在國家和地方士紳的共同努力下，忠義亭演變成忠烈祠性質的廟宇。羅卓英同時撰寫了《六堆忠義祠史略》，為忠義祠的合法性與正統性作了說明。史略謂，「屏東西勢六堆忠義祠，乃自明季以降三百餘年間，大陸來台人民，墾辟炎服，保障海疆，正義安民，精忠報國，地方紳民建祠崇祀先列，發揚民族精神之紀念祠宇也。」[103] 描述中強調了六堆人士的抗日行動，為「衛國保鄉」之舉，而對歷次民變中的「義民」，也稱之為「先烈」，極力樹立六堆深知「民族大義」的形象。地方社會的歷史資源，被重新闡釋後，塑造出了一個符合國家話語要求的地方形象，背後掩蓋的是新的國家理論努力滌蕩殖民地時代痕跡的歷史。

的同學。此後一生追隨陳誠轉戰南北，是他的忠實部下與得力助手。羅香林，「故陸軍上將羅公卓英行狀」，手寫本，香港大學藏。

102 鍾壬壽，《六堆客家鄉土志》，頁 135。

103 羅卓英，《六堆忠義祠史略》，原碑嵌於六堆忠義祠一進左右壁內。

七、結語：意識模型與禮儀變遷

　　華德英的意識模型理論，是要對中國社會的連續性和差異性提出一個社會學的解釋。她指出各個群體（她的例子是香港新界的漁民）都有著對傳統中國理想模型的想像，通過將自己行為的解釋與這一模型拉近，被視為次文化的群體可以將自己加入到更高級的文化體系中去。[104] 從六堆地方的歷史演變上來說，地方人士和國家打交道的符號「義民」，便很容易和當時的「理想觀念模型」聯繫在一起，而將賊匪的標籤貼在周邊閩人鄰居身上，便是運用「觀察者模型」將其與理想型拉遠的過程。可以說，清帝國的制度和禮儀保障了他們的成功，也合法化了地方人士在移民社會中對各種資源的爭奪。華德英並沒有考慮國家轉變及理想模型轉移，對地方人士行為和心理的深層影響；然而從六堆的例子來看，其影響不僅影響了禮儀的變遷，更影響了認同的塑造。

　　進入近代以後，臺灣兩次經歷政權轉移的過程，使得六堆地方人士必須超越對清王朝的忠義承諾，而將忠義對象轉移到當權的國家身上。雖然理想型中始終有著他們熟悉的忠義成分存在，但是不同的國家制度和意識形態，也導致了他們必須不斷調整地方禮儀的形態，以適應新的變化。清代忠義亭之上，形成了以忠義亭會、科舉會為核心的財產機構，以及地方戰亂時便有效組織的軍事性單位六堆。進入日治時期以後，六堆的軍事性組織消亡，地方人士則透過

---

104 以明清以來的華南地方社會為例，珠江三角洲地區是建立在祠堂與祖先拜祭基礎上的，這既與明王朝在地方建立里甲制度、鎮壓叛亂、試圖建立新儒家正統禮儀的過程有關，也與地方社會在此之前即發生的沙田開發和地權爭奪、士紳士大夫化有關。科大衛、劉志偉，〈宗族與地方社會的國家認同：明清華南地區宗族發展的意識形態基礎〉，《歷史研究》，2000，第 3 期，頁 3-14；劉志偉，〈地域空間中的国家秩序：珠江三角洲「沙田 - 民田」格局的形成〉，《清史研究》，1999，第 2 期，頁 14-24；蕭鳳霞，〈傳統的循環再生：小欖菊花會的文化、歷史與政治經濟〉，《歷史人類學學刊》，2003，第 1 卷，第 1 期，頁 99-122。

忠義亭拜祭對象轉換為天皇，六堆科舉會轉而投資近代學校，從而與殖民政府的「理想觀念模型」拉近；進入二戰時期後，日本殖民政府曾短暫地試圖掃清中國文化的影響，覆蓋上真正的日本理想型，卻最終以未果告終。國民政府接收臺灣後到 50 年代，民族主義成為新的理想型，忠義亭也改為更符合新國家禮儀正統的忠義祠。

　　就六堆地方人士的身分認同而言，儘管清初即有移民社會常見的「土」、「客」之別，西方與日本殖民者也早已確認了「客家」種族的存在，但在國家制度與行政管理層面，「客家」的身分一直是不被強調的，更遑論地方人士的「客家意識」。更多時候，地方人士強調的是以祖籍省分，及移居地地域聯盟組織「六堆」為名的認同。日治時期籍貫被轉化成以語言為基礎的種族概念，六堆便以「廣東種族」的新詞彙，表達其客家族群認同。直到國民政府來臺，「客家」的身分才成為地方人士表述自己作為中華民族成員，從而將自己納入到新政府文化體系的方式。六堆「客家」（不同時期及脈絡下被稱為種族、民系、族群等）地域社會的形成，背後與地方社會運用「客家」的語言，拉近與國家「理想觀念模型」關係有關，地方社會豐富的歷史資源，便經歷了重新解釋的過程。

客家聚落的歷史與再現：
臺灣新竹六張犁的當代鉅變 *

羅烈師

一、前言

　　「到底恁仰形決定著麼？」[1]2012 年初夏，第三屆六家路跑結束後，離開舊居十年的歐吉桑問我，其實也等同問他自己這個艱難的問題。儘管運動後的老老少少男男女女才興高采烈地陸續離開，學院圓樓天井的熱情尚未消散，但這老聚落從前難以想像的盛景似乎無法給予老人家太多的信心。從那頓挫的語調，聽得出來，對於都市計畫之後的拆屋遷居，他本來理所當然的樂觀已消褪將盡，取而代之的是無奈與幾絲不安。那麼，到底當時在區段徵收的都市計畫下，輕離家鄉的決定，對嗎？這是個艱難的問題，我沒有簡單的答案，只能先回顧這六張犁聚落悠遠的歷史，其次梳理近 30 年的變局，最終回到現實，以人文地理、建築、都市計畫及人類學等學者都關心的地方性（locality）與場所精神（spirit of place）觀念，回應老人的問題。

* 本文原刊登於《全球客家研究》，2015，4 期，頁 31-62。因收錄於本專書，略做增刪，謹此說明。作者羅烈師現任國立交通大學客家文化學院人文社會學系副教授。
1 此為海陸腔客家話，意謂「到底這樣的決定對嗎？」。

二、聚落史

搬走之前，老人住在六家，更早之前叫做六張犁。這聚落位於臺灣頭前溪與鳳山溪共同沖積之平原中，目前行政區劃屬於新竹縣竹北市東平里。這聚落始於乾隆 17 年（1752），當時，老人往上推第七代與第八代祖先，從中國廣東省饒平縣來臺拓墾；至民國 91 年（2002）聚落拆除，老人遷離。以下本節簡述聚落史，同時也勾勒拆除前的聚落樣貌。

（一）單姓聚落的想像

著名的臺灣地方文史前輩林衡道於 1980 年代造訪六張犁時，記下了見聞。當時沿聚落周圍水溝遍植莿竹，宛若城垣，並建造東、西、南三座隘門，以利出入。東門之外有跑馬場，為騎射習武之地，西門為對外通道，南門則是耕耘隊出入之門，又稱為田門。依林家後代傳聞，乾嘉年間，六張犁林家是一個上千人的大聚落。眾丁在出門耕種前會開三響砲，以嚇阻盜匪和原住民；吃飯則要打三通鼓，集合眾人用餐；夜間並輪班巡查隘門，以保衛聚落安全。聚落內自設碾米、造酒、織布、屠宰等設施；還聘請老師教授子弟課業，設子弟班勤練拳腳功夫。而林家祠堂「善慶堂」和「林家祠」更是整個莊院和宗族生活的中心，聚落內的福德祠則微不足道（林衡道 1982：1-2）。這見聞中的諸多現象，若要視為史實，則頗多尚待討論之處；但姑不論是否符合事實，故事大致上將六張犁呈現為一個自給自足，且能充分自我防衛的單姓聚落形象。那麼這種內部整合且向外防衛的氛圍，是否就是聚落的唯一情調呢？更多的史料細節，可以據以討論。

（二）拓墾、嘗會與宗族

一如臺灣其他平原，位於新竹頭前溪與鳳山溪沖積平原的這方土地，正是平埔族人的生活空間。乾隆 17 年（1752）林衡山以年輸租粟 20 石，向業主潘

王春，佃耕廣福庄犁份半張（二甲五分）（轉引自林桂玲 2014：223），於是一方原為平埔竹塹社人粗放耕作的農田，自此成為漢人水田耕作的永久聚落。[2]

　　林衡山之子先坤後來成為這聚落最早的主角，從來臺至道光元年（1821）前後 70 年間，先坤與他的六個兒子們締造了可觀的財富，而在這期間，家族先後於嘉慶 19 年（1814）與道光元年（1821）兩度分家。嘉慶 19 年與道光元年六兄弟兩次分家時，每人分得的家產包含初次分家的 400 租（石），以及二次分家的田兩甲、田租共約 150 餘石、生理本約 600 元及幾種嘗會持份等（朱氏 1814；林慶印等 1821）。

　　亦即林先坤與六子一方面共同累積了大量財富，但同時也多次鬮分了這些財富。然而，兄弟們並非將產業全數分罄，還留下了聚落附近幾處約八甲水田及九種嘗會會份，作為林先坤嘗祀，並留下祖屋為公廳。這些水田於咸豐 8 年（1858）時，六房再次鬮分；嘗會之會份則繼續保留為林先坤嘗祀（林桂玲 2014：232-252）。

　　這 70 年的故事意謂著從成家、立業、繁衍、分家、各自成家的家戶循環過程。六兄弟鬮分家產意謂著「分戶」的社會法則，然而保留一份不分的家產，作為嘗祀，則是「合族」的社會法則；後者即成為這群兄弟的後代們個別家戶所居住的聚落，成為一個「共同體」的法則。這意謂已分的財產成為家戶生活之真實憑藉；而未分之財產則成為家戶間團結的象徵。

---

2 潘王春所給佃批記載其田園係「當官承買自周家」，又依稍早之〈乾隆 11 年竹塹社土目一均大里罵給佃批〉，這一帶的土地係土目一均與甲頭斗限改等人在通事周岱宗引介下，簽署同意「佃批」，招徠藍姓漢人佃墾水田。據此可以推論周岱宗隨後不知如何取得了竹塹社的土地所有權，並且轉賣給潘王春；而潘王春再大肆招其他漢人佃耕，於是平埔地權便流向了漢人。類此故事甚多，六張犁附近目前至少尚可見〈乾隆拾柒年五月日業主潘王春給蘇彥友批〉以及〈乾隆拾柒年五月日業主潘王春給賴邦趙批〉，其原稿係木刻本大量印製，再依各佃填寫姓名面積等字樣，可以推見這一年漢佃蜂擁而入的盛況。相關討論亦可參看施添福（1990）及柯志明（2001）。至於前述一均大里罵之給佃批則見於（一均大里罵 1746）。

　　這一合族法則的具體呈現為何呢？那就是公廳——善慶堂。依《西河林氏六屋族譜》所述，六張犁祖祠最早興建於乾隆 35 年（1770），係林先坤兄弟用以祭祀其父衡山而建，取「積善必有餘慶」之意，名曰「善慶堂」。又至嘉慶 23 年（1818）先坤子國寶藉由捐納及候補考績，獲大夫頭銜，又追封先坤與衡山為大夫，因此善慶堂更名「大夫第」（林保萱，1982：17-18）。這一祖祠在臺灣客語習稱為公廳，祖祠係其書面語，而且實際上早在咸豐 8 年（1858），林家的鬮分字中，已出現「公廳」這一稱呼（轉引自林桂玲 2014）。[3] 簡言之，林家六兄弟雖然鬮分了大部分家產，但是並不分割祖先牌位，同時還保留了部分家產作為嘗業，以支付共同祭祀祖先之相關費用。[4]

　　那麼前述林先坤嘗所保留未鬮分的多種嘗會會份是什麼呢？鬮書載明包含「衡山公嘗田式股、拱寰公嘗祀壹份、林延將在臺嘗業祀典、本庄福德爺嘗祀式份、褒忠嘗祀壹份、次聖公嘗祀壹份、九芎林下山新舊柑園、新觀吾公嘗祀壹份、五十九公嘗祀式份」其中除一處柑園外，八份嘗祀會份皆係以林先坤為名義參與的祖先或神明嘗會。這八份嘗會中，褒忠嘗與本庄福德爺嘗是神明會性質，前者應與新埔枋寮義民廟有關，後者則為祭祀六張犁聚落的土地公而設。後六者則為林氏不同系譜深度的祖先嘗會，林延將在臺嘗業祀典與衡山公嘗，係林先坤鬮分自父親衡山及承頂其中林延將之嘗業，系譜深度最淺，性質上屬於鬮分制嘗會；次聖公嘗、新觀吾公嘗及拱寰公嘗三者則為與林先坤同為「老屋支派」之林氏子孫自由認股所組成的合約字嘗會；最後，五十九公嘗則為明初開饒始祖林根德（五十九公）後裔所認股組成的合約字嘗會。[5]

---

3 參閱〈咸豐五年乙卯歲拾式月林繩超等仝立分管嘗田合約字〉，轉引自林桂玲（2014：246）。

4 關於林家祖先祭祀儀式，可參考莊英章（1994）。

5 關於這些嘗會的討論，請參見林桂玲（2014）。

鬮分制嘗會可以視為林先坤派下子孫內部的嘗會；合約制嘗會則為外部的嘗會。內部嘗會仍可視為係確保公廳大夫第之祭祀無虞而設；外部嘗會則又攸關更大範圍宗親之合作關係的建立。關於前者，似乎仍相當程度地表現出前述「內部整合而對外防衛」的單姓聚落氛圍；但是後者的重點則顯然不是防衛，而是合作。

（三）聚落內林氏各宗派

前段所提及四個合約字嘗會，亦即次聖公嘗、新觀吾公嘗、拱寰公嘗與五十九公嘗，其參加者之系譜關係深度不一，其複雜情形連林家子弟本身都不易弄清楚。

先從各房派在六張犁聚落之居住情形觀察，諸多與林先坤同時來臺者，都曾居住於此。林欽堂與林先坤同時來臺，唯由〈乾隆四十一年四月員山仔莊竹塹社通事丁老吻土目什班等立給墾批字〉，可知欽堂已於乾隆 41 年（1776）赴頭重埔拓墾。又依《西河林氏六屋族譜》，林欽堂晚年買地六張犁，先建家屋，再建東山屋派下之公廳。類似的情形是新瓦屋之林孫檀，孫檀係林先坤返回廣東饒平再引介來臺者，其後代繁衍為新瓦屋聚落，與六張犁僅幾步之遙；然而，林孫檀亦有舊居於六張犁，可見當年初來之時，亦曾落腳六張犁。其他如同為饒平林姓之斗屋派下、騰蛟嶺派下及彭城派下，亦皆有舊居於此。

這些不同林姓來臺祖的後代所組成的各種嘗會固然可以視為是集資共財的組織，藉以凝聚家族力量及維繫家族在地域社會中影響力（林桂玲 2014）；但這種「功能性」作用，在 19 世紀末，逐漸表現為修譜與建祠等「象徵性」意義。

在建祠方面，林先坤與林孫檀等所屬之老屋派下於光緒 8 年（1882）以次聖公嘗為基礎，先建成次聖公廳；同時，也將九牧公、五十九公、百一公、觀吾公、拱寰公及魯北公等祭祀公業概設於此。至明治 44 年（1911），老屋、

東山、斗屋、大埔、湖陽樓、騰蛟嶺等六宗派，以原本僅屬於老屋派下的次聖公廳，擴大改建為「林家祠」。建祠與修祠的同時則是編修族譜，光緒5年（1879）林先坤派下之林雲漢訪大陸饒平故居，抄回族譜；後由其子林疇於昭和19年（1944）編寫以林先坤派下為主之《潮州饒平林氏大宗譜牒》；更晚至民國71年（1982）林保萱編寫《西河林氏六屋族譜》，才將饒平林姓六屋，亦即開饒始祖林根德五十九公傳至第六世而有之大埔、東山、老屋、騰蛟嶺、斗屋及胡陽樓等六屋，明確地紀錄於族譜中（林保萱1982：28-39）。

總之，六張犁聚落雖以林先坤派下子孫之家戶為主，但同時也是其他林姓各宗派拓墾初期落腳之居所；而且更重要的是，除了居住之家屋之外，聚落內尚有三處宗族儀式空間，分別為林先坤派下之公廳大夫第（善慶堂）與東山屋林欽堂派下兩公廳，另外還以林先坤及林孫檀所居老屋，發展出包含整個六屋的祭祀空間林家祠。簡言之，六張犁包含居住功能與不同性質之儀式空間，如果僅視為所謂「單姓聚落」，甚至誤以為是特定來臺祖（林先坤）派下成員之宗族聚落，則顯然簡化了其實質運作的複雜性。

（四）林先坤派下之分合

饒平林氏六屋之複雜已超乎想像，尚有進者，單就老屋之林先坤派下之族內，也不平靜。

六張犁聚落內流傳一個有名的風水故事，這故事一方面顯示聚落是一個整體，但是又呈現聚落內的緊張關係。聚落東側有一天然大泡珠，向東吐出三顆小珠，這是一天然池塘，泉湧而出，地形宛如頭前溪逆流而上之一艘大龍船，乃是龍舟吐珠之吉穴。然而，林先坤之三子林國寶在六子之中，最屬強房，在其子高中武舉之時，於船首處，興建了聚落內最豪華的問禮堂。此舉被認為破壞了聚落風水，進而導致他房孫輩夭折，兄弟也因之失和（林保萱1982：17-21）。

　　這一船型聚落風水的觀念，相應的就是一個興旺的宗族；而風水之破壞，則肇因於諸子強弱不一。擴張最力的國寶晚年因為拓墾宜蘭不成而家道中落，問禮堂最終轉至各房兄弟後代之手。而且六房兄弟鬮分家產後，第二房與第四房便遷離六張犁，甚至各於新居地設置祭祀之公廳。

　　留在六張犁聚落的長、五與匾房起初主要共居竹北問禮堂（東平 24 號），[6] 後來隨著人口成長而另建家屋。匾房子孫林初極於明治 43 年（1910）興建忠孝堂（東平 13 號）；後來初極遷居，1940 年代先租後售與其妻舅姜阿贊，成為單姓聚落少數的異姓居民。忠孝堂（東平 18 號）為六房老屋派下子孫居所，林先坤之匾房林疇於大正 10 年（1921）購得，自問禮堂移居於此。至於永昌宮左後方之問禮堂（東平 9 號）則系林氏六屋之東山派下子孫的家屋，經過多次整修，於 1970 年代翻修為現今正堂泥磚、兩側橫屋加強磚造的三合院。1971 年聚落出現第一棟鋼筋水泥與加強磚造的建築，此後不斷分戶後，新式建築櫛比鱗次，六張犁成為新舊建築混雜的聚落（羅玉伶 2014：98-148）。

　　總之，六張犁雖以林先坤派下為主，然而其派下各房之發展差異極大，甚且遷離故土，可見派下各房之複雜關係，較諸林氏各來臺宗派，有過之而無不及。

（五）伯公

　　本節首段林衡道所忽視之位於六張犁聚落內的福德祠「永昌宮」，其實十分重要。日治土地申告書所記載：

---

6 由於聚落內合院式建築各有兩座問禮堂與忠孝堂，為免混淆，乃以括弧註記都市計畫前之門牌號碼，以資識別。

乾隆三十八年間，林先坤、欽堂等對潘王春墾號出清埔一所，後開
闢成田作為六張犁庄土地公香祀之業……。 佃耕作，年收有租穀，
除納錢糧餘長租谷每年四季做福之資，並九月演戲祭祀之費金（轉
引自林桂玲 2005：66-67）。

文中所述六張犁庄土地公即今之永昌宮，從這段描述可知乾隆 38 年
（1773）時，林先坤與林欽堂共同捐獻田業一處，以其每年招佃耕作所收之租
穀，作為四季福及 9 月演戲所需之費用。換言之，林家各宗派建庄之同時，六
張犁應該已設立了土地公，每年依四季聚落共同辦理祭祀活動及食福聚餐活
動，其中 9 月則依「春祈秋報」之俗，演戲慶祝。在此之前，儀式活動已有雛
形，在此之後，有田業之支應，儀式活動轉趨制度化。

目前永昌宮年度最重要儀為 8 月 16 日之平安戲，並有食福活動。在都
市計畫實施前，其收受丁口錢的祭祀圈包含東平里 1-9 鄰，中興里 1-6 鄰，早
期分成四個庄頭輪值爐主，共有八個首事協助爐主。[7]每年輪值之爐主，於 8
月 16 日神前筊選後，除了成為永昌宮爐主外，也同時將無廟的媽祖奉回家中
服侍，並於隔年 3 月 23 日媽祖生時，率村民前往北港朝天宮進香。[8]

這一整套儀式與機制，顯示永昌宮實為六張犁與周邊聚落之信仰中心，亦
即所謂公廟之地位。同時，又由於地方公廟座落於此，也顯示六張犁在周邊聚
落中的中心地位。

六張犁是一個傳統生活豐富樣貌的聚落，雖然可以稱為單姓聚落，但也不

---

7 不同年分其實際人數略有出入。

8 林家向來稱呼媽祖為「姑婆」，較諸一般客家聚落，與媽祖之關係格外密切。這一媽
　祖輪祀體制究竟早在清代即已形成，或晚至日治受全島媽祖信仰擴張才開始，尚不得
　而知。

只是單姓聚落而已。這聚落形成之後約 230 年，也就是 1980 年代起，整個海島的工業化與都會化對聚落的影響力逐漸加深。面對這一變局，居民的態度如何？而此一態度的成因又為何？當都市計畫迫使這聚落被迫拆除，而居民遷離之時，這聚落的空間、建築與文化保留了多少呢？這些問題攸關聚落變遷之大方向，下節討論。

三、輕離家鄉

1971 年是訴說這個鉅變故事的適切開端，2002 年則是它的終點，30 年間，先是高速公路及交流道之建設，繼之以縣政府之遷入，最終高速鐵路及新竹站之設置，都市計畫從漣漪到巨浪，最終淹沒且摧毀了聚落。起初人們熱切地討論與激辯土地徵收與拆遷補償的費用，但離開的決定似乎並不困難，因為一個土地增值的全新局面，就在眼前。如果說「但見新人笑，那聞舊人哭」，可能有點輕佻，不過當時老人與族人鄰居的離開，現在看來，確實太輕易了一些。

（一）都市計畫

決定六張犁聚落的會議發生於 1994 年，在這一場新竹縣都市計畫委員會的會場上，決定了六張犁的去留。這一會議當然不只是為了六張犁而開，實際上它也只是那繁絃急管年代裡，無數場前後相承之會議的一場。六張犁係竹北市轄區內的一個自然村，清末日治時，竹北地區被縱貫鐵路與公路縱切為東西兩半，西半向海閩人較多，東半近山則客家為主，交通要道之兩側形成街市，則閩客混居。除街市有政府機構及小型零售商店外，呈現農村景觀。近 40 年來 3 次都市計畫，將這個農村，改造為都市。初次的「竹北鄉都市計畫」1971 年自老街市展開；11 年後，「竹北（斗崙）地區都市計畫」向東推進 1.5 公里，先達高速公路西側；又 13 年（1995）後，兩個都市計畫合併後，漫過高速公路東側 1.2 公里；不過又再 4 年後，「高鐵新竹特定區都市計畫」便又向東再

進 1.8 公里，抵達高鐵一線。

1971 年縱貫臺灣本島西部的中山高速公路動工，至 1978 年全線通車。高速公路所經之後，引發沿線城鄉劇烈的社會變遷，而北臺灣新竹縣竹北地區可謂是一縮影。

就在高速公路動工的隔年（1972），竹北都市計畫初次展開，這一計畫其實以竹北的老市區為範圍，亦即臺 1 縣省道（縱貫公路）兩側，大致上呈現臺灣初步工業化的開始，地方小型市鎮也逐漸繁榮。

這一都市計畫區，離六張犁還有 3 公里之遙，只是此時幾乎已是六張犁農村的最後一瞥，因為南邊頭前溪隔岸，已準備捲起全球化的風雲。1980 年，仍是稻浪野茵的六家，南望頭前溪對岸，新竹科學園區降臨在貧瘠的紅土崎上，立即磁石般將全島與全世界的動能，匯聚於這方寸之間。臺灣固然因此馳騁電腦周邊產業運會之所趨，狂喜 20 年之經濟成長；然而，客庄農村已逃不過全球化、工業化與都會化的巨掌！

工業化伴隨著都市化，頭前溪南岸的新竹市區人口逐漸密集，至 1982 年，新竹市與新竹縣香山鄉合併，由新竹縣屬之縣轄市，升格為省轄市。原新竹縣另覓之行政中心落腳頭前溪北岸的竹北，於是這一年竹北市進入了第二階段的都市計畫，亦即斗崙都市計畫。這一計畫使得都市範圍向東推進 1.5 公里，將高速公路以西納入市區。

這一階段的都市計畫係因應縣治而設計，至 1988 年縣治完工啟用，而竹北鄉也升格為市。就在縣治啟用之同時，原竹北（斗崙地區）都市計畫區域展開通盤檢討，打算將都市向高速公路以東擴張。1990 年完成了縣治周邊土地進行中的原住戶配地工作，於是便把縣治周邊稱為縣治一期，而高速公路以東則稱為縣治二期。

1994 年第 100 次新竹縣都市計畫委員會決議竹北問禮堂古蹟主體為保存

區，並劃設民俗公園以維護古蹟景觀。隨後臺灣省都委會採納列席之林光華、邱鏡淳及縣府人員意見，將民俗公園範圍授權縣政府洽林姓宗親會確定，且民俗公園增列兼供兒童遊樂場使用。至 1995 年竹北都市計畫及竹北（斗崙地區）都市計畫兩者合併為竹北（含斗崙地區）都市計畫，並於 1996 年公告實施。

　　1999 年 2 月 28 日，正式公告實施縣治二期徵收，並於 2002 年 2 月分完成配地。正是配地完成日，六張犁聚落終告煙消雲散。也正是六張犁以西的所在之縣治二期土地配地工作進行時，六張犁以東的高鐵特定計畫區就在 1999 年展開，隨後高鐵動工，並於 2007 年通車，竹北的改變可謂翻天覆地。

（二）區段徵收

　　決定六張犁命運的 1994 年決議，並非偶然，實際上它是縣治計畫的延伸，而整個故事的關鍵是區段徵收。1982 年縣治計畫啟動時，所規劃之經費超過 20 億，政府經費嚴重不足，區段徵收的手段乃應運而生。

　　區段徵收就是政府基於新都市開發建設、舊都市更新、農村社區更新或其他開發目的需要，對於一定區域內之土地全部予以徵收，並重新規劃整理。開發完成後，由政府直接支配使用公共設施用地，其餘之可供建築土地，部分供作土地所有權人領回抵價地之用，部分作為開發目的或撥供需地機關使用，剩餘土地則辦理公開標售、標租或設定地上權，並以處分土地之收入抵付開發總費用（內政部地政司 2014）。[9] 簡言之，政府藉由區段徵收自原土地所有人

---

9 關於區段徵收的定義，可由《土地法》第 212 條第 2 項及民國 75 年（1986）《平均地權條例》所修訂「（區段徵收）本質雖仍為政府以公權力強制取得土地之徵收性質，但事實上，已演變為另一種形式之『強制性合作開發事業』。」至民國 79 年（1990）行政院欲擴大實施區段徵收，又訂頒「凡都市計畫擴大、新訂或農業區、保護區變更為建築用地時，一律採區段徵收方式開發。」依此條例，原土地所有權人只能領回一部分抵價地，其餘大部分土地全歸政府所有。這套制度看似中立而合理，但是政府與土地所有權人之間的權力完全不平等，因此有可能造成嚴重的問題（鍾麗娜、徐世榮，2012：91-92）。

取得土地以作為機關及公共設施用地後,尚可將剩餘土地出售而取得可觀的資金,於是機關用地解決了,錢也解決了。

那麼原初的土地所有者的態度呢?表面看起來,縣治啟用的 1988 年對區段徵收中的竹北而言,不是個平靜的年代。縣府曾辦理多次徵收說明會,但業主對區段徵收後配回的 40% 土地究竟會重新編定為住宅區或商業區,位於大道邊或巷道內,多所疑慮。於是縣治遷建啟用當天,地方人士前往縣府前廣場抗議(林松青、范揚恭 1988)。更大的抗議則來自佃農,由於地主可獲配回四成土地,佃農卻只能領補償費。業佃雙方都發動政治資源,四處陳情,縣府協調不成,業主便前往法院按鈴申告縣長瀆職(林松青、林家琛 1988)。最終經縣府逐一協調,以公開抽籤作業,讓地主先抽得配地,再由佃農、地主間進行協調分地,抗爭減至最低,並在 1990 年完成配地(林松青、羅湘綸 1991)。

這一爭執儘管激烈,然而所爭僅係配地權與配地比例,爭執各方對區段徵收本身並無異議。如果說區段徵收幾乎是在沒有抵抗的情況,甚至受歡迎的態勢下,在竹北完成,並不為過。對於地方政府而言,不只是解決了縣治遷建的問題,而且從地方到中央政府,一個「科學城」的理想正在浮現中。藉由區段徵收將能增進現有土地規劃及使用效率,新竹市仍為有歷史文化特性的都會中心,而竹北市為新興副都市中心,發展頭前溪河濱地區為都會公園及河濱高級住宅社區,景觀良好的丘陵地為山坡地住宅社區,吸引外地人居住(李若松 1990)。對於地主而言,縣治遷來後,地價暴漲,從徵收時每坪約 1 千元的公告現值,到當年 4、5 萬。依區段徵收規定,地主可獲得四成土地,而且地目理所當然的變更為建地,於是地主一夕成為千萬億萬富翁(不著撰者 1988)。

而且新竹縣這一經驗還成為取經的對象,廣為其他地方政府所欽羨而學

習。行政院經建會委員會議於 1992 年同意臺灣省政府自該年下半年起在 14 個縣市 25 個區辦理區段徵收，面積預計 3,300 公頃，政府可無償取得道路、公園、停車場等公共設施用地面積 1,166 公頃。估計節省政府徵購地價費用 466 億 4 千萬元，以及開發建設費用 822 億 5 千餘萬元，總計節省 1,288 億元（鄭文珠 1992）。

這段區段徵收歷史所呈現著一幅皆大歡喜的畫面，顯然與後來老人的浩歎形成強烈對比，足見當時確實只見新人笑，事後才隱約聽到舊人的啜泣。難道老人們真的就是把祖先的聚落與歷史，敝屣般丟棄嗎？

（三）分與合

何以六張犁的居民輕離故鄉？其實離開不是都市計畫之後才發生，宗族史上一次次分家之時，部分族人就離開了祖先的居所。嘉慶 19 年（1814）林先坤派下初次分家，其前言曰：

> 嘗聞，九世不分，室內之禎祥疊至；三人再合，庭前之荊樹長榮；**家固以不分為宜也**。然流之遠者，派必分；根之茂者，枝自別。竊以為水木有之，家亦宜然。（朱氏 1814；重點是筆者加上的，以下皆同）

鬮書之前言表明不分家是正道，但是就像江河分流與樹木開枝一般，分家又是不得不然的現實。[10] 這一前言並非文飾而已，就文本而言，下文都在說明

---

10 晚至大正 4 年（1915）即 101 年後，派下子孫林扣雄等同立鬮書，其前言仍一字不漏照抄本文；而道光元年（1821）林先坤六子針對先前 1814 鬮分書未分產業再次分家時，則簡言「源長必發派，根大自分枝」。

如何解決分與合的兩難；就事實而言，則是藉由處分財產而解決分合。鬮分書
接著說：

> ……遺子六人……天壽不齊，猶幸獲享清平，田園無恙。第人各有
> 志，志各不同。**僅守田園，終非長策**。兒曹孫曹成立者亦多人矣……
> 謹請族（房）長到家，將……所遺田園廬舍，每房撥授四百租，憑
> 鬮爲定，各自管業。其餘除撥長孫田外之田園廬舍及生放生理銀兩，
> 概留爲嘗業。惟望爾曹兢兢業業，克忠克孝，克儉克勤，則家道之
> 隆，指日可計。**幸勿以小近自足，墜遠大之營謀**。（朱氏 1814）

　　林先坤的六個兒子，在母親朱氏的主持下，以兩種方式處分財產，其一，
六房各授 400 租田產，且長孫另得長孫田，其二，其餘田園廬舍及銀兩留存為
嘗業，用以確保祖先祭祀無虞之產業。前者為分，後者為合。同時，正如鬮書
後半之批註語所言「各房撥授之業，各有房屋，瓦茅不一，該業亦有帶農器
者」，再加上每年 400 租，一租即一石，亦即 4 萬斤穀，各房已分到足以生計
的產業。

　　此後林先坤派下六房又經四次鬮分財產，至咸豐 5 年（1855）其未分之財
產有水田七甲餘、菜果園兩處及八種嘗會會份，這成為林先坤嘗的產業，也成
為林先坤派下宗族維繫的基礎（林桂玲 2014：249-252）。

　　前述鬮書最值得注意但也往往被忽視的觀念是文中所言「僅守田園，終非
長策」以及「幸勿以小近自足，墜遠大之營謀」，通常皆以各房不睦說明分家
之消極動因，然而這份鬮書也明白呈現了林家藉由分家向外擴張的積極態度。
僅守田園並非長策，那長策自然就是農業以外的經商；期望各房不要滿足於小
而近的田園，更重要的是應開拓遠方更大的事業。此後林家大房和五房至九芎

林，二房至新埔，三房更遠赴噶瑪蘭（林桂玲 2014：230、237、239）。各房事業之開展固然有成有敗，但其擴張之意圖與離開家鄉則屬實。

　　從分的觀點，各房各得產業之依憑而離鄉；從合的觀點，其未分之嘗業則不僅僅確保了宗族之維繫，也使「分」之舉動獲得合理性。亦即，因為有合，所以各房之分實為未分，也就解決了合是正道而分是事實之間的兩難。

　　這樣的觀念對於六張犁聚落的命運有重大影響。不分的嘗業所遺留有二，產業與祖屋，產業係確保儀式之有所憑依，而祖屋則是儀式的神聖空間。因此，儀式或者說神聖，是嘗會的重點，而生活或者說凡俗則只是為了神聖而存在。這一「祖先崇拜」的常識，也實質呈現在聚落內林家祠與大夫第之運作狀態。而且實際上，對廣大的林氏六屋而言，真正住在六張犁的族人不過約 30 戶，對林氏六屋而言，六張犁無非祭祀祖先之神聖空間罷了，並非真實生活之所繫。換言之，只要宗族的神聖儀式能被保留，離開家鄉就不是困難事情了，而這即為六張犁子弟輕離六張犁的根本原因。

　　2002 年縣治二期區段徵收完成配地後，依前述 1994 年省都計委員會之決議，由林氏宗親決定民俗公園之範圍，整個六張犁聚落成了「竹北六家民俗公園」，留下了六座合院式傳統建築與廟祠各一，其他建築則拆除殆盡。最後仍定居在聚落內的族人，領了拆遷補償費，離開了家鄉。[11] 把 2002 年放在林家長期的家族史脈絡，一次次的分家讓搬出的人越來越多，聚落逐漸儀式化與象徵化，最終是所有人都離開了，只留下祖先。對於六張犁子弟而言，祭祖儀式與伯公祭祀既已保留無虞，那麼輕離家鄉似亦無妨；只是六張犁雖然保住了宗

---

11 實際上聚落東南端，亦即三級古蹟問禮堂左側，有座兩層樓的加強磚造家屋未拆。老婦固守家屋與菜園至最後期限，本擬待蔬菜收割後即拆，但誤了期程之後，意外地保留下來。

族乃至社區之神聖象徵，但是事後證明，要讓神聖儀式與精神得以落實的凡俗事務，顯然比想像中複雜太多。更何況後來的改變，也使聚落不只是屬於宗族與社區而已。新人笑著搬進了聚落與周邊之後，舊人才漸漸發現，這聚落不再是自己的聚落了。

四、插曲：客家學院

區段徵收將六張犁的所有權交給政府，卻意外地讓交通大學客家文化學院成了聚落的半個主人，而促成這局面的是當時都雄心勃勃的新竹縣政府與國立交通大學。

在前文提及新竹科學城的遠大理想下，都市計畫不斷地往東擴張。縣治一期往東是二期，二期往東是高鐵特區，高鐵特區再往東則被視為高科技知識產業的璞玉，並由縣政府與交大共同展開規劃，也將以區段徵收的手段克服財政問題。2002 年縣治二期配地完成後不久，總統視察新竹縣，加速了這計畫，並且於兩年後（2004）核定璞玉計畫為國家重大建設計畫，並正式更名為「臺灣知識經濟旗艦園區計畫」（新竹縣政府 2002：1-2）。

正是此時（2002 年），2000 年總統大選時對客家界所承諾之新設義民大學政見篤定跳票，轉而考量由現行大學設立義民學院。新竹縣是全臺客家人口比率最高的縣，縣長隨即表達支持設立義民學院之意願，於是邀請交通大學共同成立籌設委員會，而且立刻便在六張犁聚落的三級古蹟問禮堂，掛牌成立籌備處。

縣府的積極，並非偶然，因為這個由鄉村逐漸轉型的新興城市，渴望擁有一流大學，於是立刻著手變更六張犁聚落之公園身分為大學用地。交通大學則企圖藉由發展在地的客家研究，而擴展人文社會領域，以逐步完成一流綜合大學的拼圖。於是在校行政會議中，通過由璞玉小組執行籌備事務，迅速因應中

央與地方政府，展開設立學院的工作。

　　2002 年底交大校務會議通過了「國立交通大學國際客家研究中心設置辦法」，正式向教育部提出申請客家學文化學院的先期計畫。2003 年教育部核定交大設立客家文化學院，除國際客家研究中心外，尚有人文社會系與傳播科技系 2 系，合計 28 名員額。至 2004 年初，總統親臨六張犁問禮堂掛牌，[12] 交大客家文化學院於茲誕生，並在當年秋季正式招生。

　　2004 年縣政府「變更竹北（含斗崙地區）都市計畫（第三次通盤檢討）案」，其中新編號第三十案變更內容將原計畫「公園兼兒童遊樂場用地 2.5 公頃變更為文大用地」，翌年有價轉讓土地所有權給交通大學。至此，六張犁聚落一分為二，一屬文教大學用地，占 2.5 公頃，包含兩座傳統建築物問禮堂與忠孝堂，為國有地交大使用；一為民俗公園，1.8 公頃，包含三級古蹟問禮堂、大夫第、忠孝堂、林家祠，屬縣政府，但不同於一般公園歸鄉鎮市管理，而由縣文化局管理（新竹縣竹北市公所 2004）。

　　取得校地的交大，在教育部的補助下，興建了有兩翼的圓樓一座，作為學院的主體建築，並於民國 99 年（2010）進駐使用。客家文化學院的進駐，正是走在區段徵收的軌道上，擁有所有權的縣政府，雖然有所波折，但仍順利地讓這個聚落，從家屋群到公園，再變成大學校園。

　　儘管客家文化學院之落腳於六張犁聚落，是勇於作為的縣府與交大意外促成的結果，然而進駐的畢竟是人文社會類科性質的客家文化學院，而非交大擅長的理工學院；於是本來的意外，竟然也將聚落之象徵化與儀式化，從宗族、社區推到更高的客家族群；至此，交大客家學院師生恰巧填補了聚落內消逝的人群，成了半個新的主人。

---

12 此時正值總統大選之際，其政策宣示與政績表述之意義甚重。

五、文化再現

在舊建築與民俗公園修復及活化的同時，果然如都市計畫所料，本區人口暴增。2007 年高鐵通車，儘管地價房價暴漲，但擋不住蜂擁而至的住戶，六張犁聚落周邊多棟式大樓集合式住宅，一座座完工。六張犁所在之東平里人口數由民國 91 年（2002）的 382 人暴增為 103 年（2014）12 月的 12,244 人，12 年間人口成長 32 倍。拜湧入人口之賜，原本的社區信仰中心永昌宮，香火日盛；然而，傳統的管理組織爐主與首事卻難以為繼。宗族的祭祀空間運作如昔，林先坤派下甚至自行出資修復名義上已不屬於宗族的大夫第公廳。交大客家學院進駐，以圓樓為中心，一半的聚落逐漸呈現大學校園的樣貌；然而，舊建築雖然陸續修復中，但兩位新主人，即新竹縣政府與交大，對於聚落整體的規畫與運作，卻始終未能攜手展開。

（一）修復

2004 年總統大選後，新任客家委員會主委訪視新竹縣客家事務，自此至年底，決定了客委會對六張犁聚落往後發展之策略方向。[13]

重劃後的六張犁聚落，將所有加強磚造建築全數拆除，保留了六棟傳統建築，由東而西，分別為問禮堂（東平 24 號）、大夫第、忠孝堂（東平 18 號）、林家祠、忠孝堂（東平 13 號）、問禮堂（東平 9 號），此外，聚落內的信仰中心永昌宮以及紀念林家忠僕朱阿羅的義靈祠則保留下來。地方信仰中心永昌宮變化無多，問禮堂（東平 24 號）與義靈祠已修復，其餘五棟則殘破待修。而甫成立的客家文化學院，校地尚未定案，僅象徵性地在問禮堂掛牌成立，聚落彷彿一座遺址或廢墟。而一路之隔的新瓦屋聚落，也就是林先坤同宗林孫檀

---

13 新任主委保留前任主委已承諾之補助款額度，但對於補助項目則大幅修正。

後代之居所，正面臨著高鐵特區都市計畫的拆除或保留建物之爭議。

當時中央政府、地方政府、交通大學與三方獲致共識，新瓦屋聚落之新舊建築全區保留，民俗公園內之問禮堂、大夫第、林家祠及忠孝堂等傳統合院建築，則予以保存，而且新瓦屋聚落及民俗公園之聚落保存工作必須整合，由新竹縣政府研擬計畫，再向客委會提出客家文化生活環境營造的補助申請案。[14] 同時六張犁聚落內之傳統建築保存工作，應先從環境景觀整理著手，再逐一修復各座建築，而且公園及地上物、古蹟等，後續應由交通大學辦理認養維護（漢光建築師事務所 2007）。

六座建築中，林國寶 1831 年興建之問禮堂最早於 1985 年經內政部指定為第三級古蹟，又於 2006 年重新指定為縣定古蹟，定名「竹北問禮堂」；其餘五座則同時於 2007 年，指定林家祠為縣定古蹟，另外四座，即竹北六張犁問禮堂、忠孝堂（原東平 18 號）、大夫第及忠孝堂（原東平 13 號）則皆為歷史建築。

竹北問禮堂於 1999 年由內政部規劃修護，至 2002 年完工；[15] 林家祠於 2005 年由客家委員會展開搶修工程，並於 2010 年正式完成修復；竹北六張犁問禮堂與忠孝堂（原東平 18 號）於 2009 年由臺灣省政府補助完成修復；大夫第於 2012 年由祭祀公業林先坤管理委員會自行出資整修，目前（2015）尚未完工；忠孝堂（原東平 13 號）則於 2014 年完成修復之調查與設計，目前（2015）尚未施作。

儘管 2004 年已決議以聚落整體環境景觀為前提，再逐一修復各單體建築，然而修復之期程顯然比預期費時太多，2002 至今 2015 年，六張犁始終呈現一

---

14 六張犁經驗影響了新瓦屋，使得新瓦屋從原先高鐵特區計畫的五號公園，變成客家文化保存區，悉數保留的不同時代建築群，與六張犁形成對比。

15 包含屋後方之新金順與義靈祠。

幅工地樣貌，所謂整體景觀無從呈現；而且無論修復與否，單體建築與整體公園皆須活化再利用。

（二）活化

六張犁聚落內各建築呈現不同的活化進度，情況最佳的是永昌宮，維持其地方信仰中心之地位而香火不墜；林家祠與大夫第的宗族信仰儀式功能仍然保留；古蹟位階最高也最早修復的竹北問禮堂與屬於交大的竹北六張犁問禮堂「試營運」中；忠孝堂（東平 18 號）修復而閒置；忠孝堂（東平 13 號）尚未修復；至於交大客家學院係因應實質教學研究機能而新建，並無活化的問題。然而，姑不論個別建築的差異，整體而言，從前的六張犁，當前的客家學院校園與民俗公園，其活化程度難令新舊居民滿意。

已完全納入都市計畫的六家地區，在區段徵收下，固然一幅都市面貌逐步揭開，但原有的農業聚落全數消失，作為饒平林氏單姓聚落之六張犁僅留下了鬮分制宗族（林先坤派下）與合約字宗族（饒平林姓六屋）之大夫第與林家祠兩座祭祀空間，儀式性與象徵性地保存了宗族。林家祠整修期間，饒平林姓六屋暫時移往一路之隔的新瓦屋忠孝堂舉行宗族祭典，修復完成之後，又移回林家祠。大夫第整修期間，林先坤宗族之牌位與祭祀暫時移往古蹟問禮堂，俟完工後，再移回大夫第。從自費修繕到維持祭祀，林家這些作為顯示，六張犁聚落對宗族而言，最核心的意義就是儀式空間與儀式行為，而保留了祭祀，也等同保留了歷史，與保留了宗族對這個聚落的特殊發言權。

類似的氛圍也表現在聚落伯公的信仰上，地方民間信仰中心永昌宮香火日趨鼎盛，新住戶與商家的增加等於伯公轄區內的人口更多，於是前來拜土地公的居民幾乎是日日絡繹不絕，而廟內的香油錢也大幅提高。原本依靠挨家挨戶收取丁口錢以維持祭祀的傳統，一來因為聚落紋理被打散後，難以收受，二來即使收取後，也與廟內新住民投入的香油錢不成比例，於是丁口錢制度就取消

了。只是就算經費無虞，年度最重要的祭典 8 月 16 日平安戲也完全保留，傳統的輪值爐主制度卻難以為繼，2013 年廟前甚至貼出了徵求爐主的告示。

這種伯公信仰鼎盛，卻難以選出輪值爐主的窘境，意謂著傳統農村社區解組，而新興都市社區並未形成的現象。這種窘境也相同地發生在六張犁聚落內，早在 2003-2004 年，便由交通大學執行了「國立交通大學客家文化學院整體規劃計畫」，參與者有學者專家、新竹縣政府、交通大學、林家代表以及規劃建築師，這一計畫決定了客家學院的建築，但是對於整體景觀之規畫並無具體影響（謝英俊建築師事務所 2004）；嗣後，縣政府又以六張犁忠孝堂周邊環境景觀規劃設計擴大為全區整體景觀規畫，但其成果卻未獲得客委會後續補助案之支持（黃承令建築師事務所 2010）。除了硬體景觀之外，縣政府也從營運的角度，針對區內相關古蹟、歷史建築經營管理評估，其評估建議至今仍無法落實（劉可強建築師事務所 2007）。這些關於整體景觀與營運之規畫最終因為整體園區之定位不明，而無法施展；而定位的問題則又牽涉到校園與公園之管理單位不同，且一時無法整合。

在這樣的限制下，儘管客家文化學院所屬國際客家研究中心於 2009-2012 年連續承接了縣政府之《新竹縣竹北問禮堂空間活化計畫委託專業服務案》與《新竹縣六家民俗公園志工培訓與古蹟活化計畫》，利用社區營造的觀念，將交大客家學院的師生、林姓子孫、社區居民納入此核心機構，投入了以竹北問禮堂為中心的試營運計畫；同時，該中心亦於 2009-2012 年以竹北六張犁問禮堂為辦公室，執行研究計畫、展示及教育推廣活動；但是計畫結束後，全區之活化事務仍告中止。

這種校園公園所有人不一致的窘迫狀況，表現在信仰中心永昌宮與交通大學之關係上，更發人省思。永昌宮位於交大所取得的 2.5 公頃土地上，法律上交大代表國家作為這土地的管理人，也包含地上物廟宇；但是無論如何這信仰

與歷史記憶不屬於交大,而且廟方管理人員與社區領袖也並不情願接受伯公的產權屬於交大這個事實。2009 年廟方改建廁所,交大表達異議,但廟方仍然施作;2012 交大擬將廟坪納入校園景觀改善工程,廟方不表贊同而作罷。

對於以永昌宮為信仰中心的六張犁周邊聚落而言,傳統的社區已經瓦解,而爆炸的人口所帶來的新社區,卻尚未形成社區意識。關聯於六張犁聚落本身的地方政府、族人與交大客家學院態度不一,六張犁聚落周邊的大量新居民與舊居民則尚未形成社區意識,於是這使得近年關於聚落的文化資產保存相關作為,遞迴糾絞而難以展開。

六、地方性的斷裂

講完了六張犁聚落這歷史源遠流長但處境窘迫的故事,應該可以回答老人「到底怎仰形決定著麼?」的疑問了。

六張犁的故事是全球化、都會化與工業化聯合的力量,對一傳統聚落所形成的龐大壓力,這壓力已經完全催毀了原初聚落,但也同時保留了聚落遺址及部分建築,使之成為未來再現聚落文化的場域與象徵。

老人的悲傷是因為地方性(locality)的消失,那個家與家鄉的感情已無所依託,隨著一去不復返的聚落消失殆盡;偏偏面對聚落遺址裡新的居民與新的生活方式,自己成了局外人,也無由產生家與家鄉的認同感。更精確地說,老人的悲傷其實是地方性的斷裂。

從地理學與地景的角度思考,人文主義取向的地理學者,相對於普遍而均一取向的空間科學,提出以更人性的方法,整合量化支離破碎的研究。這樣人文取向的研究主張人們對空間的經驗是地理學所不應忽視的,而且空間的意義必須包含這一經驗。這樣的主張在認識論上是一種現象學的主張,亦即關於外在事物的知識必須包含人類的經驗本身(Crang 2009)。

　　換言之，六張犁聚落並非空間場域與建築地景，更重要的是以之為依託的饒平林姓族人之生活經驗整體。老人所傷懷的是家屋的消逝，但是對於林姓族人而言，六張犁卻很可能只是祭祀祖先或伯公的儀式場域。1988-2002 年六張犁區段徵收的經驗顯示，保存儀式場域優先於日常生活，亦即聚落的地方性因為伯公與公廳的保留而未曾中斷。可以想見，有傷心的老人，又何嘗沒有不是那麼傷心的老人？

　　地方性顯然蘊涵著特定的能動性、社群特質和再生產的可能性，也就是地方性不是靜態的或本質的，它必然是動態的，不斷地重構與再生產。而且，又因為不同行動者間會根據其個別意向，生產其地方性，所以這必然導致地方性的再生產過程中包含著權力關係。

　　1988-2002 年的經驗毫無疑問充滿著這種權力關係，擁有都市計畫決定權者確定採行區段徵收而非新地重劃後，所有舊聚落即告消失，正如六張犁日常生活之家屋也拆除，只有部分建築及遺址則因儀式場域而獲保存。亦即其地方性部分消失，但也部分保存，或者說地方性的內涵不得不面臨轉折。

　　此後，亦即 2003 年至今六張犁的地景，六棟傳統合院建築，兀立在聚落遺址中。同時大量人口擁入，新的地景將堆疊到舊有地景的殘骸上，文化地景必然隨之變遷。因此，就某個程度而言，文化的歷史是鑲嵌在地景之上的，當人們在重新定位身分與價值認同時，考掘、重組與呈現遺留在地景上的記憶將是最重要的一種手段。然而重組地方記憶並不是一件容易的事情，相反地，它總是一個充滿張力與衝突的政治過程（顏亮一 2009）。這正是 2003 年至今立場各異的政府、族人、新舊居民與學院，面對聚落的文化資產保存相關作為，遞迴糾絞而難以展開的寫照。

　　老人的疑問本身，已經回答了他自己：對於聚落而言，這樣的決定當然是錯的。當年老人跟其他廣漠的人群「但見新人笑，那聞舊人哭」，這個新人就

是預期中的繁榮，而今屋毀人去，徒留殘缺的地景，老人恍然了悟，那個祖先居住過二百多年的老聚落，一去不復返，縱然不哭，豈能無憾？

　　如果傷心是無法避免的，那麼都市計畫展開時，有什麼方法讓這世間傷心的老人減少呢？國際文化紀念物暨歷史場所委員會（ICOMOS）2008 年年會「場所精神：在無形文化遺產與有形文化遺產之間」所發表的「魁北克宣言」（Quebec Declaration）應可思考。宣言包含場所精神的再思考（Re-thinking the Spirit of Place）、場所精神的威脅（TheThreats to the Spirit of Place）、場所精神的保衛（Safeguarding the Spiritof Place）、場所精神的延續（Transmitting the Spirit of Place）（榮芳杰 2008）。六張犁故事顯示，決定聚落命運的不是居民本身，甚至居民本身也未意識到聚落的存在，直到它真的消失後，已不及追悔。六張犁故事也是國內文化資本保存法的成長印記之一，2005 年的結構性修法後，儘管列了「聚落」，但是真的遭逢保存實務時，仍舊充滿困局（葉日嘉 2012）。如果我們相信一個地方（place），像六張犁這樣的聚落，其實存有它自己像自然人一般的精神（spirit），並且把它放進都市計畫中，讓它面臨威脅之時，得以受到保衛或延續，那麼依託而生的地方性就不致於嚴重斷裂，而這世間的傷心老人就會少一些了。

　　如果存在一種六張犁精神，從前它的內涵是什麼？都市計畫介入時，能否容納這一精神？而今，六張犁滅村已是不可改變的事實，那麼此刻的六張犁精神又是什麼呢？同時，它延續了多少從前的六張犁精神？六張犁經驗顯示，在都市擴張的過程中，它並未被視為一個具有場所精神且活生生的聚落，這也就是當時人們輕離家鄉的原因。攤開日本時代的《臺灣堡圖》，六張犁周邊聚落由西而東的鹿場、十張犁、八張犁、芒頭埔、鴨嫲窟、番子寮、隘口等，已隨都市計畫而煙消霧散；東海窟、麻園肚、三崁屋等則快要淹沒在新的都市計畫中。此刻在六張犁談「聚落保存」，對六張犁本身而言，既失先機，更無濟事；

然而，對於六張犁不遠的東方那片號稱「璞玉」的田園、小型工廠與聚落，乃至於這海島南北大大小小都市周邊的聚落而言，顯然是前車之鑑。

　　而唯一尚可安慰的是，那些與新大樓群強烈對比的水圳、公園與舊屋，正如段義孚所言，是可見度很高的文化象徵，尚能賦予人們創造地方感之可觀力量（Tuan 1998：155-172）。這既是一般居民（老住戶與新居民）、儀式社群（伯公信仰組織與林氏各派族人）以及半官方單位（交大客家文化學院師生）的課題，也是未來吾人觀察本區聚落精神之保存與轉化的焦點。

參考文獻

一均、大里罵，1746，〈乾隆 11 年竹塹社土目一均大里罵給佃批〉。見於《林保民藏古文書》，未出版。

不著撰者，1988，〈新竹縣治遷移地價暴漲 地主一夕致富感謝徵收〉。《經濟日報》，第 07 版，商業 2，工商服務，12 月 14 日。http://udndata.com，取用日期：2014 年 12 月 31 日。

內政部地政司，2014，〈一般徵收、區段徵收及市地重劃之區別〉，《內政部地政司》，http://www.land.moi.gov.tw/chhtml/landfaq1.asp?fqid=811&cid=2，取用日期：2014 年 12 月 31 日。

朱　氏，1814，〈嘉慶甲戌拾玖年繼母朱氏鬮書〉（第六房持有）。收於《林保民藏古文書》，未出版。

李若松，1990，〈新竹將成我國首座「科學城」〉。《聯合報》，第 04 版，焦點新聞，6 月 15 日。http://udndata.com，取用日期：2014 年 12 月 31 日。

林松青、林家琛，1988，〈控告縣長瀆職 車輪戰〉。《聯合晚報》，03 版，話題新聞，11 月 26 日。http://udndata.com，取用日期：2014 年 12 月 31 日。

林松青、范揚恭，1988，〈新竹縣府今喬遷 竹北鄉升格為縣轄市〉。《聯合晚報》，第 11 版，城鄉新聞，10 月 31 日。http://udndata.com，取用日期：2014 年 12 月 31 日。

林松青、羅湘綸，1991，〈區段徵收成功〉。《聯合晚報》，第 04 版，話題新聞，7 月 12 日。http://udndata.com，取用日期：2014 年 12 月 31 日。

林保萱編，1982，《西河林氏六屋族譜》。臺中：臺灣省文獻會。

林桂玲，2005，《家族與寺廟：以竹北林家與枋寮義民廟為例（1749-1895）》。新竹：新竹縣文化局。

_____，2014，〈清代北臺灣客家嘗會：以竹塹六張犁林家「先坤公嘗」為例〉。《全球客家研究》2：219-258。

林慶印等，1821，〈道光元年參月林慶印叔姪等立鬮書〉（第六房持有），收於《林保民藏古文書》。未出版。

林衡道，1982，〈竹北六家的林姓聚落〉。頁 1-3，收錄於林保萱編，《西河林氏六屋族譜》。臺中：臺灣省文獻委員會。

施添福，1990，〈清代臺灣「番黎不諳耕作」的緣由：以竹塹地區為例〉。《中央研究院民族學研究所集刊》69：67-92。

柯志明，2001，《番頭家：清代臺灣族群政治與熟番地權》。臺北：中研院社會所。

莊英章，1994，《家族與婚姻：臺灣北部兩個閩、客村落之研究》。臺北：中央研究院民族學研究所。

黃承令建築師事務所，2010。《新竹縣竹北市六張犁忠孝堂周邊環境景觀規劃設計結案報告書》。新竹：新竹縣文化局委託計畫。

新竹縣竹北市公所，2004，《變更竹北（斗崙地區）都市計畫（第三次通盤檢討）案其中變更綜理表新編號第三十案計畫說明書》。新竹：竹北市公所。

新竹縣政府，2002，《新訂新竹縣政府璞玉計畫申請書》。新竹：新竹縣政府。

葉日嘉，2012，〈誰誤解了聚落保存區？在五溝水的故事〉。《臺灣環境資訊中心》，11 月 9 日。http://e-info.org.tw/node/81707，取用日期：2014 年 11 月 4 日。

榮芳杰，2008，〈關於 2008 年 ICOMOS 的「魁北克宣言」（Quebec Declaration）〉。《混沌・建築》，10 月 14 日。http://blog.yam.com/fjjung/article/17622827，取用日期：2015 年 1 月 7 日。

漢光建築師事務所，2007，《竹北六家民俗公園林家祠調查研究》。新竹：新竹縣政府文化局委託計畫。

劉可強建築建築師事務所，2007，《新竹縣六家民俗公園及園內相關古蹟、歷史建築經營管理評估總結報告書》。新竹：新竹縣政府文化局委託計畫。

鄭文珠，1992，〈臺省十四縣市下半年將辦區段徵收〉。《經濟日報》，第01版，要聞，3月5日。http://udndata.com，取用日期：2014年12月31日。

謝英俊建築師事務所，2004，《國立交通大學客家學院整體規劃報告書》。新竹：國立交通大學。

鍾麗娜、徐世榮，2012，〈從權力的觀點審視土地徵收之結構性問題〉。《社會科學論叢》6（2）：69-100。

顏亮一，2009，《記憶與地景》。臺北：田園城市。

羅玉伶，2014，《當代新竹六張犁林姓聚落之地景變遷與認同（1971-2013）》。國立交通大學客家文化學院客家社會與文化學程碩士論文。

Crang, Mike 著，王志弘、余佳玲、方淑惠譯，2009，《文化地理學》。臺北：巨流。

Tuan, Yi-Fu（段義孚）著，潘桂成譯，1998，《經驗透視中的空間和地方》。臺北：國立編譯館。

國家圖書館出版品預行編目 (CIP) 資料

客家聚落與地方社會 / 徐正光 , 陳板主編 .
-- 初版 . -- 新竹市 : 交大出版社 , 民 108.01
　　面 ；　公分 . -- (臺灣客家研究論文選輯 ; 3)
ISBN 978-986-96220-8-0(平裝)

1. 客家 2. 聚落 3. 民族文化 4. 文集

536.21107　　　　　　　　107019942

臺灣客家研究論文選輯 3

客家聚落與地方社會

主　　　編：徐正光、陳板
叢書總主編：張維安
執 行 編 輯：陳韻婷、程惠芳
封 面 設 計：萬亞雰
內 頁 美 編：黃春香

出 版 者：國立交通大學出版社
發 行 人：陳信宏
社　　　長：盧鴻興
執 行 長：陳永昇
執 行 主 編：程惠芳
編務行政：陳建安、劉柏廷
製版印刷：中茂分色製版印刷事業股份有限公司
地　　　址：新竹市大學路 1001 號
讀者服務：03-5736308、03-5131542　（週一至週五上午 8:30 至下午 5:00）
傳　　　眞：03-5731764
網　　　址：http://press.nctu.edu.tw
e - m a i l：press@nctu.edu.tw
出版日期：108 年 1 月初版一刷、109 年 7 月二刷
定　　　價：350 元
I S B N：978-986-96220-8-0
G P N：1010800007

展售門市查詢：

　交通大學出版社 http://press.nctu.edu.tw
　三民書局（臺北市重慶南路一段 61 號））
　網址：http://www.sanmin.com.tw　電話：02-23617511
或洽政府出版品集中展售門市：
　國家書店（臺北市松江路 209 號 1 樓）
　網址：http://www.govbooks.com.tw 電話：02-25180207
　五南文化廣場臺中總店（臺中市中山路 6 號）
　網址：http://www.wunanbooks.com.tw　電話：04-22260330

著作權所有　侵權必究
本書獲客家委員會補助出版